Jochen Gerstenmaier · Franz Hamburger

Erziehungssoziologie

Studienreihe Gesellschaft

Herausgeber Horst Reimann

Jochen Gerstenmaier · Franz Hamburger

Erziehungssoziologie

Westdeutscher Verlag

CIP-Kurztitelaufnahme der Deutschen Bibliothek

Gerstenmaier, Jochen:
Erziehungssoziologie / Jochen Gerstenmaier;
Franz Hamburger. – 1. Aufl. – Wiesbaden:
Westdeutscher Verlag, 1978.
(Studienreihe Gesellschaft)
ISBN 3-531-11437-9

NE: Hamburger, Franz:

Umschlaggestaltung: Horst Dieter Bürkle, Darmstadt
Satz: Vieweg, Braunschweig
Druck: E. Hunold, Braunschweig
Buchbinderische Verarbeitung: W. Langelüddecke, Braunschweig

ISBN 3-531-11437-9

Vorwort des Herausgebers

Der vorliegende Band kann einen bedeutenden Platz in dieser Reihe beanspruchen, und zwar aus folgenden Gründen: Fragen der Bildung und Ausbildung betreffen die Mehrheit der Gesellschaftsmitglieder; dieser Tatbestand tritt zunehmend ins allgemeine Bewußtsein, sowohl durch die fortschreitende Institutionalisierung und Formalisierung der Erziehungsprozesse, die öffentliche Diskussion über Bildungsplanung, Bildungsreform, Curricula, Schultypen, Hochschulkonzepte als auch durch die Einsicht in die Notwendigkeit permanenten Lernens. Die Verflechtung von Bildungssystem und Gesellschaftssystem ist offenkundig: die Schule im weitesten Sinne wird zum zentralen Ort, die „Pädagogisierung der Gesellschaft" wird verstärkt durch potente „heimliche Miterzieher", die Massenmedien; Sozialisation wird zum vielschichtigen Problem aller Betroffenen, der Schüler, Studenten, Lehrer, Erzieher, Kommunikatoren bis zur Akkulturation und Integration ethnisch heterogener Gruppen. Der Themenkatalog der Erziehungssoziologie ist so umfassend wie ihr Gegenstand – die wechselseitige Abhängigkeit von Erziehung und Gesellschaft. Ihre Erkenntnisse sind daher sowohl dem Fachsoziologen, dem Pädagogen, Psychologen wie jedem Erziehungsexperten dienlich.

Ich halte es für einen besonders glücklichen Umstand, daß ich für diese schwierige Aufgabe zwei Verfasser gewinnen konnte, die in beiden Bereichen, Soziologie und Erziehungswissenschaft, gleichermaßen zu Hause sind, denn gerade hier scheint mir die Kompetenz für beide Disziplinen eine conditio sine qua non zu sein.

Augsburg, im Mai 1978 *Horst Reimann*

Inhalt

Kapitel 1: Erziehung und Sozialisation 11

Kapitel 2: Der Lehrerberuf als zentrale pädagogische Berufsrolle 23

2.1 Sozialgeschichtliche Aspekte des Lehrerberufs 23
2.2 Lehrerrolle und die Schule als soziale Organisation . . . 27
2.3 Ambivalenzen und Pathologien der Lehrerrolle 35
2.4 Die Rollenbeziehung zwischen Lehrer und Schüler als Herrschaftsverhältnis 45
2.5 Gesellschaftsbild und berufliche Sozialisation von Lehrern 57

Kapitel 3: Der Erwerb von Einstellungen und Rollen in Familie, Schule und Beruf 68

3.1 Strukturelle Beziehungen zwischen Familie und Schule 69
3.1.1 Kommunikationsstrukturen in Familie und Schule . . . 75
3.1.2 Schulangst als Merkmal von Übergangsproblemen von der Familie zur Schule 81
3.2 Prozesse schichtenspezifischer Sozialisation 84
3.2.1 Familie und Sprachverhalten 86
3.2.2 Familiale Sozialisation und Schulerfolg 89
3.2.3 Schule und gesellschaftliche Reproduktion 92
3.3 Strukturelle Beziehungen zwischen Schule und Beruf . 98
3.3.1 Allgemeine Beziehungen zwischen Schule und Beruf . . 100
3.3.2 Differenzierung der Schulabschlüsse und Hierarchie der Berufspositionen 104
3.3.3 Die Trennung von allgemeiner und beruflicher Bildung 107

Kapitel 4: Identitätsprobleme im Jugendalter 111

4.1 Jugend als soziologisches Problem 113
4.2 Sozialisation im Jugendalter 117

4.2.1 Strukturmerkmale von Peer groups 121
4.2.2 Jugendliche Peer groups und Vergesellschaftung 123
4.3 Identitätskrisen im Jugendalter 127
4.3.1 Zum Begriff der Identität 129
4.3.2 Abweichende Karrieren im Jugendalter 134
4.3.3 Jugendliche Subkulturen 142
4.4 Zusammenfassung 148

Kapitel 5: Minderheiten und gesellschaftlich organisierte Erziehung: ausländische Arbeiterkinder und Kinder aus Obdachlosensiedlungen 152

5.1 Die Kumulation negativer Erziehungsbedingungen bei Randgruppenkindern 155
5.1.1 Vergesellschaftung in deklassierten Wohnvierteln 155
5.1.2 Folgen der räumlichen Segregation und ethnischer Unterschied 163
5.1.3 Auswirkungen auf das Erziehungsverhalten der Eltern und die Situation der Kinder 170
5.2 Die Verfestigung der negativen Effekte durch die organisierte Erziehung 178
5.2.1 Divergenzen zwischen schulischer und familialer bzw. subkultureller Umwelt 179
5.2.2 Die soziale Deklassierung von Minoritätenkindern im Interaktionssystem der Schule 186
5.2.3 Schulische Bedingungen für das Leistungsversagen von Minoritätenkindern 195
5.3 Organisierte Erziehung und Stigmatisierung von Minoritätenkindern 200

Kapitel 6: Zielsetzungen und Funktionen einer wissenschaftlichen Pädagogik 208

6.1 Die Mystifikation der Erziehung in der geisteswissenschaftlichen Pädagogik 210
6.2 Wissenschaftliche Pädagogik als Steuerungs- und Ausbildungswissenschaft 212
6.3 Pädagogische Theoriebildung als kritisches Legitimationsverfahren 215

Literatur

Einführungen, Sammelbände, ausgewählte Monographien 218

Literatur zum 1. Kapitel 220
Literatur zum 2. Kapitel 221
Literatur zum 3. Kapitel 222
Literatur zum 4. Kapitel 224
Literatur zum 5. Kapitel 226
Literatur zum 6. Kapitel 229

Glossar 231

Namenverzeichnis 242

Sachverzeichnis 245

Kapitel 1: Erziehung und Sozialisation

Die Geschichte der Soziologie kann mit guten Gründen auch als die der Beschäftigung mit der Entstehung der Ungleichheit unter den Menschen beschrieben werden, ihren sozialen und materiellen Bedingungen und den spezifischen Mechanismen, mit denen soziale Ungleichheit tradiert wird. Mit der Verneinung der Identität von natürlicher und sozialer Ungleichheit beginnt nach *Dahrendorf* (1961) die Geschichte der Soziologie: mit der Antwort *Rousseaus* auf die Preisfrage von Dijon in seinem Zweiten Discours. Es ist bemerkenswert, daß *Rousseau* seine Gedanken über den Ursprung der Ungleichheit unter den Menschen und die Funktion des Privateigentums nicht in einen theoretischen Zusammenhang mit seinen Vorstellungen über die Erziehung gebracht hat, die er in seinen Erziehungsromanen ausführlich darlegte – sieht man von wenigen Bemerkungen ab. Auch später, bei *Marx* und *Lorenz von Stein*, die die Interdependenzen von Privateigentum und gesellschaftlicher Ungleichheit zum Thema ihrer Arbeiten machten, findet sich keine Sozialisationstheorie, nur bruchstückhafte Ausführungen. Erst später, bei *Durkheim*, wird Erziehung zum Gegenstand ausführlicher soziologischer Analyse. Freilich beginnt mit *Durkheim*, vor allem in seinen späteren Schriften, eine Entökonomisierung der Soziologie (*Bergmann*, 1967), die auch für die spätere soziologische Theorienbildung – vor allem bei *Parsons* – bestimmend wird.

Durkheim sah Erziehung, „Sozialwerdung", im Zusammenhang mit der Tradierung des Kollektivbewußtseins, jenem von der Gesellschaft gesetzten System von Regeln, die menschliches Verhalten kontrollieren und dadurch die Assoziation von Individuen als Gesellschaft ermöglichen. Das Kollektivbewußtsein drückt den Konsensus aller aus und stellt ein System sui generis dar, ein durch gemeinsame Wertvorstellungen stabilisiertes und von äußeren Sanktionen gesichertes System einer moralischen Ordnung, die durch Lernprozesse in der nächsten Generation tradiert wird. Ziel der gesellschaftlichen

Entwicklung ist für *Durkheim* die „organische Solidarität", das Ideal des gesellschaftlichen Gleichgewichts, die soziale Stabilität, die positive Regelung aller Bereiche menschlichen Verhaltens. Zwar wird auch hier der Zwangscharakter von Vergesellschaftung betont, dennnoch bleiben Begriffe wie Ungleichheit und Macht dieser Soziologie äußerlich. Die Konzeption des *Durkheimschen* Kollektivbewußtseins der organischen Solidarität und seine Reproduktion durch die organisierte Erziehung implizieren eine vor allem durch die Begriffe von Stabilität und Funktionalität charakterisierbare Vorstellung von Gesellschaft, die in *Parsons'* Bemerkung, Sozialisation sei mit dem Einbruch fremder Horden in die bestehende Ordnung vergleichbar, gipfelt.

Das Thema der Soziologie der Erziehung, die Sozialisation des „endogenen Neuankömmlings", wurde vor allem in der amerikanischen Ethnosoziologie *(Linton, Murdock)* und in der funktionalistischen Soziologie *(Parsons, Merton)* unter dem Gesichtspunkt des Kulturerhalts formuliert. In seiner Analyse der Kernfamilie, jener funktionalen Einheit von Vater, Mutter und Kindern, betont *Murdock* (1963) ihre Reproduktionsfunktion, die ein gesichertes Fortbestehen von Gesellschaften erst möglich macht: die Kernfamilie wird von *Murdock* als eine soziale Universalie gesehen, als eine durch soziale Regelungen in allen Gesellschaften existierende Kleingruppe, die durch ihre Funktionen (Sexualverhalten, ökonomische Kooperation, Fortpflanzung und Kinderaufzucht) zusammengehalten wird. Die geregelte Aufzucht von Kindern wird als so bedeutsam angesehen, daß nach *Murdocks* Auffassung in allen Gesellschaften normativ festgelegt wird, wer die Erziehung der nächsten Generation vornimmt und wie das geschehen soll. Während *Murdock* Sozialisation vorwiegend im Kontext seiner Überlegungen zur Universalität der Kernfamilie beschreibt, wird sie bei *Parsons* zum expliziten Gegenstand soziologischer Analyse. Wie für *Durkheim* wird bei *Parsons* die Erhaltung des gesellschaftlichen Systems und ein weitgehend konsistenter Wertkonsensus zum zentralen Thema der Fragestellung. *Parsons* beschreibt die Sozialisation der nächsten Generation als einen Prozeß der Verinnerlichung komplementärer Rollenerwartungen und der diese stützenden Motivationen und Werthaltungen. Die Zuordnung von Rollenerwartungen (Allokation) und damit verbunden Prestige, Status und Einfluß ist für die Differenzierung der Gesellschaft nach Rollen und Positionen, die durch einen gemeinsamen Wertkonsensus legitimiert wird, ausschlaggebend. Sozialisation hat bei *Parsons* den gleichen Stellenwert wie eine andere Form der sozialen Kontrolle – die Sicherung von Verhaltenskonformität durch soziale Sanktionen, die beim Staat und seinen Agenturen monopolisiert sind. *Parsons* führt seine Überlegungen zur Sozialisation in einer Reihe von Aufsätzen aus: so über die Funktion des Schulsystems oder über die Familie. Beide Institutionen haben für die Stabilität des sozialen Systems eine überragende Bedeutung: die Familie vor allem für den Aufbau von systemstützenden Motivationen, die Schule für eine die unterschiedlichen Fähigkeiten und Fertigkeiten begründende Differenzierung.

Die Vernachlässigung der für *Rousseau* wie für *Marx* zentralen Frage nach der Ungleichheit wurde in der funktionalistischen Soziologie zu einem entscheidenden Merkmal: Macht ist für *Parsons* kein soziologisches Thema, da der unterstellte Wertkonsensus soziale Gleichheit ebenso voraussetzt wie die funktionalistische Unterstellung einer Kongruenz von individuellen Bedürfnissen und sozialen Rollenerwartungen. Das Moment der Reproduktion gesellschaftlicher Ungleichheit durch die organisierte Erziehung und die sozialstrukturelle Einbettung der familialen Kommunikation wurde erst im Zusammenhang mit der Analyse der sog. schichtenspezifischen Sozialisationsforschung thematisiert.

Die Beschäftigung mit Problemen der Sozialisation wird mit zwei Problemen konfrontiert, die allerdings auch in anderen speziellen Soziologien anzutreffen sind:

– zum einen ist es das *Integrationsproblem*, d.h. die Tatsache, daß es auf diesem Gebiet eine Fülle unterschiedlichster Ansätze aus verschiedenen Disziplinen gibt, die an die vorgefundene Praxis nicht nur mit unterschiedlichen Kategorien und Erklärungsmodellen herangehen, sondern diese auch in den unterschiedlichsten Zusammenhängen interpretieren – Psychoanalyse, Sozialpsychologie, Persönlichkeits- und pädagogische Psychologie und Entwicklungspsychologie thematisieren die menschliche Sozialisation und ihre Determinanten ebenso wie Pädagogik und Soziologie. Die Unterschiedlichkeit sozialisationstheoretischer Fragestellungen und

-konzeptionen wird augenfällig, wenn man beispielsweise Übersichtsartikel aus sozialpsychologischen und soziologischen Handbüchern miteinander vergleicht; sie zeigt sich auch innerhalb einzelner Reader, die dem Thema Sozialisation gewidmet sind (vgl. *Goslin,* 1969);

- das zweite Problem liegt in den beträchtlichen methodischen Schwierigkeiten, die mit dem *empirischen Nachweis von differentiellen Sozialisationseffekten* verbunden sind, also vorwiegend meßtechnische und methodische Probleme, Fragen des Untersuchungsdesigns und die empirische Umsetzung theoretischer Begriffe (Operationalisierung). Die Komplexität menschlicher Lebensläufe und die Vielzahl von Bestimmungsgrößen, die auf diese einwirken, kann in angemessener Form nur durch Mehrebenenanalyse, durch die empirische Überprüfung des Zusammenwirkens einer ganzen Reihe von Variablen berücksichtigt werden.

Die unterschiedlichen Fragestellungen, die sich mit dem Problembereich Erziehung und Gesellschaft verbinden, wirken sich bereits in den Definitionen des Begriffs der Sozialisation aus. So bezeichnet *Merton* (1957) Sozialisation als den „Prozeß, in dem Menschen selektiv die Wertorientierungen und Einstellungen, Interessen, Fertigkeiten und das Wissen, also die Kultur, erwerben, die für ihre Bezugsgruppen relevant sind". Steht bei *Merton* noch der Transport der vorgefundenen Kultur in die nächste Generation im Vordergrund, so betonen *Zigler* und *Child* (1969) mit Bezug auf *Piagets* kognitive Schemata: „Sozialisation ist ein umfassender Titel für den gesamten Prozeß, in dessen Rahmen ein Individuum durch aktiven Umgang mit anderen Menschen die ihm eigentümlichen, sozial relevanten Verhaltens- und Erlebnisschemata entwickelt". Noch umfassender hat *Geulen* (1974) Sozialisation als einen Prozeß der Persönlichkeitsgenese in Abhängigkeit von der sozialen Umwelt, die ihrerseits historisch-gesellschaftlich vermittelt ist, beschrieben.

Hier zeigt sich eine Tendenz, nach der nicht mehr die inhaltlich angebbaren Ziele (z.B. Kulturerhalt) im Vordergrund der Überlegungen stehen, sondern der *Prozeß der Sozialisation* selbst – eine Tendenz übrigens, die seit Mitte der fünfziger Jahre auch in anderen sozialwissenschaftlichen Fragestellungen, etwa in der Wahrnehmungspsychologie, nachweisbar ist. Damit werden allerdings zunehmend auch Prozeßvariablen identifiziert, denen ein hoher Formalisierungsgrad eigentümlich ist; ein Beispiel dafür wären Theorieansätze der kognitiven Sozialisationsforschung, in der die Entwicklung des Denkens, der Intelligenz und bestimmter kognitiver Strukturen in Abhängigkeit von bestimmten Lernumwelten untersucht werden (*Keller, Weinert* und *Zebergs*, 1975). Mit der Betonung der Prozeßhaftigkeit der Sozialisation wurde auch das Vorhandensein von Entwicklungsphasen, die sich voneinander unterscheiden lassen und vorwiegend am Alterskriterium orientieren, problematisiert (*Heckhausen*, 1974) und die Kontinuität der Entwicklung hervorgehoben – für typische wie auch für abweichende Sozialisationsprozesse. Eine solche Betrachtungsweise legte auch neben der frühkindlichen und schulischen die Behandlung der beruflichen Sozialisation nahe, Sozialisation als einen lebenslangen Lernprozeß (*Bloom*, 1964). *Fröhlich* und *Wellek* (1972, S. 680) fassen auf dem Hintergrund solcher Tendenzen Sozialisation als eine Bezeichnung „für ein komplexes, abstrakt gefaßtes Muster oder Gefüge von hypothetischen Prozeßvariablen" auf, also als ein Netzwerk von theoretischen Annahmen über menschliche Entwicklung, die aufeinander beziehbar sind.

Bei der soziologischen Analyse menschlicher Entwicklung – aufgefaßt als den globalen Zusammenhang von gesellschaftlichen Strukturen und der Entwicklung der Persönlichkeit – werden in letzter Zeit zunehmend entwicklungs- und kognitionspsychologische Aspekte (Erwerb der Sprache, Fähigkeit zum Perspektivenwechsel, Wahrnehmung auch von uneindeutigen und widersprüchlichen Informationen u.a.m.) in ihrem Zusammenhang mit bestimmten sozialen Determinanten (Klassenlage und Schichtzugehörigkeit, Mobilität, Herrschaftsstrukturen) mit berücksichtigt. Ein gutes Beispiel für einen solchen, hochkomplexen theoretischen Ansatz sind die „Stichworte zur Theorie der Sozialisation" von *Jürgen Habermas* (1973), der die Bedingungen von Ich-Identität in den Zusammenhang einer Theorie der geschichtlichen Entwicklung von Gesellschaft stellt. Allerdings ist die empirische Untersuchung des Zusammenhangs von Klassenlage, Familienstruktur und der Entwicklung von komplexen kognitiven Schemata (wie es das Konstrukt der Ich-

Identität darstellt) bislang nur unzureichend erfolgt. Die Fähigkeit zur Perspektivendifferenzierung als ein zentraler Aspekt der Ich-Identität beinhaltet nach *Flavell* (1968, zit. nach *Silbereisen* u.a., 1975) eine ganze Reihe schwieriger Prozesse, die ihrerseits wiederum in soziale Zusammenhänge eingebettet sind:

- die Einsicht in die Möglichkeiten der eigenen Standortgebundenheit hinsichtlich der eigenen Umweltswahrnehmung;
- die Motivation, die Erwartungen und Verhaltensbereitschaften des Sozialpartners zu explorieren;
- situativ bedeutsame Merkmale zu identifizieren, das Handeln in seiner Kontextgebundenheit zu sehen;
- die eigene und die fremde Perspektive zu koordinieren; und diese in zielgerichtetes Handeln umzusetzen.

Diese Fähigkeit der Perspektivendifferenzierung, die die genannten Vorgänge berücksichtigt, hängt dabei besonders von der Qualität der Interaktionen in der Herkunftsfamilie ab: von elterlicher Fürsorge, die gleichzeitig die kindlichen Autonomiewünsche angemessen berücksichtigt, ein Erziehungsverhalten, das wiederum von der Schichtzugehörigkeit der Eltern beeinflußt wird. Solche Untersuchungen über kognitive Stile wie die eben angeführte Fähigkeit zur Perspektivendifferenzierung müßten dabei stärker als bislang mit Überlegungen über Prozesse der Vergesellschaftung verbunden werden, vor allem mit Überlegungen über die Reproduktion menschlicher Arbeit durch familiale und berufliche Sozialisation. Hier sind vor allem die Analyse von Bedeutung und Variation elterlichen Erziehungsverhaltens, wie sie etwa von *Bronfenbrenner* (1976) eingeleitet wurde, und die Betrachtung der Mechanismen bürgerlicher Statuszuweisung und der Reproduktion sozialer Ungleichheit bedeutsam.

Die besondere Schwierigkeit der Soziologie der Erziehung resp. der soziologisch orientierten Sozialisationsforschung zeigt sich auch darin, daß sie in schlechterem Maße in eine Systematik soziologischer Theorien und Bindestrich-Soziologien einfügbar ist; sie weist auch keine nur ansatzweise einheitliche Systematik und Konzeptualisierung auf, wie sie zumindest tendenziell in der Organisations- oder in der Industriesoziologie vorhanden ist, sondern geht gewissermaßen quer durch die verschiedenen soziologischen und psychologischen

Theorien. Dies wird an einem Versuch *Hurrelmanns* (1975) deutlich, der im Hinblick auf die sog. sekundäre (außerfamiliale) Sozialisation drei Ebenen sozialisationstheoretischer Analyse nennt:

- zum einen die *gesellschaftstheoretische Ebene*, auf der Zusammenhänge zwischen Sozialisationsprozessen, wie sie in den Erziehungsorganisationen ablaufen, und den gesamtgesellschaftlichen Strukturen und deren Prozesse bezeichnet werden;
- weiterhin eine *organisationstheoretische Ebene*, auf der die Strukturen und Prozesse der Erziehungseinrichtungen selbst im Zusammenhang mit den Sozialisationseffekten beschrieben werden;
- schließlich die *interaktionstheoretische Ebene*, die die spezifischen Interaktions- und Kommunikationsformen in ihrer Regelhaftigkeit umfaßt, die in den Erziehungseinrichtungen ablaufen.

Ein solches Programm würde beispielsweise von der Interaktion zwischen Lehrer und Schüler ausgehen, diese im Zusammenhang mit der Struktur der Schule analysieren und die gesellschaftliche Einbettung und Funktion der in der Schule organisierten Erziehung beschreiben, etwa im Zusammenhang mit der Reproduktion sozialer Ungleichheit durch eine schichtenspezifische Auslese, die sich sowohl in der Lernorganisation wie auch in den Vorstellungen über die Schülerpersönlichkeit beim Lehrer symbolisch repräsentiert. Eine solche Analyse von Sozialisationsprozessen nimmt eine kritische Modifizierung des soziologischen Rollenbegriffs, wie er in der Theorie des symbolischen Interaktionismus ansatzweise verwendet wurde, zum Ausgangspunkt; im sozialen Handeln, genauer: in durch Rollen festgelegten Verhaltensformen werden zentrale Gesichtspunkte der gesellschaftlichen Orientierung sichtbar, so die Dominanz individueller vor kollektiver Leistung oder die Betonung sozialer Ungleichheit bei der Differenzierung von Rollen mit unterschiedlicher Macht. Rollenhandeln und Interaktionen werden gleichzeitig nicht mehr vorwiegend unter dem Gesichtspunkt möglicher Konformitätssicherung, sondern unter dem Aspekt wünschenswerter Kompetenzen betrachtet. Unter dieser Betrachtungsweise werden zunehmend auch die Spielräume sozialen Handelns für die soziologische Analyse fruchtbar, die zu den gesellschaftlichen Strukturen in Beziehung gesetzt werden: das Ausmaß an Repressivität, an Verrechtlichung, an Interpretierbarkeit von durch Rollen festgelegten Interaktionen.

Hier setzt die Analyse der Interaktionsformen und der diese determinierenden organisatorischen Strukturen ein, die zugleich im Kontext vorausgegangener Sozialisationsbedingungen gesehen werden. Dies gilt auch für die Analyse abweichender Sozialisationsprozesse, etwa im Zusammenhang mit der Jugendkriminalität, wo ungünstige Sozialisationsbedingungen einer Entwicklung der „Grundqualifikationen des Rollenhandelns" (*Habermas,* 1973) im Wege stehen und die erfolgreiche Lösung von jugendspezifischen Identitätskrisen erschweren.

In der vorliegenden Einführung in die Erziehungssoziologie oder, wie sie auch bezeichnet wird, in die Pädagogische Soziologie oder Soziologie der Erziehung sollen dem aktuellen Diskussionsstand entsprechend die Begriffe der sozialen Rolle, der Interaktion und ihre sozialstrukturellen Determinanten – das System der sozialen Ungleichheit – im Mittelpunkt stehen. Im Zusammenhang damit werden die kognitiven und affektiven Dimensionen sozialen Handelns und die dahinterstehenden Motive und Verhaltensbereitschaften thematisiert und ihre Entwicklung aus sozial bedingten Prozessen, eben Sozialisationsprozessen, erklärt. Erziehung als der Aspekt der direkten und, zumindest der Intention nach, kontrollierten Einflußnahme auf die Entwicklung der Persönlichkeit ist dabei als ein Aspekt der Sozialisation zu sehen, der vor allem in der gesellschaftlich organisierten Erziehung, in der Schule und anderen Erziehungsinstitutionen, bedeutsam wird. Die Funktionen der Schule, wie sie im dritten Kapitel beschrieben werden, finden ihren Niederschlag in den Interaktionen zwischen Schülern und Lehrer, in spezifischen Rollensystemen. Die Reproduktion der Gesellschaft in der nächsten Generation – und hier ist der Anschluß an die Argumentation *Murdocks* zu sehen – wird für so wichtig gehalten, daß im Laufe der historischen Entwicklung institutionelle Systeme geschaffen und eine ganze Kunstlehre der Erziehung entwickelt wurde, deren Einhaltung normativ festgelegt wird. Damit verbunden ist eine Professionalisierung des Erzieherberufs, die Entwicklung von spezifischen Festlegungen, wer wen und wie erzieht.

Die Institutionalisierung eines gesellschaftlichen Subsystems, das als organisierte Erziehung ausschließlich der Reproduktion der Gesellschaft in der nächsten Generation dient, ist ein in den verschiedenen Gesellschaften zu bestimmten Entwicklungsphasen auftretender Prozeß. In Deutschland ist das moderne Bildungswesen in seiner gegenwärtigen Struktur im letzten Drittel des 18. und im ersten Drittel des 19. Jahrhunderts entstanden. Die zunehmende Differenzierung der Gesellschaft, die auf

– Veränderungen der gesellschaftlichen Arbeit in der kapitalistischen Produktion,
– Veränderungen des handlungsleitenden Wertsystems und
– Veränderungen der staatlich-politischen Herrschaftsorganisation

zurückgeführt werden kann, führte zur Ausdifferenzierung und Definition neuer Berufspositionen zum Zwecke von Erziehung und Ausbildung. Die Entstehung pädagogischer Berufe ist damit gleichzeitig die Folge und ein Beitrag der fortschreitenden Arbeitsteilung.

Den *Strukturwandel der Erziehung* interpretiert *Titze* im Rahmen zweier zentraler Entwicklungstendenzen, der Säkularisierung und des Utilitarismus. Die Entfaltung der kapitalistischen Produktionsweise erfordert Qualifikationen für den Arbeitsprozeß, die durch Erziehung bereitgestellt werden sollen. Daraus wird die utilitaristische Tendenz in der Erziehung abgeleitet. Die Entfaltung der kapitalistischen Produktion setzt gleichzeitig einen Prozeß der Auflösung und Überformung der überlieferten Handlungsorientierungen in Gang; dieser Prozeß schlägt sich im Erziehungssystem als Säkularisierung nieder. Säkularisierung und Utilitarismus sind für das Erziehungswesen die Folgen des Entstehens einer neuen Gesellschaftsordnung, der bürgerlichen Leistungsgesellschaft. Individuelle Leistung wird zum universellen, allgemein gültigen Handlungsmuster. Das Erziehungssystem hat nun sicherzustellen, daß einerseits die zur Leistungserfüllung erforderlichen Qualifikationen vermittelt werden, daß andererseits der Glaube an die Berechtigung des Leistungsprinzips und damit die Legitimation der bürgerlichen Gesellschaft vermittelt werden. Diese beiden Aufgaben des Erziehungssystems können als *Qualifikation und Sozialisation* bezeichnet werden. Insofern das Erziehungssystem durch die Übernahme des Leistungsprinzips gleichzeitig die Auslese und Zuweisung zu Berufspositionen übernimmt, kommt ihm die Funktion *der Selektion und der Allokation* zu. Verallgemeinert man diesen Prozeß und sieht vom historisch-konkreten Vorgang ab, kann man sagen: Zunehmende Differenzierung der Gesellschaft erfordert neue „Integrationsmechanismen höherer Ordnung“ (*Parsons*), die durch die Institutionalisierung eines relativ eigenständigen Erziehungssystems eine bessere Kontrolle der Vergesellschaftung der nachwachsenden Generation gewährleisten. Die Institutionalisierung der Erziehung erfordert ihrerseits die Entwicklung von pädagogischen Berufspositionen.

Wird Erziehung und Ausbildung zum ausschließlichen Inhalt eines beruflichen Handelns, bedarf dieses der Formalisierung in beruflichen Positionen. Grundlage für die Entstehung von Berufspositionen ist dabei nach *Daheim* die berufliche Organisation der arbeitsteiligen Differenzierung. Die Erfüllung der Rollenerwartungen, die an eine solche Position gerichtet werden, erfordert die volle Arbeitskraft des Positionsinhabers und erfolgt in der Regel innerhalb einer Arbeitsorganisation als einem koordinierten und kooperativen System unterschiedlich definierter Positionen. Die Hauptberuflichkeit ist deshalb auch für pädagogische Berufe die „Grundlage für eine kontinuierliche Versorgungs- und Erwerbschance“ *(Weber)*.

Berufspositionen können nun unterschieden werden nach dem Ausmaß des spezialisierten und systematisierten Wissens, das zur Ausführung der an die Position gerichteten Rollenerwartungen erforderlich ist. Dieses Ausmaß kennzeichnet den *Professionalisierungsgrad eines Berufs.* Berufe verteilen sich danach auf einem Kontinuum der Professionalisierung, dessen Extreme durch eine minimal bzw. eine voll professionalisierte Berufsposition gebildet werden.

In welchem Maße ein Beruf als professionalisiert gilt, ergibt sich – neben der Autonomie des betreffenden beruflichen Handelns – aus der Systematisierung des Wissens zu seiner Ausübung; diese Systematisierung wird zunehmend durch Wissenschaft geleistet. Deshalb ist die Entstehung professionalisierter Berufe eng mit der Institutionalisierung von Wissenschaft in Hochschulen und Universitäten verknüpft.

Während für den pädagogischen Beruf des Gymnasiallehrers in dieser Hinsicht eine Professionalisierung auf Grund des Studiums an einer Universität sehr früh erreicht war, ist der Beruf des Volksschullehrers zunächst geringer professionalisiert. Typischerweise ist das Studium des Gymnasiallehrers kein pädagogisches, sondern ein Fachstudium; die pädagogischen Aspekte der Berufstätigkeit werden erst in einer nachuniversitären Phase thematisiert. Für das Professionalisierungsbewußtsein der Gymnasiallehrer hat dies von Anfang an die Orientierung am wissenschaftlichen „Fachmann“ zur Folge. Die weitere Entwicklung des Volksschullehrerberufs läßt sich dagegen als zunehmende Professionalisierung beschreiben, insofern die Ausbildung zunehmend „verwissenschaftlicht“ wurde. Dabei ist der Grad der Verwissenschaftlichung weniger eine inhaltliche Frage; wichtig ist die Nähe bzw. Distanz der Ausbildungsinstitution des Volksschullehrers zur Universität, der Ausbildungsinstitution des „höher“ professionalisierten Gymnasiallehrers.

Wird der Professionalisierungsprozeß der pädagogischen Berufe inhaltlich durch das Ausmaß wissenschaftlicher oder wissenschafts-ähnlicher Ausbildung bestimmt, ermöglicht die Formalisierung der Zugangsvoraussetzungen eine soziale Kontrolle des Berufs. Die spezifische Funktion des Erziehungssystems, die Reproduktion der nachfolgenden Generation in der Dimension „Qualifikation“ und „Sozialisation“ sicherzustellen, führt dazu, daß pädagogische Berufe und der Zugang zu ihnen von Anfang an staatlich normiert und kontrolliert werden. Vom Beruf des Lehrers in seiner heutigen Definition kann erst ab dem Zeitpunkt gesprochen werden, zu dem durch staatliche Prüfungsordnungen die Zugangsvoraussetzungen zum Lehrberuf festgelegt werden. Gleichzeitig wird der Lehrberuf in das System staatlicher Herrschaftsausübung integriert, indem Lehrer im Prinzip als Beamte beschäftigt werden. Indem sie insofern den Berufspositionen der staatlichen Verwaltung, der Rechtssprechung und des Militärs gleichgestellt werden, wird die Reproduktionsfunktion des Erziehungssystems staatlich kontrollierbar abgesichert. Die Verbeamtung des Lehrberufs ist gleichzeitig eine Grenze der Professionalisierung, da durch die beamtenrechtliche Normierung und Eingrenzung die Handlungs- und Dispositionsautonomie des Lehrerberufs eingeschränkt wird. Die Fixierung der Lehrposition in einem System hierarchischer Schulverwaltung verhindert einen weiteren Professionalisierungsprozeß, wenn man davon ausgeht, daß die freien Berufe des Arztes, des Anwaltes usw. auf dem beschriebenen Kontinuum der Professionalisierung das Extrem der voll professionalisierten Berufsposition besetzen.

Während in anderen professionalisierten Berufsgruppen die Berufsorganisationen ganz oder teilweise Zugangsvoraussetzungen definieren und eigene Kontrollorgane für die Berufsausübung mit Sanktionsrecht (z.B. Ärztekammer, Anwaltskammer) institutionalisieren können, haben die Lehrerorganisationen darauf keinen oder nur geringen Einfluß. Die Zuständigkeit für Normierung und soziale Kontrolle liegt außerhalb der Berufsorganisationen. Das Interesse von Lehrerorganisationen richtet sich auf die Beibehaltung oder Verbesserung der Berufsausbildung und damit der Zugangsvoraussetzungen, insofern Prestige und Einkommen als Belohnung für berufliches Handeln an Ausbildungsstandards gebunden sind. Dies wird die Sozialgeschichte des Lehrerberufs deutlicher zeigen.

Kapitel 2: Der Lehrerberuf als zentrale pädagogische Berufsrolle

2.1 Sozialgeschichtliche Aspekte des Lehrerberufs

Die Institutionalisierung der Erziehung kann hinreichend nur als historischer Prozeß verstanden werden. Ebenso ist die Professionalisierung der pädagogischen Berufe nicht nur systematisch zu analysieren, sondern auch in ihrer geschichtlichen Entwicklung zu betrachten. Gerade beim Lehrerberuf ist eine historische Analyse erforderlich, weil sowohl das Selbstverständnis der Lehrer wie auch das Bild der Gesellschaft vom Lehrer in vielen Punkten von der Geschichte beeinflußt ist.

Sozialgeschichtliche Aspekte des Lehrerberufs sind deshalb Teil einer umfassenden Soziologie des Lehrers.

Voraussetzung für das Entstehen eines eigenständigen Erzieherberufs ist die Verselbständigung der Erziehungsfunktion. Die Ausdifferenzierung der Aufgaben von Erziehung und Ausbildung ist gleichzeitig Teil der zunehmenden gesellschaftlichen Arbeitsteilung im Gefolge der Industrialisierung. Waren Erziehung und Ausbildung in der vorindustriellen Gesellschaft weitgehend durch die familiale Sozialisation abgedeckt oder mit der Ausübung eines anerkannten Berufes verbunden, werden sie als eigenständige Funktionen aus dem vorher einheitlichen Gesamtprozeß der Erziehung herausgenommen. *Erst die Institutionalisierung eines verhältnismäßig selbständigen Bildungswesens erfordert den hauptberuflichen Lehrer.* Dieser übernimmt Teilaufgaben aus anderen Berufen, die die Weitergabe beruflicher Kenntnisse und Fähigkeiten vorher mit der Berufsausübung selbst verbunden hatten. Der Lehrerberuf erscheint von Anfang an als ein abgeleiteter Beruf. Die hauptberuflichen Lehrer begannen deshalb, diesen „Makel" durch die Entwicklung einer besonderen Berufsauffassung auszugleichen. So verstanden sich Gymnasiallehrer als Gelehrte, die nur in zweiter Linie Pädagogen waren; die später entstehenden Berufe des Berufsschullehrers machten ihre fachliche Qualifikation zum bestimmenden Inhalt ihres Selbstverständnisses.

Diese Konsequenzen der Ausdifferenzierung des Lehrerberufs aus dem übrigen Arbeits- und Berufssystem sind im Lehrerbewußtsein nach wie vor wirksam. Die Herausbildung des Lehrerberufes ist schließlich gebunden an die klassenspezifische Entstehung und Gliederung des Schulwesens. Das Gymnasium war die Schule der „gebildeten Klasse" in der Gesellschaft des 19. und frühen 20. Jahrhunderts. Die Gymnasiallehrer, die aus dieser Gesellschaftsschicht stammten oder in sie aufgestiegen waren, zählten sich selbstverständlich zur Bildungselite. Die Volksschule dagegen war von Anfang an die Schule des „niedrigen" Volkes und der Volksschullehrer der „Proletarier unter den Lehrern" (*Bungardt*).

Die *Differenzierung des Schulsystems* nach gesellschaftlichen Klassen hatte deshalb die Spaltung der Lehrerschaft in verschiedene Lehrergruppen zur Folge; diese unterscheiden sich bezüglich Ausbildung, Sozialprestige, Einkommen und Berufsideologie. Aus diesen Gründen gibt es auch getrennte Berufsorganisationen, die bis heute den Charakter von Standesorganisationen haben, die nicht nur bestimmte berufliche, sondern auch soziale Gruppen und ihre Interessen repräsentieren.

Die Gymnasiallehrer sind in Deutschland aus dem Theologenberuf hervorgegangen, weshalb sie auch als „säkularisierter Klerus" *(Lemberg)* bezeichnet werden. In Preußen wird 1794 durch das allgemeine Landrecht das Schulwesen unter die Aufsicht des Staates gestellt; die Säkularisierung betrifft faktisch jedoch nur die Gelehrtenschule, denn die geistliche Schulaufsicht bleibt für das Elementarschulwesen erhalten. Bereits 1787 waren in Halle und Berlin die ersten Ausbildungsgänge für philologische Lehrer eingerichtet worden; 1810 wird die Ausbildung durch die Einführung eines „examen pro facultate docendi" (Examen für das Lehramt) endgültig normiert. Durch die Einführung eines „Probejahres" und einer pädagogischen Prüfung neben der fachwissenschaftlichen wird 1826 der Zugang zum Philologenberuf weiter spezifiziert. Die Ablösung aus der theologischen Abhängigkeit ist endgültig vollzogen; die Berufsorientierung ist fixiert durch die primäre fachwissenschaftliche Universitätsausbildung und die nur sekundäre pädagogische Zusatzqualifikation. Die akademische Ausbildung wird darüber hinaus zur Grundlage der sozialen Orientierung an Sozialprestige, Aufstiegschancen und Einkommensverhältnissen anderer akademischer Berufe, besonders der Juristen. Auf diese Dimensionen bezieht sich auch die Tätigkeit der Philologenorganisationen.

Die Entwicklung des Volksschullehrerberufs kann demgegenüber gekennzeichnet werden durch den Übergang vom handwerklichen Schulmeister zum seminaristisch gebildeten Volksschullehrer. In den nachmittelalterlichen Jahrhunderten gab es in Städten handwerklich ausgebildete Schulmeister, die ganz nach dem Vorbild des Handwerks in Zünften organisiert waren. Ihre Ausbildung erwarben sie nach den im Handwerk für eine berufspraktische Lehre gültigen Regeln. Noch 1830 war die Hälfte der Volksschullehrer in Preußen nach diesem Modell ausgebildet. In ländlichen Gebieten war die Lehrertätigkeit bis ins 19. Jahrhundert hinein mit der Ausübung eines Handwerks oder den Aufgaben eines Küsters verbunden; gegenüber dem Philologen als einem säkularisierten Theologen galt der Volksschullehrer als sozial aufgestiegener Küster. Erst die Realisierung der in den General-Land-Schul-Reglements von 1763 und 1765 geforderten allgemeinen Schulpflicht im Laufe der ersten Hälfte des 19. Jahrhunderts und die damit verbundene materielle Absicherung des Volksschullehrers ermöglichte diesem die Hauptberuflichkeit als Lehrer. Als Zugangsvoraussetzung wurde die Ausbildung in Lehrerseminaren normiert und zunehmend realisiert. Die „gelehrten" Schullehrer entwickeln gegenüber den „gelernten" Schulmeistern ein eigenes Berufs- und Prestigebewußtsein. Dieser erste „kollektive Statuswechsel" wird jedoch durch die Unterordnung unter die geistliche Aufsicht und die ökonomische wie ausbildungsmäßige Schlechterstellung gegenüber den Gymnasiallehrern begrenzt.

Auch die Schulbürokratie hatte an einer weitergehenden Professionalisierung der Volksschullehrer kein Interesse. Die Ausbildung in den Lehrerseminaren wurde militärisch streng kontrolliert; und in der Mitte des 19. Jahrhunderts – nach der Bewegung von 1848 – wurde die Ausbildung weiter reglementiert. Weder auf die Ausbildung, noch auf Anstellung und Besoldung konnten die Lehrer und ihre Organisationen auch nur den geringsten Einfluß nehmen.

Die Konditionierung eines staatstreuen Lehrerstandes war zentrales Steuerungsinstrument für die Aufrechterhaltung der primären Funktion der Volksschule: die Gesellschaftsmitglieder verläßlich in die bestehende Herrschaftsordnung zu integrieren. Diese Funktion wurde in der zweiten Jahrhunderthälfte gegen die Selbstorganisation des „Vierten Standes“ verstärkt gefördert; die Volksschule – als Schule des „einfachen Volkes“ – und ihre Lehrer übernahmen insbesondere Integrationsfunktionen zur präventiven Verhinderung von sozialen Unruhen und Revolutionen.

Die Volksschullehrer selbst glaubten durch besonders treue Pflichterfüllung und die Demonstration ihrer nationalen und staatlichen Loyalität ihre Interessen nach verbesserter Ausbildung und Besoldung am wirksamsten vertreten zu können, nicht durch eine Solidarisierung mit ihren Schülern und deren vorwiegend bäuerlichen oder proletarischen Eltern.

Nach der teilweisen (1872) und endgültigen (1918) Beseitigung der geistlichen Schulaufsicht ist die Gleichstellung der Volksschullehrer mit den Gymnasiallehrern nach Ausbildung, Einkommen und Sozialprestige das zentrale soziale Interesse; dieses ist wichtiger Motor der schulpolitischen Auseinandersetzungen bis zur Gegenwart.

Korrespondierend dazu bedingt das Interesse an der Aufrechterhaltung der erreichten Statusunterschiede die schulpolitischen Aktivitäten der Gymnasiallehrer und ihrer Berufsorganisation. Die Funktion der historisch entstandenen sozialen Interessen bei der Auseinandersetzung um die Schulreform zu Beginn der 60er Jahre wird von *Schelsky* (1963, S. 109 f.) anschaulich beschrieben:

„Die Volksschullehrerschaft ist an einer Erhöhung ihres sozialen Status leidenschaftlich interessiert; ihre sozialen Aufstiegsforderungen messen sich zum großen Teil an dem Status der Gymnasiallehrerschaft ab, gehen zum Teil auf eine Gleichstellung mit den Gymnasiallehrern aus, z. B. in der Frage der vollen und gleichwertigen Universitätsausbildung bzw. wissenschaftlichen Hochschulausbildung, sind andernteils aber auch sozial-aggressiv darauf gerichtet, den sozialen Status der weiterführenden Lehrer, insbesondere der Höheren Lehrerschaft, dem der aufsteigenden Volksschullehrerschaft durch Nivellierung anzugleichen. Für diese letzten Bestrebungen ist die These von der ‚Wesenseinheit des Lehrerseins‘ (Bremer Plan) und die Forderung nach einer Einheit der Lehrerschaft die diese sozialen Interessen kaschierende pädagogische Ideologie. Die sozialen Interessen der Gymnasiallehrerschaft aber auch der Mittelschul- und Realschullehrerschaft, sind dagegen defensiv auf Wahrung ihrer sozialen Eigenständigkeit und auf soziale Distanzerhaltung gerichtet. Daß beide soziale Tendenzen in massiver Weise den jeweiligen Schulreformplänen und schulpolitischen Konzeptionen und Kritiken unterliegen, ließe sich leicht auf der einen

Seite am ‚Bremer Plan', der von der Arbeitsgemeinschaft Deutscher Lehrerverbände (Gewerkschaft Erziehung und Wissenschaft und Bayrischem Lehrer- und Lehrerinnenverein) zwar nicht als Beschluß, aber als Diskussionsgrundlage für die Schulreform vorgelegten schulpolitischen Konzeptionen, beweisen, die fast alle Positionen des Rahmenplanes zugunsten der Volksschullehrerschaft radikalisiert, während auf der anderen Seite die ‚Stellungnahme zum ‚Rahmenplan' ' des Deutschen Philologenverbandes in ihrer Kritik des Rahmenplanes von jenen defensiven sozialen Interessen sehr stark mitbestimmt ist. Dieser klassenkampfähnlichen Spannung von Aggression und Defensive im sozialen Interessenkonflikt innerhalb der Lehrerschaft entspricht es, daß der Vorwurf der ‚Standesinteressen' fast immer nur von ‚unten' nach ‚oben' aufgeworfen wird, obwohl es natürlich ‚Standesinteressen' sowohl ‚unten' wie ‚oben' gibt."

Die sozialgeschichtliche Analyse zeigt, daß die Entstehung des Lehrerberufes mit der ständischen Einordnung der einzelnen Schularten verknüpft ist. Je nach dem, welchen Stellenwert eine Schulart im Rahmen gesellschaftlicher Reproduktion erhält und für welche soziale Schicht sie in erster Linie Reproduktionsfunktionen übernimmt, ergeben sich Konsequenzen für die kollektive Plazierung des betreffenden Lehrerstandes. *Die schichtspezifischen Funktionen des Bildungswesens reproduzieren sich in der Schichtzugehörigkeit der Lehrergruppen.* Die daraus resultierenden sozialen Interessen bestimmen Selbstverständnis, Gesellschaftsbild der Lehrer und die Politik ihrer beruflichen Organisationen.

Weniger die *formale Differenzierung* der verschiedenen Lehrerberufe als die historisch bedingte und erklärbare *soziale Hierarchisierung* ist die wichtige Ausgangsbedingung für die gegenwärtige Lehrertätigkeit.

2.2 Lehrerrolle und die Schule als soziale Organisation

Die Lehrerrolle, die auch als pädagogische Basisrolle bezeichnet wird, wird durch die schulische Organisation festgelegt. Zu ihrer genaueren Beschreibung ist es deshalb erforderlich, die Struktur der Schule als Organisation zu analysieren.

Beschreibt man Schule nach den Begriffen der Organisationstheorie, weist sie alle Merkmale auf, die *Organisationen als spezielle soziale Systeme* kennzeichnen. Schule ist ein selbständiges gesellschaftliches

Aktionsgebilde mit angebbarem Mitgliederkreis und einer internen Rollendifferenzierung. Der Zweck der Schule ist durch spezifische Zielsetzungen festgelegt, die in geplante, nach Funktionen unterschiedene und zweckvolle Handlungsordnungen umgesetzt sind; es finden sich zwingend formale Verhaltenserwartungen wie ungeplant informelle Elemente. Schule ist sowohl ein in sich geschlossenes, von anderen Organisationen abgrenzbares Ganzes, als auch direkt und indirekt von außen beeinflußt. Gleichzeitig wirkt die Schule über den ständigen Mitgliederaustausch auf die umgebende Gesellschaft zurück.

Die allgemeine Beschreibung der Schule als Organisation kann weiter differenziert werden, wenn untersucht wird, welche *Strukturen und Prozesse formaler Organisiertheit im Schulsystem* aufzufinden sind. *Feldhoff* (1974, S. 248) führt die folgenden an:

„a) die arbeitsteilige Funktionsgliederung, die Lern-, Lehr-, Beratungs- und die Verwaltungsaufgaben den Inhabern spezifischer Positionen zuweist;

b) der Amtscharakter der Lehr- und Verwaltungsrollen. Dazu gehören: die Rekrutierung auf der Basis von Kompetenz und Bewährung, das gesetzlich geregelte Anstellungsverhältnis, die funktional spezifische Leistungserwartung und der universalistisch orientierte, prinzipiell affektiv neutrale Umgang mit dem jeweiligen Adressaten der Leistung;

c) die hierarchische Ordnung der Ämter, mit der eine Autoritätsstruktur auf der Basis gesetzlich definierter und begrenzter Amtsvollmacht, ein formeller Entscheidungsmodus und vorgezeichnete Kommunikationslinien verbunden sind;

d) die Regelhaftigkeit der Handlungsvollzüge, die durch spezifizierte Ziel- und Durchführungsbestimmungen dienstlicher Maßnahmen der willkürlichen Amtsausübung Grenzen setzt.“

Stellt man die wichtigen Merkmale der schulischen Organisation in einem Strukturmodell dar, wird der hierarchische Aufbau des Schulwesens als sein grundlegendes Moment offenkundig.
(Übersicht 1)

Übersicht 1: Bürokratiemodell der Schule

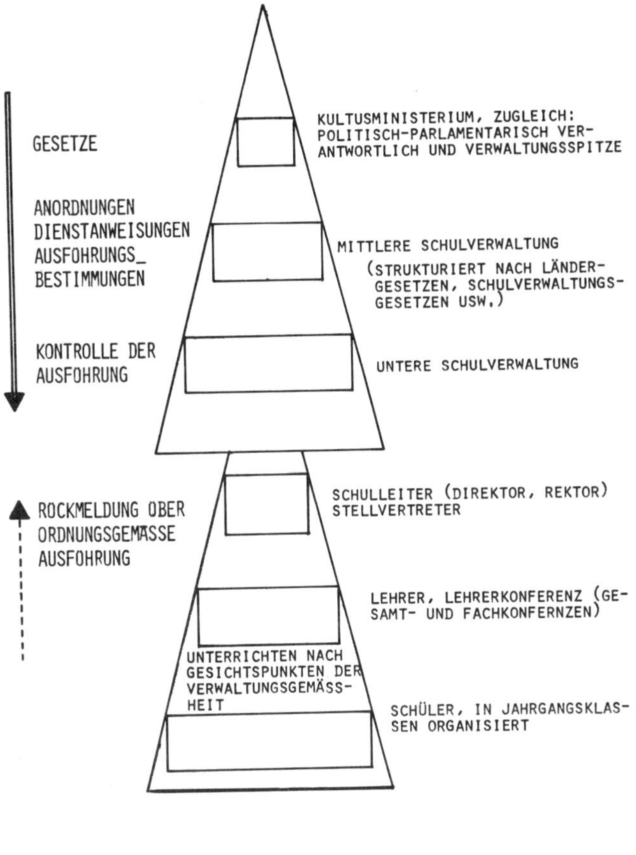

Die Beziehungen zwischen den einzelnen Positionen sind durch Gesetze und Erlasse nach dem Gesichtspunkt der Über- und Unterordnung genau geregelt; diese Beziehungen sind inhaltlich als formelle Erwartungen an die jeweiligen Positionsinhaber festgelegt. Jede formelle Erwartung ist verbunden mit Sanktionsgewalt des jeweils höheren Positionsinhabers für den Fall der Nicht-Erfüllung der festgelegten Erwartungen. Das System der Schule einschließlich der Schulverwaltung kann deshalb als bürokratische Organisation bezeichnet werden. Diese kennzeichnet *Mayntz* (1968, S. 13) u.a. folgendermaßen:

„Als eine historisch entwickelte Struktur manifestiert die bürokratische Organisation gesellschaftliche Ungleichheiten, Abhängigkeits- und Unterordnungsbeziehungen, kurz: bestimmte gesellschaftliche Machtverhältnisse; sie setzt sie voraus, bildet sie nach und verstärkt sie. Die bürokratische Organisation ist ein Herrschaftsmittel, das zuerst im gesellschaftlichen Herrschaftsapparat selbst, der Verwaltung, entstand (wobei auch das Militär entsprechend umgeformt wurde) und dann von der Industrie und anderen Arten von Betrieben übernommen wurde. Diese enge Beziehung bürokratischer Strukturformen zum Zweck der Herrschaftsausübung und -sicherung wurde und wird noch immer leicht vergessen, wenn man den Siegeszug bürokratischer Organisation auf ihre besondere Zweckmäßigkeit zurückführt. Gewiß ist sie außerordentlich zweckmäßig, aber diese Zweckmäßigkeit ist keine unbedingte, sondern gilt nur unter spezifischen Umständen, zu denen insbesondere der angedeutete Herrschaftsaspekt gehört."

Für die Rolle des Lehrers – definiert als die Gesamtheit der Erwartungen an die Personen in der Position des Lehrers – ergibt sich daraus, daß das ganze System der bürokratischen Organisation der sozialen Kontrolle seines Rollen„spiels" dient. Denn nur die Position des Lehrers steht unmittelbar mit der des Schülers in Beziehung, und die Einflußnahme auf den Schüler ist der Zweck der gesamten Organisation. Mit diesem Zweck – formuliert als Lernziele – wird die gesamte Organisation gerechtfertigt. Steht die Position des Lehrers von der Rechtfertigung der Schule her gesehen im *Mittelpunkt*, so ist sie bürokratisch gesehen die *unterste Stufe* in der Hierarchie der Schule und der Schulverwaltung. „Unterhalb" der Mitgliedergruppe Lehrer stehen nur noch die Schüler. Die Beziehung zwischen Lehrer und Schüler ist zwar auch hierarchischer Natur, jedoch ist sie nicht reduzierbar auf die legalistisch-administrative Organisationsstruktur. In der Kommunikation zwischen Lehrer und Schüler soll sich die „eigentliche" Zielsetzung der Schule – die Uniformierung der Schulabgänger hinsichtlich ihrer erworbenen Kenntnisse und Verhaltensweisen – realisieren. Diese Aufgabe kann nicht in einer einseitigen Befehls-Gehorsams-Hierarchie gelöst werden, sondern bedarf der kommunikativ-persönlichen Ausfüllung.

Übersicht 2: Dienstleistungsmodell der Schule

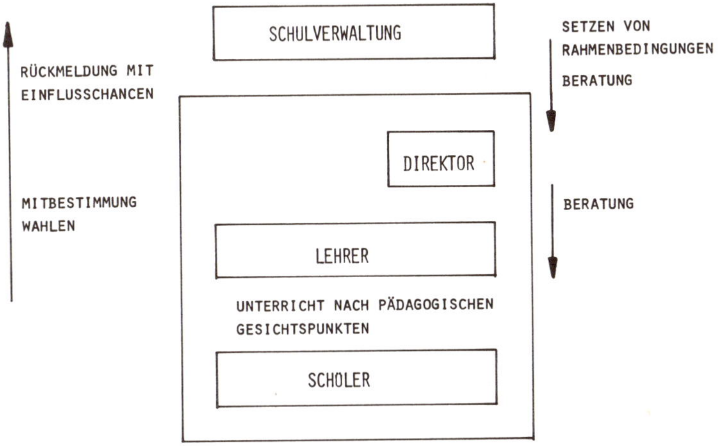

Die Konzentration der schulischen Organisation auf die Lehrer-Schüler-Interaktion zum Zwecke der Zielerreichung erlaubt es, die Schule zum Typ der Dienstleistungsorganisationen zu zählen. (Übersicht 2)

Das Ziel von Dienstleistungsorganisationen besteht darin, bestimmten Personengruppen – „Kunden" oder „Klienten" –, die mit der Organisation in Kontakt getreten sind, Leistungen zu erbringen oder in spezifischer Weise auf Personen einzuwirken, die gerade zu diesem Zweck in die Organisation aufgenommen werden.

Die eigentlichen Zieltätigkeiten der Organisation vollziehen sich in direkter Interaktion zwischen den Mitgliedern der Organisation und den Klienten, so daß der Erfolg der Organisation in erster Linie durch den Verlauf dieser Interaktionen bestimmt wird.

Kennzeichnendes Merkmal von Dienstleistungsorganisationen ist – auf der Grundlage ihrer Zieldefinition – die primäre Orientierung ihrer Tätigkeiten am Unternehmenszweck. Die Zieldefinitionen sind im allgemeinen weit gefaßt und lassen den Organisationsmitgliedern, die die eigentlichen Zieltätigkeiten ausführen, einen gewissen Interpretations- und Operationalisierungsspielraum. Dieser ist notwendig, um je nach Art und Bedürfnissen der Klienten situationsspezifisch alternative Handlungsmöglichkeiten zur Verfügung zu haben.

Strukturell muß somit auf der Ebene der ausführenden Tätigkeiten der situationsspezifischen Kooperation mit den Mitarbeitern und den eigenen Entscheidungen im jeweiligen Fall Vorrang eingeräumt werden gegenüber der strikten Einhaltung vorweg festgelegter Verfahrensvorschriften. Für die Binnenstruktur von Dienstleistungsorganisationen bedeutet dies zweierlei; erstens müssen wesentliche Anteile von Entscheidungsfunktionen in die untere, ausführende Ebene verlagert werden, und zweitens sind die Rollen auf dieser Ebene nicht bis ins einzelne vorweg zu definieren, so daß in ihrem Rahmen die selbständige Anpassung genereller organisatorischer Verfahrensregeln an die jeweilige konkrete Situation möglich ist.

Die Funktion der Organisationsspitzen (Schulverwaltung) besteht darin, *Rahmenbedingungen* für die Organisationstätigkeit zu schaffen, abzusichern und nach außen zu vertreten und die untergeordneten Positionen zu *beraten*. Innerhalb demokratisierter Systeme werden Organisationsspitzen gewählt.

In diesem strukturellen Zusammenhang ist es auf seiten der Organisationsmitglieder eine wichtige Voraussetzung für den Erfolg der Organisation, daß sie einerseits über soziale Fähigkeiten und Geschicklichkeiten verfügen, um situationsgerecht auf die Klienten eingehen zu können, und daß sie sich andererseits der Organisation insgesamt verpflichtet fühlen in der Weise, daß sie den Organisationszweck generell anerkennen und sich in der Ausübung ihrer Tätigkeiten persönlich für dessen Realisierung engagieren. Hierbei ist die „professionelle Qualifikation" der Organisationsmitglieder wesentliche Bedingung für die erfolgreiche Erfüllung ihrer Aufgaben: sie ermöglicht ihnen einerseits, fachlich kompetente, situationsangepaßte Entscheidungen zu treffen und andererseits, sich über ihre Berufsnormen mit dem Organisationszweck zu identifizieren. Vergleicht man nun dieses Dienstleistungsmodell mit dem Bürokratiemodell, wird das *strukturelle Dilemma der Lehrerposition* deutlich. Einerseits steht der Lehrer als Befehlsempfänger an der untersten Stufe einer vielschichtigen Hierarchie, andererseits wird von ihm – interpretiert man seine Aufgabe im Rahmen des Dienstleistungsmodells – berufliche Entscheidungskompetenz und Selbständigkeit erwartet. Der strengen Formalisierung und Kontrolle schulischer Handlungsvollzüge steht die relativ selbständige – faktisch nicht ständig kontrollierbare – Stellung des Lehrers im Klassenzimmer gegenüber. Aufgrund der Dominanz des Bürokratiemodells ist faktisch jedoch die Freiheit des Lehrers auf die Methodenfreiheit eingeschränkt.

Organisationen orientieren sich bei ihrem Aufbau an der Erreichung des Organisationszieles. Die Ziele der Schule werden im allgemeinen aus umgreifenden ethischen Normen und politischen Werten abgeleitet. Sie zeichnen sich aus durch einen hohen Allgemeinheitsgrad und geben keine eindeutigen Kriterien für die Überprüfung der Zielerreichung ab. Am Beispiel des baden-württembergischen Schulgesetzes von 1976 läßt sich dies illustrieren:

„Die Schule hat den in der Landesverfassung verankerten Erziehungs- und Bildungsauftrag zu verwirklichen. Über die Vermittlung von Wissen, Fähigkeiten und Fertigkeiten hinaus ist die Schule insbesondere gehalten, die Schüler

– in Verantwortung vor Gott, im Geiste christlicher Nächstenliebe, zur Menschlichkeit und Friedensliebe, in der Liebe zu Volk und Heimat, zur Achtung der Würde und der Überzeugung anderer, zu Leistungswillen und Eigenverantwortung sowie zu sozialer Bewährung zu erziehen und in der Entfaltung ihrer Persönlichkeit und Begabung zu fördern,
– zur Anerkennung der Wert- und Ordnungsvorstellungen der freiheitlich-demokratischen Grundordnung zu erziehen, die im einzelnen eine Auseinandersetzung mit ihnen nicht ausschließt, wobei jedoch die freiheitlich-demokratische Grundordnung, wie in Grundgesetz und Landesverfassung verankert, nicht in Frage gestellt werden darf,
– auf die Wahrnehmung ihrer verfassungsmäßigen staatsbürgerlichen Rechte und Pflichten vorzubereiten und die dazu notwendige Urteils- und Entscheidungsfähigkeit zu vermitteln,
– auf die Mannigfaltigkeit der Lebensaufgaben und auf die Anforderungen der Berufs- und Arbeitswelt mit ihren unterschiedlichen Aufgaben und Entwicklungen vorzubereiten."

Solche Ziele lassen sich nicht eindeutig in schulische Handlungsanweisungen und Organisationstrukturen überführen, denn sie besitzen einen breiten Interpretationsspielraum. Lehrer und Schüler gewinnen vielmehr ihre handlungsleitenden Zielvorstellungen in der Anpassung an die in der Organisation Schule vorgefundenen Positionen und Rollenerwartungen. Die Übernahme der bürokratisch definierten Mitgliedsrollen wird wichtigster Handlungszweck. Die Formalisierung der Mitgliedsrollen ist für die Organisation erforderlich, weil dadurch die Kontinuität auch bei wechselndem Personal gewährleistet wird. Erst die Übernahme der Mitgliedsrollen erlaubt Lehrern und Schülern, sich innerhalb der Organisation selbst darzustellen. Gleichzeitig schützt die Übernahme der Rolle vor nicht zu befriedigenden (persönlichen) Erwartungen. Mitglied ist nur, wer seine Rolle spielt und nur, insofern er sie spielt.

Sowohl die Schulorganisation selbst wie auch das einzelne Rollenspiel (Lehrer-Schüler-Verhältnis) wird durch die Positionsinhaber aufrecht erhalten. Die Generalisierung der Erwartungen ist in drei Dimensionen erforderlich:

- In der zeitlichen Dimension ist die Festlegung von Normen erforderlich; sie schützen das Rollenspiel gegen Spontaneität und Vergeßlichkeit und entlasten von Entscheidungszwängen in konkreten Situationen. Gleichzeitig verhindern sie das Einbringen nicht normierter Bedürfnisse.
- In der inhaltlichen Dimension führt die Generalisierung zu eindeutig identifizierbaren Rollen. Die Bewältigung beliebiger konkreter Situationen wird durch die Rolle soweit festgelegt, daß widersprüchliches Verhalten vermieden und Erwartungssicherheit gegenüber anderen Rollenpartnern gewährt werden kann.
- In der sozialen Dimension gewährleistet die Generalisierung von Erwartungen den normativen Zusammenhang der verschiedenen Rollen in der Institutionalisierung. Diese stellt die normative Übereinstimmung für die Berechtigung der Rollendifferenzierung dar. Die Übereinstimmung über die Berechtigung des Rollensystems und der Hierarchie von Positionen muß von den Rollenspielern nicht bewußt nachvollzogen werden; sie ist wirksam, solange sie nicht offen angezweifelt wird. Die Generalisierung von Erwartungen in der Formalisierung der Mitgliedsrollen erlaubt ein Höchstmaß an Stabilität des Schulsystems.

Betrachtet man aber die Lehrer-Schüler-Beziehung im Dienstleistungsmodell, geht die Formalisierung auf Kosten der situationsspezifischen und andere als die Rollenerwartungen der Schüler berücksichtigende Tätigkeit des Lehrers. Mit seinem pädagogischen Auftrag ist nämlich die Notwendigkeit verbunden, die Schüler gemäß ihrem individuellen Entwicklungsstand, ihrer individuellen Lern- und Leistungsfähigkeit zu Lernprozessen zu motivieren. Dies erfordert die Aufnahme stark affektiv gefärbter Interaktionen, um auf seiten des Schülers persönliche Lernbereitschaft zu wecken. Reduziert er seine Tätigkeit auf das Spielen formalisierter Rollen, entsteht die Gefahr, daß der Zweck seiner Tätigkeit (= Lernprozesse beim Schüler) verfehlt wird.

2.3 Ambivalenzen und Pathologien der Lehrerrolle

Das Verhalten von Lehrern zu ihren Kollegen, zu den Schülern und auch zu den Eltern ist, wie wir gesehen haben, durch die Schule als Organisation in vielerlei Hinsicht vorgezeichnet: die Summe der Erwartungen, die der Lehrer nicht folgenlos ignorieren kann, kann als seine soziale Rolle bezeichnet werden. In der Soziologie gibt es die verschiedensten Definitionen dieses Begriffs; sie reichen von einer sehr weiten Definition von Rolle, die darunter bereits jedes Verhaltensmuster versteht, bis zu verhältnismäßig engen Definitionen. Gemeinsam ist allerdings all diesen Definitionsversuchen, durch den Rollenbegriff *sozial relevantes Verhalten* auszudrücken, also ein Verhalten, das auf soziale Situationen bezogen ist, z.B. innerhalb von Institutionen oder Organisationen wie der Schule.

Im folgenden soll unter einer sozialen Rolle ein Bündel von Normen verstanden werden, die der jeweiligen Rolle zugeordnet sind (Rollennormen) – also Komplexe von Verhaltensformen, die in bestimmten Situationen regelmäßig auftreten und deren Realisierung durch Sanktionen (Bestrafungen bei Abweichungen) garantiert werden. Auf die Berufsrolle des Lehrers bezogen bedeutet das ein Geflecht von Verhaltenserwartungen, wie sie in den allgemeinen beamtenrechtlichen Normen, in den Verfügungen und Erlassen der Aufsichtsbehörden (Kultusbürokratie, Schul- und Oberschulämter) wie auch in den Erwartungen von Kollegen und Schülern, insofern sie vom Lehrer nicht ungestraft übergangen werden können, wahrnehmbar sind. Wir sprechen nur dann von sozialen Rollen, wenn ein bestimmter Verfestigungsprozeß bereits vollzogen ist, wobei der Zusammenschluß von Menschen in bürokratischen Organisationen, in denen die Beziehungen der Mitglieder weitgehend verrechtlicht sind, ein besonders hohes Ausmaß an Verfestigung markieren.

Wie die sozialgeschichtlichen Aspekte des Lehrerberufs zeigen, ist die Berufsrolle des Lehrers erst allmählich im Zuge der allgemeinen gesellschaftlichen Entwicklung zu dem geworden, was sie heute ist – und auch heute gibt es noch unterschiedliche Rollen, etwa den Privatlehrer, den Sonderschullehrer oder den Lehrer der Grund-, Haupt- und Realschule. Damit wird neben der sozialen Normierung ein weiterer Aspekt der sozialen Rolle angesprochen: der Aspekt der sozialen Differenzierung. Soziale Rollen lassen sich auf diese beiden Phänomene zurückführen; sie sind mithin eine Kategorie, mit der nicht nur die Wechselwirkungen zwischen Organisationen und ihrer Mitglieder analysiert werden können, sondern auch die Prozesse menschlicher Vergesellschaftung angezeigt werden: so die Rolle des Lehrers, die einer zunehmenden normativen Festlegung bis in den persönlichen Bereich des Lehrers hinein (z.B. die Einschränkung seiner Freizügigkeit) unterworfen ist und zunehmend differenziert wird – ob als Primar-, Sekundar 1- oder Sekundar 2-Lehrer mit einem, anderthalb oder zwei Fächern.

Die Übernahme einer solchen Rolle und das durch diese standardisierte Verhalten bindet den Rollenträger nicht nur an die Institution, sondern formt und verändert ihn zugleich. Institutionen, so formulierten es die amerikanischen Soziologen *Gerth* und *Mills*, drücken dem Individuum ihren Stempel auf und verändern sowohl das äußere Verhalten als auch das Innenleben, denn ein Aspekt im Lernen einer Rolle besteht in der Übernahme von Motiven, die ihre Durchführung garantieren. Die Wechselwirkungen zwischen Person (Lehrer) und Institution (Schule) lassen sich somit an dem Rollenspiel selbst und an den dieses stützenden inneren Einstellungen beschreiben: mit der Rolle verbunden sind spezifische Motive und Einstellungen, die als *Rollenselbstbild* zusammengefaßt werden können. Zu der Lehrerrolle gehören die Vorstellungen, die sich Lehrer von ihrem Beruf machen, Vorstellungen von ihrer Wichtigkeit im Vergleich mit anderen Berufen, spezifische Lehrerideologien und Bilder, die sich andere von dem Beruf des Lehrers machen. Insofern bilden Rollen einen relativ starren Kern, um den herum Wertvorstellungen, nicht normierte Verhaltenserwartungen und politische Bewußtseinslagen angesiedelt sind. So können die beamtenrechtlichen Bestimmungen des Lehrerberufs als der normative Kern bezeichnet werden, der im Vergleich zu den stereotypen Erwartungen – z.B. in didaktischer Hinsicht – und den Selbsteinschätzungen des Lehrers von seinem Unterrichtsverhalten relativ starr ist. Hinzu kommen Vorstellungen über die Adressaten seines Verhaltens (Schüler) und ihre Merkmale und naive Theorien über ihre Persönlichkeit. Die Rolle des Lehrers selbst und die an sie geknüpften Verbindlichkeiten formen zugleich, wie viele Befunde aus der experimentellen Sozialpsychologie zeigen, die Wahrnehmung von Lehrern, also die Art und Weise, wie sie die Schüler und ihre Kollegen erleben.

Die soziale Rolle des Lehrers und mit ihr verbunden Status und Macht haben nicht nur Auswirkung auf die kognitiven Merkmale von Lehrern, sondern bestimmen auch ihre affektiven Merkmale wie Ausmaß an Angst, Aggressivität und Psychoneurotizismus. Soziale Rolle, Macht, Status und kognitive und affektive Komponenten sind als ein komplexes Geflecht von Ursache-Wirkungszusammenhängen zu verstehen, die eindimensionale Zuordnungen ebenso wenig erlauben wie ein bei allen Lehrern konsistentes Gesellschaftsbild. Soziale Rollen wie die Berufsrolle des Lehrers haben durch ihren normativen Kern ein Element der sozialen Kontrolle; Lehrer sind verpflichtet, Unterricht zu geben, und zwar in einer bestimmten Form, sie sind gehalten, die Schüler zu bestrafen, zu benoten und bei Prüfungen diese gegebenenfalls durchfallen zu lassen. Halten sie sich nicht an das, was vom Gesetzgeber als Aufsichts- und Fürsorgepflicht festgelegt wird, dann machen sie sich strafbar. Zwar haben Lehrer dadurch eine Machtposition gegenüber den Schülern, sie sind jedoch ihrerseits gezwungen, diese auch auszuüben, unterliegen selbst der sozialen Kontrolle. Dieser Aspekt macht den *Zwangscharakter sozialer Rollen* aus, ein Zwangscharakter, der nur unter bestimmten Bedingungen akzeptiert und positiv bewertet werden kann: unter den Bedingungen der Akzeptierung dieser Rolle selbst, d.h. auch immer der Verinnerlichung oder Internalisierung der normativen Aspekte sozialer Rollen. Die Notwendigkeit einer solchen innerlichen Akzeptierung sozialer Normen zeigt sich besonders, wenn man berücksichtigt, daß beispielsweise vom Lehrer erwartet wird, diese Normen weitgehend affektfrei, d.h. innerlich neutral und unabhängig von seinen persönlichen Vorlieben zu erfüllen. Mit der Konformität rollengerechten Verhaltens verbindet sich damit ein gewisses Ausmaß von Affektkanalisierung; die emotional-affektiven Begleiterscheinungen müssen vom Lehrer kontrolliert, d.h. in bestimmte Bahnen gelenkt werden, die ihm die geforderte Affektneutralität – zumindest nach außen hin – erst möglich machen. Eine solche Affektkanalisierung ist langfristig vom Lehrer nur dann zu ertragen, wenn er die Leistungsnormen seiner sozialen Rolle als richtig empfindet, ihnen eine „sinnhafte Intentionalität" *(Dreitzel)* unterstellt. Dieser Vorgang führt schließlich zu der affektiven Besetzung der Lehrerrolle selbst, zur Identifizierung des Lehrers mit seinem Beruf, ein Vorgang, der wiederum von seiner Umwelt positiv durch vermehrtes Prestige oder Beförderung verstärkt wird.

Dieser Verinnerlichungsprozeß der Berufsrolle gewinnt zugleich die Bedeutung des Aufbaus einer inneren sozialen Kontrolle, die die äußere soziale Kontrolle unterstützt und verstärkt. Unter ganz bestimmten Umständen, auf die weiter unten noch eingegangen wird, übertrifft eine solche innere Kontrolle die äußere und kann zu rigiden Persönlichkeitsmustern führen, die in sich pathogene Elemente tragen. Die Verfestigung von rollenkonformen Einstellungen zur „déformation professionnelle" bei Lehrern mit ihren neurotischen Begleiterscheinungen wie der häufig zitierten berufsspezifischen Infantilität wären Beispiele solcher Merkmale. Bevor diese thematisiert werden, soll zuerst noch auf die sozialen Determinanten der Inszenierung des Verhaltens beim Rollenspiel eingegangen werden, die im Anschluß an *Dreitzel* als Lernmilieu und Interaktionssituation bezeichenbar sind.

Rollengerechtes Verhalten – und das wird besonders bei Berufsrollen wie der des Lehrers deutlich – müssen erst sozial vermittelt, gelernt werden. Ebensowenig, wie es den geborenen Juristen oder Arzt gibt, gibt es den geborenen Erzieher. Das Lernen von Rollen beginnt bereits in der Kindheit, wenn die Kinder bestimmte Berufsrollen spielerisch vorwegnehmen und diesen bereits spezifische Eigenschaften zuschreiben. Die Entwicklung von Leistungsbereitschaften (Leistungsmotiv), Anpassungs- und Geselligkeitsmotiven ist ein Vorgang, der eng mit dem Erziehungsverhalten der Eltern und dem Verhalten der engeren Umwelt des Kindes zusammenhängt. Die Kinder schauen die Rollen den anderen gleichsam ab, imitieren bestimmte Modelle und entwerfen selbst Verhaltenssequenzen, die späteren Rollen ähnlich sind. Daraus erklärt sich auch die vorweggenommene Auswahl späterer Berufsrollen: die Entwicklung einer Neigung für ganz bestimmte Verhaltensbereiche, die durch die Interaktion des einzelnen mit seiner Umwelt schon sehr früh beginnt. Diese Lerngeschichte des einzelnen setzt sich über seine Schulzeit fort bis hin zur beruflichen Sozialisation, in der neben den Fertigkeiten und rollenspezifischen Einstellungen auch die formale, sozial akzeptierte Legitimation zum Rollenspiel erworben wird. Insofern ist *Dreitzel* zuzustimmen, wenn er formuliert: „Man wird einem Individuum immer nur diejenigen Rollen mit Erfolg zumuten, für deren Spiel es typisierte Verhaltensweisen innerhalb des eigenen Interaktionsradius vorfindet. Je nachdem, wie dieses Lernmilieu aussieht, schränkt sich die Anzahl und die Art der Rollen, die ein Individuum spielen kann, ein und bestimmt sich die Qualität des Rollenspiels" (*Dreitzel*, S. 127).

Soziale Rollen sind nun nicht nur theoretische Konstruktionen, sind nicht nur Erfindungen von Soziologen, sondern Abstraktionsleistungen, die das Individuum selbst vornimmt *(Popitz)*. Der einzelne Rollenspieler nimmt die sozialen Erwartungen gleichsam vorweg und realisiert sie in der sozialen Situation, in der Interaktionssituation. In diese Situation gehen die subjektiven Erwartungen der Handelnden ein und weisen zugleich über diese hinaus. Ein Lehrer, der vorschriftsgemäß eine Klassenarbeit schreiben läßt, formuliert in der Aufgabenstellung die Erwartungen, die er bei seinen Rollenpartnern, den Schülern, für angemessen hält. Zugleich strukturieren die Handlungsvollzüge bereits künftige Situationen im voraus: der Handlungserfolg der Schüler, das Ausmaß, in dem sie das vom Lehrer gesetzte Lernziel realisieren, provoziert künftige Handlungsvollzüge des Lehrers, die gleichzeitig von den Schülern kognitiv vorweggenommen werden. Eine solche von dem Lehrer organisierte pädagogische

Situation – Prüfungen sind hier besonders eklatante Beispiele – kann in vier Elemente unterteilt werden: zum einen die handelnden *Subjekte* selbst mit ihren Rollenvorschriften, hier also Schüler und Lehrer; weiterhin das *Thema der Situation*, hier die Lösung der gestellten Aufgabe und ihre Bewertung durch den Lehrer; ferner die räumlichen und zeitlichen *Gegebenheiten* der Klassenarbeit und schließlich der *Horizont*, die Perspektive anschließender Situationen. Die Relationen zwischen sozialen Rollen und verschiedenen Rollenspielern werden erst in den konkreten Situationen sichtbar: die Frage, wer die Kontrolle über die Situation hat, die Unterschiede in den subjektiven Erwartungen und Bedürfnissen und das Ausmaß an Veränderbarkeit sozialer Rollen und den Strategien, die für diese Veränderung notwendig sind.

Ebenso wie die vorausgegangene Lerngeschichte und das Lernmilieu bildet diese Interaktionssituation eine soziale Determinante der sozialen Rolle. Beide Bestimmungsgründe müssen berücksichtigt werden, wenn die soziale Rolle des Lehrers geändert werden soll: die Ausbildung von Lehrern in Schule und Hochschule ebenso wie Berücksichtigung der Lernziele, der institutionellen Gegebenheiten, der betroffenen Schüler und Eltern und die Perspektive der Schüler in beruflicher und politischer Hinsicht. Beide Determinanten verweisen zugleich auf die Tatsache der Beziehung zwischen verschiedenen Rollenträgern und der Einbettung sozialer Rollen in *Rollensysteme*, ganzer Komplexe aufeinander bezogener Rollen und mit diesen vielfältig verflochtener und diese zugleich stützender Einstellungen und Erwartungen.

Die soziale Rolle des Lehrers, und das heißt zugleich auch ihre beiden Determinanten, ist vielfach mit anderen Rollen verbunden; diese Einbindung der Lehrerrolle in ein komplexes Rollensystem zeigt sich, wenn man das Verhältnis der Lehrerrolle zu anderen Rollen sieht – innerhalb der Schule, also zu Kollegen, Schülern und Schulleitung und außerhalb der Schule, der Lehrer in der Gemeinde, in seinem Berufsverband, zu den Eltern und zur Schulaufsichtsbehörde. Zugleich ist seine Rolle in einem Spannungsverhältnis mit sozialen Rollen zu sehen, die mit ihm nur indirekt verbunden, aber trotzdem nicht weniger wirksam sind: zu politischen Verbänden, zu Arbeitgeberorganisationen, also zu bestimmten sozialen Systemen, die nachweislich einen Einfluß und ein zumindest partikulares Interesse an der Schule haben.

In dem Augenblick, in dem das Lehrerverhalten von anderen Rollenträgern beeinflußt wird, sind Rollenkonflikte an der Tagesordnung. Versuche der Manipulation, soziale Kontrolle, Status und Macht außerschulischer Interessengruppen sind Faktoren, die sich auch auf die Interaktionssituation des Lehrers auswirken. In solchen Fällen, wo die Erwartungen, die mit der einzelnen Rolle verknüpft sind, mit den Erwartungen anderer divergieren, spricht man in der Soziologie von *Rollenkonflikten*, genauer: von Interrollenkonflikten. So haben beispielsweise *Baethge* und *Nyssen* den Einfluß von Arbeitgeberverbänden auf die Schule und ihre Lernziele und damit auch auf den Lehrer selbst nachweisen können. Ein Konfliktfall entsteht genau dann, wenn der einzelne Lehrer es mit seinem Verständnis von seiner Lehrerrolle nicht mehr vereinbaren kann, solche divergenten Interessen in seinem Unterricht zu berücksichtigen. Mit zunehmender staatlicher Intervention in die Formulierung von Lernzielen, bestimmten Formen der Unterrichtsorganisation und -inhalte hat sich auch die Tendenz entwickelt, solche Rollenkonflikte bereits auf dem Weg der Rekrutierung der Lehrer zu beseitigen: als ein besonders wirksamer Hebel fungiert dabei die immer stärker zunehmende Praktizierung von Berufsverboten – ein Abgehen von formalen Selektionskriterien zu politisch-inhaltlichen. Bei dieser Praxis wird der Zusammenhang zwischen dem partikularen Interesse von Veto-Gruppen wie der Arbeitgeberverbände, zunehmender staatlicher Intervention und Einstellung loyaler und anpassungsfähiger Lehrer deutlich. Die Berücksichtigung des Lernmilieus, aus dem der Lehrer kommt, und die zunehmende Verrechtlichung seiner Interaktionssituationen können als Restriktionen interpretiert werden, die eine Reduzierung des Konfliktpotentials innerhalb der Lehrerschaft erlauben. Die Legitimität eines solchen staatlichen Konfliktmanagements wird aus dem Ordnungswert der vorgegebenen Rollenstrukturen und aus der Fürsorge der Adressaten (der Schüler also) abgeleitet: zugrunde liegt die Erkenntnis, daß gesellschaftliche Institutionen, vor allem wenn sie bürokratisch organisiert sind, nur ein gewisses Ausmaß von Interrollenkonflikten ertragen, um weiter existieren zu können.

Eine andere Form des Rollenkonfliktes wird dabei allerdings nicht ohne weiteres reduziert: der Intrarollenkonflikt, unter dem man Konflikte innerhalb der Lehrerrolle versteht. Ein für Erzieherberufe typischer Intrarollenkonflikt ist die von *Kob* formulierte Diskrepanz von dem Lehrer als Erzieher und als Wissensvermittler. Nach dieser These stehen sich die normativen Erwartungen, die sich unter dem Erziehungsauftrag des Lehrers subsumieren lassen, und seine ebenfalls normativ fixierte Aufgabe, konkrete Leistungsvollzüge bei den Schülern und Kulturfertigkeiten zu vermitteln, konfliktuös gegenüber. Dieser Auffassung ist allerdings nur unter der Maßgabe bestimmter Bedingungen zuzustimmen: für den Lehrer müssen in der Interpretation seiner Rolle als Erzieher Momente konstitutiv werden, die nicht ohne weiteres in organisationskonforme Auffassungen münden, die gewissermaßen für das soziale System Schule disfunktional sind. Hier sind vor allem pädagogisch-psychologische Auffassungen zu nennen, die das Schwergewicht mehr auf unterstützendes Erziehungsverhalten legen und zunehmend den Verzicht auf Strafen und Benotung provozieren. Ein solches permissiv-unterstützendes, die Kritikfähigkeit und Autonomie des Schülers förderndes Lehrerverhalten steht den Pflichten des Lehrers gegenüber, die insbesondere die Notengebung und das Disziplinproblem, also seine Autoritätsrolle betreffen. Nach den von der Schule als bürokratischer Institution festgelegten pädagogischen Situationen, die das Lernen organisieren, ist die Realisierung eines solchen Erziehungsverhaltens über die Zeit hinweg nur durch ständigen Konflikt oder im Schatten der Dunkelziffer möglich. Die Starrheit sozialer Rollen läßt diese unter veränderten Bedingungen nur dann fortleben, wenn sie zugleich interpretationsfähig sind. Den Interpretationsspielraum bestimmt dabei insbesondere das System der äußeren sozialen Kontrolle, entweder durch Sanktionsverzicht oder durch Ignorieren von Normbrüchen. Konstitutiv für diesen für Erzieherrollen offenbar typischen Intrarollenkonflikt sind damit abweichende Erziehungsvorstellungen.

Die Schwierigkeit solcher Lehrer besteht darin, daß man langfristig nicht ohne weiteres gegen die eigenen Überzeugungen oder gegen die sozial gebilligten Interpretationen der Lehrerrolle leben kann. Da die Veränderung der schulkonformen Vorstellungen von

Notengebung, Kontrolle und Bestrafung nur unter den Bedingungen der organisierten Sanktionsfähigkeit – also kollektiv und durch Leistungsverweigerung und Streik – möglich ist, sind die individuellen Lösungsversuche von Lehrern ebenso hoffnungslos wie der Normalfall: Distanz zur eigenen Rolle nach innen und außen, ständige Selbstrechtfertigungen und Verdrängung individueller Bedürfnisse bis hin zur mehr oder weniger vollständigen Anpassung an die vorgegebene Ordnung, sieht man einmal vom Einzelfall des isolierten Hofnarren ab, der ungestraft und folgenlos agieren darf. Die Problematik der sozialen Rolle des Lehrers läßt sich insofern idealtypisch folgendermaßen charakterisieren:

– Lehrer mit weitgehend schulkonformen Erziehungsvorstellungen werden den Konflikt zwischen ihrer Rolle als Erzieher und als Vermittler von Wissen nur in geringem Maße erleben – freilich um den Preis zunehmender Rigidität in Wahrnehmung, Affekten und Sozialverhalten.
– Lehrer mit weitgehend organisationsdivergenten Erziehungsvorstellungen werden dann, wenn sie diese in der Interaktionssituation zu realisieren versuchen, unter hohem Erfolgszwang und hohem Risiko stehen und langfristig als einzelner isoliert bzw. angepaßt sein.

Die psychischen Folgen eines ständigen Konflikts mit der engeren Umwelt sind für die meisten kaum ertragbar und führen bei ständigem Rechtfertigungsdruck zu lehrerspezifischen Rationalisierungen. Hier liegen auch die *pathogenen Elemente der Lehrerrolle*: die weitgehend autoritär determinierten Interaktionssituationen zwischen Lehrer und Schülern münden in Kommunikationsformen, die oft im Widerspruch zu den Rollenselbstbildern der betroffenen Lehrern stehen. Damit wird eine wichtige Dimension eigenen Erlebens berührt: die Selbstkongruenz bzw. Echtheit des eigenen Verhaltens (*Rogers*) und das Selbstwertgefühl. Das Erleben einer Diskrepanz zwischen Selbstauffassung und sozialer Rolle bei restringierter Veränderungsmöglichkeit dieser Rolle führt dann zur Schwächung des Selbstwertgefühls, zu Resignation und der Suche nach Kompensationsmöglichkeiten im schulfernen Raum.

Die Rolle des Lehrers ist ein Problem der organisierten Erziehung, also der in Rollen fixierten pädagogischen Interaktion, die vermutlich noch mehr als andere Berufsrollen pathogene Elemente enthält. Die häufig postulierte Kongruenz von individuellen Bedürfnissen und sozialer Rolle erweist sich in der konkreten Interaktionssituation als trügerisch: die Balance zwischen permissiv-unterstützenden Erziehungsvorstellungen und normativ vorgegebener Interaktion stellt die Ich-Identität des Lehrers vor ein nur schwer und sicher nur kollektiv zu lösendes Problem: das der Veränderung der Berufsrolle in Richtung auf die eigenen pädagogischen Vorstellungen, eine Balance, die in jeder einzelnen Interaktionssituation neu realisiert werden muß. Diese Diskrepanz zwischen personaler Identität (den eigenen Überzeugungen, Dispositionen und Bedürfnissen) und der vorgefundenen sozialen Identität (der sozialen Rolle) ist Ansatz einer soziologischen Theorie, die sich als *symbolischen Interaktionismus* bezeichnet. Das analytische Schwergewicht liegt dabei auf den Vermittlungsleistungen zwischen sozialer und personaler Identität, die der sozial Handelnde in jeder Interaktionssituation leisten muß. Der geglückte Balanceakt zwischen beiden Formen der Identität wird dann als Ich-Identität bezeichnet. Bei bestimmten sozialen Rollen – so etwa der des Lehrers – wird ein solcher Balanceakt besonders schwierig, bedingt durch eine Reihe der Schule inhärente Mechanismen, auf die weiter unten eingegangen werden soll. Diese Schwierigkeit der Herstellung von Ich-Identität bei Lehrern wie bei Schülern können als die pathogenen Elemente der Lehrer- und der Schülerrolle bezeichnet werden. Dieses Problem wird noch gravierender, wenn man psychoanalytische Überlegungen, wie sie in neuerer Zeit vor allem von *Fürstenau* und *Wellendorf* gemacht wurden, mit einbezieht. Hier wird vor allem der Aspekt betont, daß die libidinösen Impulse des Rollenträgers mit in die Interaktion und in sein Rollenspiel eingehen, aber gleichzeitig durch die geforderte Affektneutralität verdrängt werden. Die Unterdrückung solcher Triebimpulse durch bürokratisch vorgezeichnete Verhaltensformen zeigt sich dann in ihrer Wiederkehr in neuen Formationen: der Regression auf frühere Verhaltensformen, infantilen Reaktionen und Ritualen.

Die pathogenen Elemente der Lehrerrolle, die sich in solchen Verhaltensformen manifestieren, sind vor allem auf ein Element der schulischen Organisation zurückzuführen: auf die repressive Dimension der Lehrerrolle innerhalb des Rollensystems der organisierten Erziehung.

2.4 Die Rollenbeziehung zwischen Lehrer und Schüler als Herrschaftsverhältnis

Beeinträchtigung des Selbstwertgefühls von Lehrern, gestörte Kommunikationsabläufe und resignativer Rückzug in außerschulische Aktivitäten sind ebenso wie zwanghafte Konformität mit ihrer Unfähigkeit, Bedürfnisse anderer wahrzunehmen und sich selbst zu explorieren, Reaktionen auf die repressive Dimension der Lehrerrolle. Diese repressive Dimension ist in zweierlei Hinsicht zu sehen: zum einen in der Tatsache, daß Lehrer als Mitglied einer Amtshierarchie vielfältiger Kontrolle ausgesetzt sind und ihre pädagogischen Interventionschancen als weitgehend normativ festgelegt vorfinden – zum andern in der Tatsache, daß Lehrer selbst Macht ausüben: Macht gegenüber ihren Schülern.

Soziale Macht und in ihrer institutionellen Form soziale Herrschaft oder Autorität gibt es in den unterschiedlichsten Manifestationen. Nach der klassischen Analyse von *Max Weber* stellt die moderne Form der Machtausübung, die zugleich auch ihre rationalste Form ist, die bürokratische Herrschaft dar. Diese Form der Herrschaft ist in Rollensystemen organisiert und durch feste Regeln unter der Maßgabe ihrer Überlegenheit und Effizienz im Vergleich zu anderen Formen der Macht legitimiert. Eine solche Macht- oder Autoritätsrolle ist auch die Rolle des Lehrers; sie findet ihre gesellschaftliche Rechtfertigung in der Rollendefinition des Lehrers, Lernprozesse zu organisieren, den Schülern etwas beizubringen, was wiederum von anderen Instanzen bestimmt wird. Die Schule, die von einigen Pädagogen als „optimale Organisation von Lernprozessen" bezeichnet wird, kann durch ihre hierarchische Struktur als Herrschaftsorganisation beschrieben werden. Die in der Sozialpsychologie häufig genannten Grundlagen der Machtausübung – Macht durch Belohnung, durch Druck oder Zwang, durch Identifikation, durch Wissen und durch Legitimation – sind ohne weiteres auf die Lehrerrolle anwendbar und werden auch in den konkreten Interaktionssituationen realisiert.

Macht, auf die konkrete Interaktionssituation bezogen, bedeutet die Fähigkeit, die Machtunterlegenen in ihrem Verhalten zu steuern. Die Institutionalisierung dieser Fähigkeit in soziale Rollen hat nun zugleich den Vorteil, daß die Frage nach der Legitimität der Machtausübung nicht jedesmal aufs neue gestellt werden muß und der Einsatz von Machtmitteln, also Repression, nur in Konfliktfällen angewendet zu werden braucht. Das Ziel jeder Herrschaftsorganisation ist die gleichsam unbeaufsichtigte Fügsamkeit, die Situation der Ruhe und Ordnung, auch wenn der Lehrer das Klassenzimmer verläßt. Insofern bedeutet die Konformität der Machtunterlegenen, der Schüler, auch immer, daß diese ihre Rollenbeziehung zu dem Lehrer auch verinnerlicht haben, mithin seine Machtüberlegenheit innerlich akzeptieren. Der Organisation sozialer Macht in Herrschaftsrollen, die durch die Schule als Institution verankert ist, muß bei den Rollenträgern ein internes Modell entsprechen, um effektiv das Verhalten der Schüler über die Zeit hinweg zu kontrollieren.

Um nun die Interaktionsstruktur, die Rollenbeziehung zwischen Lehrer und Schüler genauer zu analysieren, ist es notwendig, die einzelnen *Determinanten der Interaktionssituation* im einzelnen aufzuzeigen.

Lehrerrolle und Schülerrolle sind aufeinander bezogen, sie stehen, wie man auch sagt, in einem interdependenten Verhältnis: Schüler wie Lehrer haben Erwartungen, an denen sie sich orientieren und auf deren Erfüllung sie ihr eigenes Verhalten aufbauen. Das Schaubild (S. 48) gibt dabei einige wichtige Determinanten an; es zeigt, daß die Interaktionsstruktur zwischen Lehrer und Schülern ungleichgewichtig, asymmetrisch ist und sich vor allem hinsichtlich der sozialen Kompetenz beider Rollen unterscheidet: der Lehrer setzt bestimmte Leistungsnormen und sorgt für deren Realisierung – ob nun durch Belohnung, Bestrafung, persönliches Geschick etc; über diese Zielsetzung (z.B. eine Rechenaufgabe) hinaus bestimmt er die Kriterien für die erfolgreiche Lösung und für die Erreichung des Klassenziels und repräsentiert damit symbolisch die Organisation, in deren Auftrag er handelt. Demgegenüber haben Schüler keine Entscheidungskompetenzen, sondern müssen die Normen erfüllen, die ihnen gesetzt werden. Dem Instruktions- und Disziplinarverhalten des Lehrers entspricht die Rollendefinition des Schülers, die normative Festlegung von Leistungserfüllung und Verhaltenskonformität gegenüber Ordnungsnormen. Diese vereinseitigte Interaktionsstruktur, die in ihrer institutionellen Absicherung durch Rollensysteme einen wichtigen

Indikator für Herrschaftsverhältnisse darstellt, wurde auch durch eine ganze Reihe von Befunden der empirischen Unterrichtsforschung nachgewiesen, etwa durch das Sprachverhalten von Lehrern, die Anzahl von Schüleräußerungen im Vergleich zu Lehreräußerungen u. ä. Im folgenden sollen drei wichtige Determinanten dieses Rollenverhältnisses beschrieben werden: die Funktion und Praxis der Notengebung, die Erwartungen von Lehrern gegenüber Schülern und die Reziprozität von Schülererwartungen und schließlich das Disziplinproblem. Diese Determinanten sollen anschließend im Zusammenhang mit der Unterrichtsorganisation und dem „heimlichen" Lehrplan, den Defensivmechanismen der Schule gegenüber Konflikten, analysiert werden.

Die Tatsache, daß Lehrer ihre Schüler benoten und damit eine wichtige Vorentscheidung für die zukünftigen Karrieremuster ihrer Schüler fällen, kann mit guten Gründen als folgenreichstes Merkmal der Beziehung zwischen Schülern und Lehrer angesehen werden. Noten wird zwar von psychologischer und pädagogischer Seite eine Reihe von wichtigen Funktionen zugesprochen, so die Rückmeldefunktion für Lehrer und Schüler oder Anreiz und Ansporn. Die wichtigste Funktion von Noten kommt sicherlich der ihr zugeschriebenen Fähigkeit, den Lernerfolg zu klassifizieren und die guten mit den schlechten Schülern zu vergleichen, zu. Noten sind damit ein Instrument des sozialen Vergleichs, der Differenzierung und Klassifizierung von Schülergruppen, also der Selektion. Gerade im Hinblick auf Numerus Clausus, Arbeitslosigkeit von Jugendlichen und ähnliche Probleme wird dieser selektive Charakter der Notengebung deutlich; es läßt sich hier die Tendenz beobachten, daß die pädagogische Funktion von Noten zugunsten der Auslesefunktion immer mehr in den Hintergrund tritt: Diagnose durch Benotung schlägt um in Auslese. Eng mit diesem selektiven und verhaltenssteuernden Charakter der Noten hängt die Konkurrenzbildung der Schüler untereinander zusammen. Noten werden im allgemeinen nicht für eine ganze Gruppe gegeben, sondern sind individuelle Leistungsprämien bzw. individuelles Symbol für persönlichen Mißerfolg. Experimentelle Untersuchungen konnten zeigen, daß Lernende in ihrem Einzel- und Gruppenverhalten unterschiedlich interagieren: während Studenten, die für eine Leistung honoriert wurden, die sie in der Gruppe gemeinsam

Übersicht 3: Rollenbeziehungen und Interaktionsstruktur in der Schule

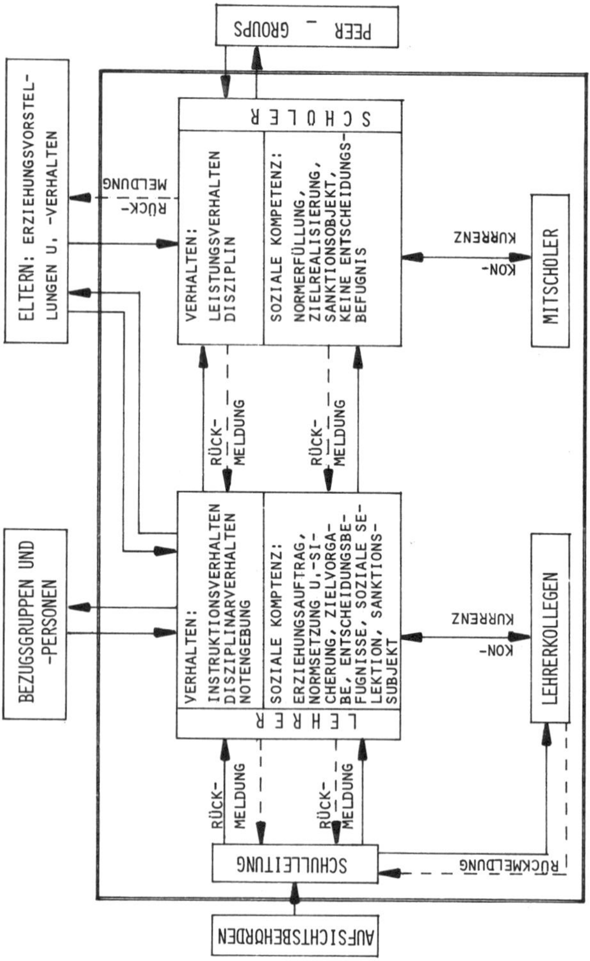

erbrachten, untereinander toleranter und freundlicher waren, verhielten sich Versuchspersonen, die individuell und miteinander konkurrierend Aufgaben lösten, aggressiver. Diese sozialpsychologischen Auswirkungen individualisierter Leistungsprämien verschärfen sich noch, wenn wie in der Höheren Schule die Chance, bestimmte Fächer zu studieren, von Bruchteilen von Noten abhängt.

Noten schaffen nicht nur eine Konkurrenzsituation zwischen den Schülern, sondern geben dem Lehrer sein wichtigstes *Gratifikations- und Sanktionsmonopol* in die Hand, das für Jugendliche innerhalb der bürgerlichen Leistungsgesellschaft bedeutsam ist. Zugleich erhält der Lehrer die Chance, seinen eigenen pädagogischen Mißerfolg in das Versagen des einzelnen Schülers umzuinterpretieren und zugleich disziplinierend einzugreifen. Dieser Mechanismus wird unter der Praxis vieler Lehrer, ihre Noten im Sinne einer Normalverteilung zu geben, noch verdichtet: niedriges Ausmaß an extremen Noten (1, 2, 5, 6), dagegen viele Dreier und Vierer. Diese Tendenz spaltet die Klassen in verschiedene Notengruppen, unabhängig, wie diese im Vergleich mit Schülern der gleichen Altersgruppe in einer anderen Klasse abschneiden. Schüler mit schlechten Noten erhalten häufiger einen schlechteren soziometrischen Status (weniger Sympathieäußerungen), sie haben durchweg ein schlechteres Selbstbild und höheres Ausmaß an Ängstlichkeit. Das mit schlechten Noten verbundene Stereotyp, daß hier auch geringere Begabung und Fleiß zusammengehen und diese Noten verursachen, macht solche Konsequenzen plausibel. Die Abhängigkeit der Schüler von gesellschaftlich anerkannten Leistungsprämien, die eng mit sozialer Anerkennung zusammenhängen, macht den zentralen Aspekt der Herrschaftsrolle des Lehrers aus.

Noten sind Urteile von Lehrern über den Schulerfolg der Schüler und als solche wie alle Urteilsprozesse nur von geringer Gültigkeit, Zuverlässigkeit und Objektivität. In solche Urteile gehen, wie die Psychologie der interpersonellen Wahrnehmung zeigen konnte, neben den situativen und rollenspezifischen Gegebenheiten auch Persönlichkeitsmerkmale der Urteilenden selbst ein, also Theorien der Urteilenden über das Zusammengehen bestimmter Merkmale. Diesen Vorgang konnte *Höhn* an den Urteilen einiger Lehrer über sog. schlechte Schüler zeigen, bei denen die schlechte Notenleistung mit einer Reihe von negativ bewerteten Eigenschaften kurzgeschlossen wurden. Schlechte Schüler, d.h. Schüler mit niedriger Notenleistung, werden im Bild mancher Lehrer gleichzeitig zu faulen, aggressiven, unzuverlässigen oder unehrlichen Schülern. Neben diesen Konsequenzen gibt es offensichtlich im Zusammenhang mit der Notengebung eine spezifische sich selbst erfüllende Erwartung. Solche Erwartungseffekte oder Self-fulfilling prophecies sind nach der Auffassung der amerikanischen Erziehungswissenschaftler *Brophy* und *Good* weit über das Stadium von Hypothesen hinaus, vor allem im Zusammenhang mit dem Selbstbild und den Einstellungen der Schüler. Besonders bekannt wurde in diesem Zusammenhang der *Pygmalion-Effekt*, den die amerikanischen Psychologen *Rosenthal* und *Jacobson* beschrieben: durch die Erwartung niedrigerer Leistung und Intelligenz verhielten sich Lehrer in bedeutsamem Maße so, daß bei diesen Schülern tatsächlich am Ende auch diese Urteile in Tests nachweisbar waren. Diese verhaltenssteuernde Wirkung von sozialen Erwartungen wurden vor allem mit unterschiedlichem Sanktionsverhalten der Lehrer gegenüber diesen Schülern begründet. Mehr Lob und weniger Tadel bei Schülern, denen ihre Lehrer mehr Fleiß zuschreiben, sind offensichtlich Mechanismen, die sich auf das Endverhalten der Schüler auswirken. Die methodische Kritik an der o.g. Pygmalion-Untersuchung bezieht sich vor allem auf den Erwartungseffekt in seiner Wirkung auf die gemessene Intelligenz, weniger auf die Schülerleistungen und damit die Noten und die Schüler-Lehrer-Interaktion.

Die innere Geltung sozialer Rollen, ihre Bewertung durch die Rollenträger und Adressaten ist vor allem bei Herrschaftsrollen von Bedeutung; damit stellt sich die Frage nach den diesen Rollen korrespondierenden Einstellungen, nach den Erwartungen und Handlungsbereitschaften der Interaktionspartner. In solchen Erwartungshaltungen spiegeln sich die relevanten Aspekte der Struktur der Interaktionspartner wider, insofern Rollen zugleich auch Selbsttypisierungen, Produkte einer sozialen Verabredung des eigenen Verhaltens durch andere und durch sich selbst sind. Solche rollenbedingten Zielvorstellungen und Erwartungshaltungen, die die Selektion der Wahrnehmung wesentlich bestimmen, können als *kognitive Struktur* bezeichnet werden, die vor der Interaktion bereits vorhanden ist und diese vorbereitet. In mehreren Arbeiten beschreibt *Hofer* eine solche kognitive Struktur, die für Lehrer typisch ist und nur geringe interindividuelle Unterschiede aufweist; Hofer fand dabei fünf bedeutsame Dimensionen, auf denen Lehrer ihre Schüler beurteilen und die zugleich Ausdruck ihrer Rollenerwartungen sind: (1) das Arbeitsverhalten der Schüler (pflichtbewußt, konzentriert); (2) die Schwierigkeit (schüchtern, sensibel, kompliziert); (3) die Begabung (intelligent, einfallsreich); (4) die Dominanz (geltungsbedürftig, ehrgeizig); (5) die soziale Zurückgezogenheit (ungesellig, verschlossen).

Die erstaunliche Homogenität, die Lehrer bei diesen Urteilsdimensionen aufweisen, erklärt *Hofer* durch die Rollenbeziehung, in der Schüler und Lehrer zueinander stehen: durch die Bedeutung, die die normativ geforderte Schulleistung für Lehrer und Schüler hat. Insofern ist es auch nicht überraschend, daß innerhalb dieser kognitiven Struktur die Dimension „Arbeitsverhalten" für die Art, in der Lehrer ihre Schüler einschätzen, zentral ist. Lehrer erklären sich nach den Befunden *Hofers* so die Schulleistung: neben der Begabung wird die Anstrengungsbereitschaft, wie sie sich in der Dimension Arbeitsverhalten ausdrückt, als Ursache für Erfolg und Mißerfolg verantwortlich gemacht. Zugleich konnte empirisch nachgewiesen werden, daß zwischen der Wahrnehmung eines positiv ausgeprägten Arbeitsverhaltens von Schülern durch ihre Lehrer und deren Notengebung eine enge Beziehung besteht, sie mithin in hohem Maße verhaltensrelevant ist.

Ein solches kognitives Ordnungsschema ermöglicht es den Lehrern, schnell und ökonomisch, also mit einem Minimum an Informationen, Schüler einzuschätzen und das eigene Verhalten entsprechend auszurichten. Solche kognitiven Strukturen spiegeln in der Tat die Sozialstruktur wider, in der Schüler und Lehrer zueinander stehen: Arbeitsverhalten und unterstellte Begabung sind der zentrale Aspekt der Schüler-Lehrer-Beziehung. Neben der Leistungsthematik bekommt der Aspekt von Ordnung und Disziplin Gewicht: die Erwartung, daß der gute Schüler gesellig und unkompliziert und wenig geltungsbedürftig ist. Gute Schulleistungen und soziale Zuwendung durch den Schüler stellen positive Verstärkungen für den Lehrer dar, die seinem Rollenspiel einen subjektiven Sinn geben.

Diese psychischen Korrelate der kognitiven Struktur zu der sozialen Rolle des Lehrers, das Verhältnis von Rollendefinition und Erwartungshaltungen dem Schüler gegenüber, ist der kognitiven Struktur von Schülern reziprok; auch hier finden wir eine Entsprechung der Definition der Interaktionssituation, der Internalisierung der Schüler-Lehrer-Beziehung in ihrer institutionellen Verankerung, und der Art und Weise, in der Schüler die Wahrnehmung ihrer Lehrer kognitiv organisieren, den Kriterien, nach denen sie die Lehrerpersönlichkeit beurteilen.

Hier zeichnen sich, wie zahlreiche Befunde der empirischen Unterrichtsforschung eindrucksvoll belegen, vorwiegend drei Dimensionen ab, die für die Perzeption und Bewertung des Lehrerverhaltens für Schüler bedeutsam sind: zum einen die Wahrnehmung emotional warmen, unterstützenden Lehrerverhaltens; zum andern ein von den Schülern als motivierend und interessant erlebtes Lehrerverhalten; und schließlich der Aspekt der Kontrolle durch den Lehrer, seine Fähigkeit, Unterrichtsprozesse zu lenken. Alle drei Dimensionen sind für Schüler wichtig und beziehen sich auf die Sozialbeziehungen zwischen Lehrer und Schüler, die auch von den Schülern vorwiegend unter dem Aspekt der erfolgreichen Realisierung schulischer Lernziele gesehen werden.

Die soziale Kontrolle des Lehrers wird zumindest in einem mittleren Ausmaß nicht nur akzeptiert, sondern sogar gewünscht. Schüler erwarten von ihren Lehrern, daß sie sich durchsetzen können und einen planvollen und strukturierten Unterricht ermöglichen, den Schüler wie Lehrer als notwendige Voraussetzung für Lernerfolg ansehen. Innerhalb dieses Rahmens werden Sanktionen als legitim angesehen: im Kontext erfolgreicher Wissensvermittlung und stimulierenden Unterrichts. Mit zunehmendem Alter, darauf weisen zahlreiche Untersuchungsergebnisse hin, verinnerlichen Schüler die Leistungserwartungen ihrer Lehrer. Positiv bewertet werden sie allerdings erst, wenn sie gleichzeitig mit einem emotional-warmen und unterstützenden Lehrerverhalten wahrgenommen werden und dadurch eine affektive Besetzung der Schülerrolle ermöglichen. Gerade diese emotionale Dimension schafft bei vielen Schülern eine Angstreduzierung und – über ihren Lehrer – eine sukzessive Identifizierung mit ihrer Rolle. Man kann sagen, daß über eine als emotional-warm empfundene Beziehung zum Lehrer die Symmetrie zwischen der subjektiven Wirklichkeit des Schülers, seiner Wahrnehmung der Sozialbeziehung zu seinem Lehrer und deren Handlungsfolgen, und der objektiven Wirklichkeit, den Rollenerwartungen, erleichtert wird. Dieses interne, vom Schüler affektiv besetzte Rollenmodell ist als Voraussetzung für die Rollenkonformität von Schülern anzusehen. Vertrauensvolle Sozialbeziehungen sind i.S. *Luhmanns* ein *Mechanismus der Reduktion sozialer Komplexität,* bieten die Chance einer Privatisierung von Rollenbeziehungen und damit einer inneren Fundierung von Über- und Unterordnungsverhältnissen. Erst durch seine positive affektive Besetzung wird rollenkonformes Verhalten höher bewertet als abweichendes und mit den individuellen Bedürfnissen als kongruent wahrgenommen. Nimmt man die Symmetrie zwischen subjektiver und objektiver Wirklichkeit im Sinne einer solchen Kongruenz zwischen individuellen Bedürfnissen und sozialer Rolle als Merkmal erfolgreicher Sozialisation, dann ist die Ausbildung solcher Erwartungshaltungen bei Schülern ein Hinweis auf die Ausbildung einer gesellschaftlich geforderten Rollenidentität.

Die Erwartungshaltungen von Lehrern gegenüber Schülern – vor allem in der Dimension Arbeitsverhalten – und die der Schüler gegenüber ihren Lehrern sind kognitive Ordnungsschemata, die sich wie die Rollendefinition von Lehrer und Schüler zueinander reziprok verhalten. Sie stellen eine innere Akzeptierung einer asymmetrisch organisierten Rollenbeziehung dar, die von den Beteiligten weitgehend als richtig verinnerlicht wird. Die affektive Bindung des Schülers an seinen Lernerfolg wird dem Lehrer gutgeschrieben, der unter der Bedingung eines mittleren Ausmaßes an Kontrolle und emotional-warm perzipiertem Verhalten zu einem Lernmodell wird. Vergleichbare Untersuchungen in Industriebetrieben über die Beziehung zwischen Vorgesetzten und Industriebeschäftigten sowie zwischen Eltern und Kindern weisen darauf hin, daß Dimensionen wie emotionale Wärme und Kontrolle typische Schemata für Machtunterlegene in hierarchisch strukturierten Sozialbeziehungen sind.

Nun ist in vielen konkreten Interaktionssituationen zwischen Lehrer und Schülern ein solches Ausmaß an Übereinstimmung im Handeln in weiter Ferne; normal sind Konflikte zwischen Lehrer und Schüler, also Situationen, in denen die Beteiligten differente Vorstellungen über ihre Handlungsinterpretationen und Problemlösungen haben. Solche Konflikte brauchen dabei nicht grundsätzlicher Art zu sein, etwa aus völlig fehlendem Konsens über ihr Rollenverhältnis; die vorhandenen Erwartungshaltungen werden nicht aktiviert, weil in einer einzelnen Situation die Stimulusvoraussetzungen fehlen; die Situation ist anderen, bereits verinnerlichten zu „unähnlich", um die vorhandenen Erwartungshaltungen verhaltensrelevant werden zu lassen; das Lehrerverhalten wird als nicht rollenkonform interpretiert, und sein erwartungswidriges Verhalten hat Orientierungsunsicherheit bei den Schülern zur Folge. Solche Konflikte werden im schulischen (wie im militärischen) Jargon als Disziplinkonflikt etikettiert.

Zur Erklärung solcher Disziplinkonflikte werden unterschiedliche Argumente und theoretische Ansätze herangezogen. Viele vor allem *lerntheoretisch* orientierte Psychologen empfehlen den systematischen Einsatz von Verstärkern, um aggressives Verhalten von Schülern zu löschen und damit Disziplinkonflikten effektiv zu begegnen. So empfiehlt beispielsweise *Tausch* eine Änderung des Lehrerverhaltens in Richtung emotionaler Wärme und mittlerem Ausmaß an Kontrolle, um konfliktuösen Sozialbeziehungen zwischen Lehrern und Schülern zuvorzukommen; da hier davon ausgegangen wird, daß das Verhalten von Schülern eine Funktion des wahrgenommenen und tatsächlichen Lehrerverhaltens ist, wird das Problem von Konflikten zwischen Schülern und Lehrern auf ein angemessenes Konfliktmanagement reduziert. Solche Erklärungsansätze berücksichtigen nicht, daß schulische Konflikte auch durch die schulischen Rollendefinitionen, institutionellen Zwänge und außerschulischen Bedingungen mit beeinflußt werden. Auf einen grundsätzlichen Rollenkonflikt des Lehrers – der Lehrer als Erzieher und als Vertreter der schulischen Ordnung – wurde bereits hingewiesen. Diese der Schule inhärenten Widersprüche können sich im Unterricht ständig aktualisieren, wenn es dem Lehrer nicht gelingt, die Schüler für die Erfüllung der an sie gestellten Leistungsnormen ausreichend zu motivieren. Der Einsatz von Sanktionen und Repression als Handlungskonsequenz des Lehrers ist für diesen eine Machtprobe, die im Widerspruch zu den Prinzipien erfolgreicher Wissensvermittlung steht.

Die Schule stellt dem Lehrer eine Reihe von Techniken zur Verfügung, um solche Konflikte abzuwehren. *Wellendorf* nennt dabei fünf Techniken, die als Defensivstrategien eingesetzt werden können, ohne die Rollenbeziehung zwischen Lehrer und Schüler, die Ziele und die Organisation der Schule verändern zu müssen:

– Techniken psychosozialer Abwehr wie Verdrängung, Projektion auf andere und Identifikation mit dem vermeindlichen Angreifer.
– Distanzierungspraktiken: man stempelt den andern zum Sündenbock, versetzt den Lehrer, läßt den Schüler sitzen, etikettiert ihn zum Außenseiter.
– Rituale: die unterschiedlichen Situationsdeutungen von Schülern und Lehrern werden durch rituelle Verhaltensabläufe, die vor allem Leistung und Solidarität symbolisieren, thematisch ausgeklammert.
– Konfliktkanalisierung: Bereitstellung von institutionellen Arrangements mit Ventilcharakter, die eine Abreaktion ermöglichen, ohne Rollenkonflikte zu thematisieren (z.B. die Schülermitverwaltung).
– Reduktion von Rollenkonflikten auf technische Probleme.

Solche Techniken der Abwehr sozialer Konflikte sind Strategien der Vermeidung von Herrschaftskonflikten, in denen die Frage nach der Legitimität der Sozialstruktur zwischen Lehrer und Schüler gestellt wird. Die Verankerung der Rollenbeziehung zwischen Lehrer und Schüler in die Persönlichkeit der Interagierenden ist dabei von der Verinnerlichung bzw. Entwicklung rollenspezifischer Verhaltensbereitschaften und Wertorientierungen abhängig. Die Entwicklung solcher Einstellungen und konformitätsfördernder Attribuierungsschemata wird den sozial Handelnden – Schülern und Lehrern – gleichsam nebenbei einsozialisiert: in einem „heimlichen" Lehrplan, der die sozialen Regeln und Situationsdeutungen vermittelt, die im offiziellen Lehrplan nicht zu finden sind und deren Erfolgskontrolle nicht formalisiert ist. Die Bedingungen solcher latenter, nicht organisierter Lernprozesse liegen, anders als bei den geplanten und im offiziellen Lehrplan festgelegten, in der Struktur der Organisation Schule und in den Interaktionsprozessen zwischen Lehrer und Schülern.

Neben der Vermittlung von berufsqualifizierenden Fähigkeiten und Fertigkeiten, der Qualifikationsfunktion, wird der Schule auch die Aufgabe zugesprochen, Meinungsmuster zu erzeugen, die vor allem auf zwei Bereiche zentriert sind: die Verinnerlichung von Leistungsbereitschaften und einer spezifischen Leistungsideologie sowie die Herstellung der Loyalität gegenüber tradierten Herrschaftsrollen. Solche naiven Gesellschaftstheorien stützen sich auf die Einübung von Leistungs- und Solidaritätsritualen, Handlungen, die von den Beteiligten nicht reflektiert vollzogen, sondern immer wieder schematisch ausgeübt werden, wie es bei Prüfungen, Zeugnissen und Schulfeiern geschieht. Diese ritualisierten Interaktionen repräsentieren symbolisch die verschiedenen Herrschaftsrollen und ihre unterschiedlichen Machtchancen, unterstellen einen Konsensus der Handelnden und betonen dadurch die Sinnhaftigkeit der Mitgliedschaft und des Systemganzen. Die rituelle Einübung rollenkonformen Verhaltens und die Erzeugung eines Wir-Bewußtseins erscheinen dabei als Mechanismen, die in der bürokratischen Organisation der Schule ihre Bedingung finden: in ihrer hierarchischen Anordnung, der Formalisierung der Mitgliedsrollen und Sanktionen, der individualisierten Notengebung, der Partikularisierung von Inhalten durch Fächersplitting und Zeitökonomie und in ihren spezifischen Strategien der Konfliktlösung einschließlich der Verhinderung einer Herstellung der außerschulischen Öffentlichkeit. Insofern kann der *heimliche Lehrplan mit seinen latenten Lernprozessen* als integrales Moment des Herrschaftssystems der Schule angesehen werden: das Ziel latenter Lernprozesse ist der Erwerb einer inneren sozialen Kontrolle, die durch affektive Besetzung der Lernziele, Modellernen und einer den Rollenvorschriften korrespondierenden kognitiven Struktur aufgebaut wird.

Eine Bedingung für die Effizienz der Vermittlung solcher Lernprozesse ist die erfolgreiche berufliche Sozialisation der Lehrer selbst und ihre Fähigkeit, die vorgegebenen Interaktionssituationen rituell mit zu vollziehen, d.h. vor allem: die Asymmetrie der Schüler-Lehrer-Interaktion nicht mit den Schülern zu problematisieren.

2.5 Gesellschaftsbild und berufliche Sozialisation von Lehrern

Die symbolische Repräsentation von einem sozialen Oben und Unten, von unterschiedlicher Kompetenz und sozialer Kontrolle durch Interaktionsrituale und heimlichen Lehrplan trifft Schüler wie Lehrer in gleicher Weise: die Verhinderung einer Bewußtmachung und einer Problematisierung von Herrschaft und Kommunikationsbarrieren und deren gesellschaftlicher Funktion. Diese Anpassungsleistungen an die vorgegebene Institution, die Entwicklung adäquater interner Modelle und konformer Deutungsmuster sind ein immer wieder überraschender Tatbestand – vor allem auf dem Hintergrund noch in der Hochschule praktizierter vorgängiger Verhaltensformen und Überzeugungen.

Die Verinnerlichung solcher Einstellungen zu einer Berufs- oder Rollenidentität ist ein Prozeß, der von den verschiedensten Bedingungen abhängt und als berufliche Sozialisation bezeichnet wird. Der Zusammenhang zwischen Berufsrolle, berufsbezogenen Einstellungen und dem Gesellschaftsbild im weiteren Sinne wird in Theorien der beruflichen Sozialisation explizit: Einstellungsänderungen, die mit dem Beginn der Berufstätigkeit wirksam werden, sind nicht als eine Art soziologisches Kuriosum anzusehen, als Änderungen von heute auf morgen, wie es Formeln wie der sog. Praxisschock suggerieren. Im folgenden soll nun versucht werden, nach einer Beschreibung typischer berufsbezogener Einstellungen die Determinanten aufzuzeigen, die bei der Genese solcher Einstellungskomplexe eine Rolle spielen.

In einer Literaturübersicht faßte noch 1971 *Combe* die berufsbezogenen Einstellungen von Lehrern und ihr gesellschaftliches Bewußtsein als weitgehend apolitisch im Sinne eines unreflektierten Anpassungsverhaltens mit seinen resignativen Handlungsfolgen zusammen. Allerdings bezog sich diese Analyse auf empirische Arbeiten, die bereits damals z.T. zehn Jahre zurücklagen und, wie *Händle* feststellt, schon damals kein konsistentes Bild zeigten. Sicher ist zumindest, daß man nicht von *dem* Lehrer sprechen kann, sondern sich immer auf bestimmte Merkmalsgruppen beziehen muß: so auf jüngere oder ältere Lehrer, auf Lehrer an Volksschulen oder Gymnasien, auf Philologen, Natur- oder Sozialwissenschaftler. Dabei lassen sich zumindest zwei relevante Bereiche von Einstellungen nachweisen: zum einen Vorstellungen über die eigene Berufsrolle mit ihren pädagogischen Implikationen und dem sich daraus zusammensetzenden beruflichen Selbstbild, zum andern die politischen Einstellungen dieser Berufsgruppe im Zusammenhang mit dem Konstrukt „Gesellschaftsbild".

Die *berufsbezogenen, pädagogischen Einstellungen* von Lehrern reichen von Vorstellungen über Begabung und Intelligenz, von mehr oder weniger konkreten Ansichten darüber, wie man Schüler unterrichten muß, bis hin zu ihren Einstellungen zu Schulreform und Berufsbeamtentum. Diese Einstellungen sind vor allem im Zusammenhang mit ihrer Sozialisation in der Hochschule und im Rahmen beruflicher Interaktionen zu sehen, weniger auf der Ebene sozialer Aggregate wie Schichtzugehörigkeit und gesellschaftlicher Status. Der Interpretationsrahmen verbindet somit drei Ebenen analytisch: (1) zum einen die Ebene individueller Merkmalsträger, z.B. der Lehrer X mit einer ganz bestimmten Erziehungseinstellung; (2) weiterhin die Ebene der Merkmalsgruppe – die Lehrer eines bestimmten Fachs, einer bestimmten Altersgruppe etc.; (3) schließlich die Verteilung dieser Merkmale hinsichtlich der Aggregatebene Status- und Schichtzugehörigkeit – also der Zusammenhang zwischen Einstellungen und Sozialstruktur. Würde die Beschränkung auf die Interaktionen zwischen den ersten beiden Interpretationsebenen die soziale Relevanz von Einstellungen vernachlässigen, so wäre die direkte Beziehung zwischen Aggregatebene und individuellen Einstellungen willkürlich. Das Verbindungsstück scheint in jedem Fall die konkrete Arbeits- und Lebenssituation darzustellen; also das, was als eine wesentliche Determinante des Rollenspiels bezeichnet wurde: die Interaktionssituation.

In der sozialpsychologischen Einstellungs- bzw. Attitüdendiskussion gibt es – ähnlich wie in der soziologischen Rollendiskussion – unterschiedliche definitorische Variationen des Einstellungsbegriffs. Gleichwohl werden in einschlägigen Monografien (vgl. *Triandis*) und Lehrbücher (vgl. *Irle*) zumindest vier Komponenten des Einstellungsbegriffs fixiert:

– Einstellungen haben eine kognitive Komponente: sie steuern die Wahrnehmung und repräsentieren den Gegenstand, auf den die jeweilige Einstellung sich bezieht;

- Einstellungen sind gegenstandsspezifisch: sie beziehen sich auf Objekte oder Objektbereiche wie Personen, Institutionen; praktisch alles, was der menschlichen Wahrnehmung zugänglich ist, kann Gegenstand von Einstellungen sein;
- Einstellungen sind Verhaltensdispositionen, die in bestimmten Reizsituationen aktualisierbar sind, und schließlich werden
- Einstellungen gelernt und können sich zu verhältnismäßig stabilen und konsistenten Attitüden ausbilden, die ihrerseits wiederum veränderbar sind. Mit dem Aspekt des Erwerbs von Einstellungen verbindet sich auch eine affektive Besetzung der Einstellungsobjekte in positiver oder negativer Richtung, ein Prozeß, der vor allem für das Ausmaß an Veränderbarkeit von Einstellungen bedeutsam wird, etwa bei Vorurteilen.

Schließlich ist bei der Diskussion von Einstellungen die Tatsache von Wichtigkeit, daß Einstellungen nicht der direkten Beobachtung zugänglich sind, sondern indirekt erschlossen werden müssen, sei es durch Interpretation beobachteten Verhaltens oder durch dafür konstruierte Instrumente, meist Skalen, die das Ausmaß an Zustimmung oder Ablehnung zu verbalisierten Statements angeben. Einstellungen werden aufgrund dieser Tatsache als hypothetische Konstrukte bezeichnet, denen je nach Forschungsstand eine explikative und damit auch prognostische oder eine deskriptive Funktion zugesprochen wird.

Man kann, auf Einstellungsuntersuchungen bei Lehrern bezogen, sagen, daß der Erklärungswert entsprechender Befunde um so höher liegt, je stärker berufsbezogen die ermittelten Einstellungen sind. So ergaben Verhaltenserwartungen von Lehrern gegenüber ihren Schülern eindruckvolle korrelative Beziehungen mit dem von den Lehrern auch praktizierten Verhalten, vor allem der Notengebung. Eine stärker generalisierte Verhaltensdisposition stellen Auffassungen von Lehrern über die Ursachen von Schülerleistungen dar: so die Frage nach der Anlagebedingtheit der Begabung. Hier zeigten Untersuchungen eine generelle Tendenz von Lehrern in Richtung der Vererbungsvorstellung. Eine ebenfalls sehr häufig untersuchte berufsbezogene Einstellung ist das Ausmaß an Repressivität des Unterrichtsstils: die Betonung von sozialem Druck, Disziplin oder straffer Führung gegenüber der Präferenz permissiven Erziehungsstils. Auch hier zeigte sich bei den meisten Untersuchungen eine Betonung eher autoritärer Vorstellungen bei den befragten Lehrern, wie auch – korrespondierend – bei den Einstellungen zur Schüler-Lehrer-Beziehung, die vorwiegend unter einem Subordinationsanspruch gesehen wurde. Eine im weiteren Sinne als berufsbezogen zu sehende Einstellung ist das Ausmaß an Reformfreudigkeit gegenüber der eigenen Berufsrolle, der Schulorganisation und Curricula. Zusammen mit den Einstellungen zum Ausmaß des beruflichen Engagements und der Berufszufriedenheit werden diese Einstellungen zu einem ganzen Komplex zusammengefaßt: dem Rollenselbstbild von Lehrern. So gehen die meisten Untersuchungsberichte von einem Geflecht miteinander in Wechselwirkungen stehender Einstellungen aus, einem Syndrom mit mehr oder weniger konsistentem Charakter, ausgedrückt an den Interkorrelationen der gemessenen Einstellungen.

Zusätzlich zu diesem berufsbezogenen Rollenselbstbild wurde bei Lehrern – wie bei vielen anderen Berufsgruppen – das „*Gesellschaftsbild*" erhoben, das im wesentlichen mit Einstellungen zur Demokratie, zu Verbänden und Parteien, zur Funktion des Privateigentums und zur gewerkschaftlichen Orientierung operationalisiert wurde. Auch hier zeigte sich in den meisten Untersuchungen eine Tendenz zu eher konservativ-autoritären Überzeugungen: zu sozial-darwinistischen Vorstellungen mit elitären Zügen und streikfeindlichen Tendenzen. So gesehen scheint bei Lehrern überwiegend ein Berufsverständnis vorzuliegen, das mit dem konservativ-autoritären Gesellschaftsbild im Einklang steht. Diese Vorstellung eines konsistenten berufstypischen Syndroms wird allerdings durchbrochen, wenn man das Alter, genauer: die Anzahl von Jahren in der Berufspraxis, und die Art der Schule in die Analyse einbezieht. Hier zeigte sich, daß Lehrer mit weniger Berufspraxis, die sog. Junglehrer, und Gesamtschullehrer durchweg von diesem Muster abweichen. Wenig untersucht, aber plausibel erscheint die Annahme, daß es hier auch Einstellungsunterschiede zwischen Philologen, Mathematik- bzw. naturwissenschaftlichen Lehrern und Kultur- bzw. Sozialwissenschaftlern gibt. In einer neueren Untersuchung von *Hopf* konnten diese Tendenzen bei hessischen Junglehrern bestätigt werden. Insofern ist es nicht zu vertreten, von einem weitgehend einheitlichen autoritär-konservativen Rollenselbst- und Gesellschaftsbild von

Lehrern zu sprechen, sondern es ist notwendig, die Variationen solcher Einstellungen unter den Gesichtspunkten Berufsjahre, Schulart und Fach vorzunehmen. Diese Differenzierungen sind auch insofern sinnvoll, als sich konsistente autoritäre Einstellungssyndrome generell nur sehr selten nachweisen ließen. Inkonsistenzen zwischen Einstellungsbündeln auf den verschiedenen Ebenen – Gruppen- und Aggregatebene – sind schon wegen ihrer unterschiedlichen Handlungsrelevanz möglich und wahrscheinlich: so sind Variationen auf der Ebene der politischen Einstellungen bei ähnlichen berufsbezogenen Einstellungen häufig.

Diese Befunde der Einstellungsvariation zwischen verschiedenen Lehrergruppen werden theoretisch plausibel, wenn man den Einstellungswandel von Lehrern auf dem Hintergrund der beruflichen Sozialisation sieht: den Einfluß der Interaktionssituation und des Lernmilieus auf Einstellungen und Verhalten. Dabei ist zu vermuten, daß besonders folgende Variablen von Bedeutung sind: (1) Art des Studiums; (2) Ausmaß des Praxisbezugs im Studium; (3) Interaktionen mit Kollegen und Fachleitern; (4) Anpassung an die vorgefundenen Rollensysteme.

Einstellungsunterschiede deuten sich nach einer umfangreichen Untersuchung von *Frech* bereits in der Sozialisation in der Hochschule an; so fand *Frech* bedeutsame Unterschiede in dem Verhalten bzw. in den berufsbezogenen Einstellungen von Lehrern in der berufsvorbereitenden Zweiten Phase (Referendariat) zwischen Lehrern der mathematisch-naturwissenschaftlichen Fächergruppe (NW), der modernen fremdsprachlichen (MF) und der kultur-historischen und sozialwissenschaftlichen Fächergruppe (KH). Während für die NW-Referendare der Übergang in die Berufsrolle am reibungslosesten verlief, hatten die beiden anderen Gruppen hier wesentlich stärkere Probleme: NW-Referendare hatten zu ihren Ausbildern ein konfliktloseres Verhältnis, während sich Streß und Konflikte vor allem bei KH-Referendaren kumulierten. Als entscheidende Variable konnte *Frech* die Fachsozialisation identifizieren. Während Studenten in naturwissenschaftlichen Fächern und Mathematik einen weitgehend unhinterfragten Gegenstand vorfanden und – ähnlich wie in den Philologien – die Wissenschaftskritik in wesentlich geringerem Umfang betrieben, bedeutete die gesellschaftskritische Reflexion im

KH-Studium eine viel weitergehende Verunsicherung der wissenschaftlichen Erkenntnisse. Bei den MF-Referendaren stellte sich das Problem vor allem in der von ihnen konstatierten Divergenz von Fachwissen und beruflicher Anforderung; die Fachleiter wurden direktiver wahrgenommen, das Ausmaß an Klarheit der Beurteilungskriterien der Fachleiter gewann bei dieser Gruppe besondere Bedeutung. Der Anpassungsprozeß an die Ausbilder war nach den Befunden dieser Untersuchung unterschiedlich: relativ konfliktfreie Übernahme der Normen bei den NW-Referendaren, durch häufig unklare Kriterien und Verhaltenserwartungen der Ausbilder provozierte äußere Anpassung bei den MF-Referendaren, bedingt auch durch die in der Fachsozialisation weniger als im KH-Studium angelegte Chance von Alternativkonzepten. Auch bei den Ausbildern von KH-Referendaren beklagten sich nach der Untersuchung *Frechs* die Referendare über inkonsistente und instabile Verhaltenserwartungen. Aber anders als bei den MF-Referendaren zeigte sich bei dieser Gruppe auch die Tendenz, autonome Unterrichtsformen zu praktizieren.

Unterschiede zwischen diesen Gruppen zeigten sich auch im Interaktionsstil mit den Schülern, der bei den KH-Referendaren eher permissiv und soziale und persönliche Autonomie der Schüler eher berücksichtigend war als bei den NW-Referendaren, die das direktive Unterrichtsverhalten ihrer Ausbilder stärker realisierten. Die Erklärung dieser Einstellungs- und Verhaltensunterschiede ist ganz offensichtlich in der vorangegangenen Fachsozialisation zu suchen: ein weitgehend gesicherter Wissenskanon bei Mathematikern und Naturwissenschaftlern, bei denen das Hauptproblem im Referendariat offensichtlich in der den Schülern zumutbaren Problemkomplexität liegt; ein weitgehend auf Sprachformen, Grammatik und Einzelaspekte bezogenes Fachwissen der MF-Referendare, bei denen die Fachseminare tendenziell in Sprachkurse mündeten und – aufgrund der fehlenden Anwendungsorientierung im Studium – der Transparenz der Erwartungen der Fachleiter ein besonderes Gewicht zukam; schließlich die KH-Referendare, bei denen die Skepsis gegenüber dem vorgefundenen Wissenskanon, die frühzeitige Reflexion der Lehrerrolle und der Dissens mit den Fachleitern am höchsten war und die gleichzeitig auch am längsten ihre problematisierenden

Einstellungen behielten. In dieser Untersuchung wird deutlich, daß die Formel vom Praxisschock keinen oder nur sehr geringen Erklärungswert hat; durch die Fachsozialisation werden auch die Prozesse in der berufsbezogenen Zweiten Ausbildungsphase mit beeinflußt und gesteuert. Die Sozialisationsprozesse in Familie und Schule, die die Studienwahl kodeterminieren, und die Erfahrungen in der Hochschule und mit dem Studienfach prädisponieren nach diesen Untersuchungsergebnissen zu typischen berufsbezogenen Einstellungen und Interaktionsformen – sowohl mit den Schülern wie auch mit den Fachleitern.

Neben fachspezifischen Einflüssen wurde in neuerer Zeit auch die Schulform als bedeutsame Variable nachgewiesen, die das Ausmaß an Rollenkonformität beeinflußt. So zeigten sich Gesamtschullehrer innovationsbereiter *(Susteck)*, waren gegenüber ihren Schülern permissiver und kooperierten mehr mit ihren Kollegen *(Fend)* als Lehrer in traditionellen Schulen. Hier deutet sich die wohl entscheidende Variable an, die das Lehrerverhalten determiniert: das Ausmaß an Restriktionen und individuellem Wettbewerb, das Lehrer in der jeweiligen Schulorganisation erleben. Wenn in vielen Untersuchungen zum Gesellschaftsbild und berufsbezogenen Einstellungen als wichtigste Variable das Alter der Lehrer gefunden wurde, so drückt dieses als sozial relevante Variable die Anzahl der Berufsjahre aus, also die Quantität beruflicher Interaktionen mit der ihnen inhärenten Tendenz zur Anpassung. Damit wird – neben der Sozialisation in der Hochschule – die Arbeitssituation des Lehrers mit ihren Rollenanforderungen und Anpassungszwängen thematisiert. Der Lehrer findet bei seinem Berufsbeginn eine Situation vor, die sich kennzeichnen läßt durch weitgehende *Isolation* bei gleichzeitiger Kontrolle durch Schüler und Kollegen; durch eine Komplexität der Aufgaben und schließlich schwer einzulösende vorausgegangene fachwissenschaftliche, pädagogische und häufig auch gesellschaftspolitische Ansprüche. Diese Erfahrungen sind Bestandteil der Berufssozialisation von Lehrern, die sich an ihrem Einstellungswandel verfolgen läßt, allerdings mit den o.g. Modifikationen bezüglich Fachrichtung und Gesamtschule.

In einer empirischen Untersuchung beschreibt *Koch* den Einstellungswandel von Oberprimanern, Studenten (PH, Universität), Junglehrern und Studienreferendaren, die er mit Gerichtsreferendaren und Medizinalassistenten verglich. Dabei konnte er anhand einer längsschnitt-analogen Interpretation querschnittsmäßig erhobener Daten einen Einstellungswandel in Richtung auf zunehmend konservative Einstellungen feststellen. In einem für diese Untersuchung konstruierten Instrument, dem Konstanzer Fragebogen für Lehrereinstellungen (KLE), untersuchte *Koch* folgende Problembereiche:

- die Berufsrolle des Lehrers, bzw. seine Rolleninterpretation,
- unterrichtsmethodische Probleme und
- allgemeine Zielsetzungen von Schule und Unterricht.

Die zentralen Probleme wurden dann auf sechs Dimensionen abgebildet: (1) Allgemeinbildung vs. Spezialisierung; (2) Anlage vs. Umwelt; (3) Berufung vs. Job; (4) Druck vs. Zug; (5) Negative Reformeinstellung vs. Veränderungsbereitschaft; (6) Selbstverständnis als Pädagoge vs. Selbstverständnis als Fachwissenschaftler. Ein eindeutig konservatives Syndrom wurde von *Koch* festgestellt: dabei gingen negative Haltungen gegenüber schulischen und gesellschaftlichen Veränderungen sowie die Auffassung, Disziplin, Autoritätsgefälle zwischen Lehrern und Schülern und Leistungskontrollen durch Druck und Strafen in der Schüler-Lehrer-Beziehung aufrechterhalten zu müssen, mit hereditären Auffassungen von Begabung und Intelligenz zusammen. Dabei konnte *Koch* zeigen, daß sich vor allem diese drei miteinander korrelierenden Einstellungen während des Studiums im Vergleich zur Schule in progressiver Richtung ändern; jedoch erwies sich diese Veränderung als nicht stabil und wurde mit Eintritt in die Berufspraxis größtenteils wieder revidiert.

Die Liberalisierung der Einstellungen zeigte sich nach diesen Befunden als Episode, bedingt durch die hochschulspezifische Subkultur: als eine zeitlich befristete Anpassung an Normen und Werte wissenschaftlichen Lernens, die nach kurzer beruflicher Tätigkeit größtenteils gelöscht wird.

Dieses Ergebnis läßt mehrere Schlußfolgerungen zu: zum einen ließe sich auf die Dominanz von Einstellungen schließen, die im Laufe der familialen und schulischen Sozialisation erworben und zu Beginn der Berufspraxis reaktiviert wurden. Zum andern – und das ist auch die Interpretation von *Koch* – liegt der Schluß nahe, daß die Einflüsse der Berufsrolle so stark sind, daß im Studium erworbene

Einstellungen keine Resistenz besitzen. Vermutlich treffen beide Annahmen zu: die Dynamik der Anpassung wird nicht erst mit Beginn der Berufspraxis erworben, sondern ist in der vorberuflichen Sozialisation bereits angelegt.

Anpassung und Konformität sind Eigenschaften, die der einzelne frühzeitig lernt und die ihn befähigen, auf wechselnde Situationen flexibel zu reagieren. Diese Anpassungsleistungen, die keineswegs nur für Lehrer typisch sind, versuchte *Hänsel* in einem Ablaufmodell zu beschreiben, das sich in vier Phasen unterteilt: (1) anfängliche Orientierung an institutionell nicht gebilligte Normen, die noch der Subkultur der Hochschule angehören; (2) Sanktionen durch Kollegen, Schulleitung und Schüler; (3) beginnende Umorientierung und schließlich (4) Verinnerlichung der neuen Modelle und des sozial gebilligten, rollenkonformen Verhaltens.

Die Verinnerlichung der neuen Berufsrolle und der Erwerb berufsbezogener konformer Alltagsdeutungen und Einstellungen bis hin zur Ausbildung eines adäquaten Gesellschaftsbildes ist sicherlich nicht nur auf die Berufsrolle des Lehrers und den einzelnen Rollenträger zu beziehen; es ist vielmehr anzunehmen, daß dieser Prozeß zumindest für alle die typisch ist, die als Mitglieder von Herrschaftsorganisationen beruflich tätig und damit von diesen Organisationen abhängig sind. Bei dem Lehrerberuf ist dabei in letzter Zeit eine zunehmende Anpassungstendenz auszumachen, bedingt vor allem durch ein höheres Ausmaß an Existenzangst im Zusammenhang mit zusätzlichen Rekrutierungskriterien (Radikalenerlasse) und Stellenverknappung bei relativ geringen Chancen, auf andere Berufe auszuweichen.

Die Reduktion dieser Anpassungsprozesse auf einen Praxisschock, der durch die Divergenz von Fachausbildung und notwendiger Berufsqualifikation hervorgerufen werde, ist dabei wenig plausibel; vielmehr spielen auch hier die beiden sozialen Determinanten des Rollenspiels hinein, Lernmilieu und Interaktionssituationen, das vorausgegangene – wenn auch fachspezifisch differente – Lernen der Befähigung zu Anpassungsleistungen, die Einübung in Rollenkonformität durch antizipatorische Sozialisation und die Verinnerlichung des Eigenwertes der vorgegebenen und praktizierten Ordnung, die verstärkt werden durch die konkreten Interaktionssituationen in der

Ausbildung der Lehrer, so vor allem durch ihren prekären Doppelstatus als Lehrende und Lernende, und zu Beginn ihrer Berufspraxis. An diesem Beispiel werden die grundlegenden Prozeßmerkmale der Dynamik beruflicher Anpassung deutlich: die Vorstellung einer weitgehenden Autonomie des eigenen und des Schülerverhaltens; die Sanktionen durch Kollegen und Vorgesetzte; der ständige Streß abweichenden Verhaltens mit der sozialen Isolation und physischen Erschöpfung im Gefolge; die sukzessive Änderung des eigenen Erziehungsstils und der pädagogischen Einstellungen. Schließlich hat sich nach einer Übergangszeit der Neuankömmling dem Kartell der Konformen, zu dem auch die Schüler gehören, im Sinne des heimlichen Lehrplans angepaßt.

Ein anschauliches Beispiel für einen solchen Vorgang der Anpassung an das vorgefundene System der inneren und äußeren sozialen Kontrolle eines jungen Lehrers zitiert *Hänsel:*

> „Insgeheim verachtet er seine Kollegen. Er möchte niemals so ein Drill-Sergeant werden wie sie. Im Unterricht versucht er, nachgiebig zu sein, er behandelt die Jungen als Gleichberechtigte. Aber das geht nicht, weil sie ihn hochnehmen. Er stellt einen Riß in der Panzerung des Systems dar, das sie unterdrückt. Zunächst betrachtet er den Kampf um Kontrolle der Schüler als Spiel. Das tun die Jungen auch. Dann wird er müde. Seine Kollegen feixen. Der Schulleiter scheint ihm merklich kühler ‚Guten Morgen' zu sagen. Ein Spiel ist ein Spiel, denkt der junge Lehrer. Aber die Rabauken (‚blighters') scheinen seine Grenzen nicht zu kennen. Und ihm bleibt am Ende des Schultages keine Energie, noch irgendetwas Vernünftiges zu tun. Nachdem er die erste Ferienwoche im Bett verbracht hat, beschließt er, das zu tun, was ihm ein freundlicher Kollege nahegelegt hat – den Rabauken zu zeigen, daß er der Herr im Hause ist! In einem Jahr etwa, wenn er sich nicht für einen Weggang qualifiziert hat, ist der junge Lehrer ein Drill-Sergeant wie seine Kollegen. So perpetuiert sich ‚Black School' selbst."

Die Internalisierung ihrer Rolle und der Geltung schulischer Über- und Unterordnungsverhältnisse ist ein Moment, das an den Einstellungen von Lehrern zu ihrem Beruf und zur Gesellschaft ablesbar ist. Den Prozeß, in dem diese Anpassung vollzogen wird, teilen sich Lehrer mit anderen, deren Tätigkeiten für die Gesellschaft so entscheidend sind, daß sie durch Rollen normativ fixiert und von anderen differenziert werden. Zugleich sind strukturelle Beziehungen zwischen der vorberuflichen und der beruflichen Sozialisation aufzeigbar, deren Übergänge durch geeignete Institutionen kanalisiert, aber nicht immer im rollenkonformen Sinn gelöst werden. Möglicherweise bilden solche Übergangsprobleme mit ihren Friktionen Nahtstellen, an denen sich Widerstands- und Protestpotential entzünden kann, wie es in der Schüler- und Studentenbewegung ansatzweise sichtbar wurde.

Kapitel 3: Der Erwerb von Einstellungen und Rollen in Familie, Schule und Beruf

Familie, Schule und Beruf stellen neben der Gruppe der Altersgleichen bei Kindern und Jugendlichen die entscheidenden Sozialisationsbedingungen dar; alle drei Sozialisationsbedingungen sind als soziale Systeme zu sehen, als institutionalisierte Komplexe sozialer Beziehungen mit manifesten und latenten Interaktionsstrukturen unterschiedlicher Intensität, Zielsetzung und affektiver Besetzung. Die Wirkungen dieser Sozialisationsbedingungen auf die kognitive, affektive und soziale Entwicklung vom Kleinkind bis zum Erwachsenen sind unbestritten, wenn auch in ihrer jeweiligen Ausprägung häufig unterschiedlich eingeschätzt. Das Problem fängt bereits dann an, wenn man danach fragt, unter welchen Bedingungen im Rahmen der familialen Sozialisation wünschenswerte Fähigkeiten wie Konfliktfähigkeit oder spezifische Merkmale wie hohes Ausmaß an gemessener Intelligenz am wahrscheinlichsten sind. Die Wechselwirkungen zwischen Sozialschicht, elterlichem Erziehungsstil und benennbaren Sozialisationseffekten werden in der empirischen Sozialisationsforschung seit über zwanzig Jahren mit den unterschiedlichsten Befunden belegt, ohne jedoch ein einheitliches Bild zu zeigen, bedingt durch differente theoretische Konzeptionen und Operationalisierungen, Methoden und Populationen, bedingt aber auch durch das unterschiedliche Ausmaß an Komplexität der definierten Sozialisationseffekte. Zudem beziehen erst in neuerer Zeit Untersuchungen wie theoretische Ansätze die Wechselwirkungen zwischen den institutionellen Sozialisationsbedingungen (etwa zwischen Familie und Schule) systematisch mit ein und überwinden dadurch die Eingrenzungen beispielsweise auf familiale Sozialisation (in der Familiensoziologie) oder auf schulische Sozialisation (in der Pädagogischen Psychologie).

Mit der Beschäftigung und Analyse der Interdependenzen verschiedener Sozialisationsbedingungen gewinnt zugleich eine in der Entwicklungspsychologie schon länger diskutierte Frage an Aktualität: das Problem der Kontinuität oder Diskontinuität gesellschaftlich organisierter Sozialisation – oder anders formuliert: das Problem des Übergangs von der Familie zur Schule, von der Schule zum Beruf; Probleme also, wie sie im Zusammenhang mit Verhaltensstörungen von Kindern und Jugendlichen oder mit der Schulangst zunehmend popularisiert werden.

Übergangsprobleme zwischen diesen verschiedenen Sozialisationsbedingungen sind dabei auf dem Hintergrund der unterschiedlichen Aspekte von Sozialisationsprozessen zu sehen: Der Entwicklung von kognitiven und motivationalen Merkmalen, der Internalisierung von Verhaltenserwartungen und Rollenbeziehungen bis hin zu gesellschaftlichen Wertvorstellungen und politischen Einstellungen. Dabei wird hier die Auffassung vertreten, daß für die berufliche Sozialisation die in der Familie gelernten Dimensionen kognitiver Stile und motivationalen Strukturen nur dann von Bedeutung sind, wenn sie im Verlauf der sekundären Sozialisation – in der Schule – verstärkt werden (vgl. *Brandt* et al.). Die Analyse von Sozialisationsprozessen wird entsprechend dieser Auffassung auf die folgenden Aspekte bezogen:

- auf den Vergleich der Systeme Familie und Schule und ihrer Merkmale;
- auf den Zusammenhang beider Systeme mit sozialstrukturellen Bedingungen
- und auf einige relevante Zusammenhänge zwischen schulischer und beruflicher Sozialisation.

Verbunden mit den strukturellen Differenzierungen der drei genannten Sozialisationsbedingungen sind ihre differenten Ziele und Strategien, Konflikte zu verarbeiten.

3.1 Strukturelle Beziehungen zwischen Familie und Schule

Die in letzter Zeit häufig konstatierte steigende Tendenz von Angst in der Schule, der Therapiebedürftigkeit von Schülern bis hin zur Schülersuizidität legt die Vermutung nahe, daß die Verhaltensorientierungen und Kommunikationsformen in Familie und Schule so divergent sind, daß der Übergang von der Familie zur schulischen Sozialisation für eine zunehmende Zahl von Kindern und Jugendlichen als Bedrohung erlebt wird. Als Ursache wird von einigen Autoren ein struktureller Sozialisationskonflikt (vgl. *Plake*) ausgemacht, der für entwickelte industrielle Gesellschaften mit der ihnen innewohnenden Tendenz zur bürokratischen Organisation der wichtigsten Lebensbereiche typisch zu sein scheint. Der Strukturunterschied zwischen Familie und Schule wird vor allem auf dem Hintergrund differenter Kommunikationsstrukturen und Wertorientierungen gesehen, weniger im Zusammenhang unterschiedlicher sozialstruktureller Determinationen.

Als Folie für den Vergleich der beiden Systeme Familie und Schule werden von vielen Autoren (vgl. *Neidhart, Plake*) die „pattern variables" des amerikanischen Soziologen *Talcott Parsons* herangezogen, um die unterschiedlichen Handlungs- und Wertorientierungen zu beschreiben.

Parsons versuchte in seinem Buch „Social System", die Möglichkeiten der normativen Prägung des Menschen im Rahmen einer umfassenden und hochgeneralisierten Handlungstheorie zu analysieren; in diesem Zusammenhang entwarf er fünf Skalen, seine Pattern variables (bzw. pattern alternatives), deren unterschiedliche Ausprägungsgrade zur Analyse der strukturellen Unterschiede zwischen familialen und schulischen Interaktionssystemen anwendbar sein sollen, indem sie die unterschiedlichen Wert- und Erfahrungsorientierungen beider Systeme bestimmen. *Parsons* unterscheidet dabei folgende Dimensionen:

Affektivität vs. Affektneutralität

> Affektivität: Der Handelnde bringt offen affektive Reaktionen gegenüber Objekten in der Situation zum Ausdruck und unterwirft sich keiner Disziplin.
>
> Affektneutralität: Der Handelnde unterdrückt Impulse zu affektiven Äußerungen und unterwirft sich einer Disziplin.

Selbstorientierung vs. Kollektivorientierung

> Selbstorientierung: Der Handelnde gibt in einer Situation seinen eigenen privaten Interessen den Vorzug, unabhängig von den Interessen oder Werten eines Kollektivs.
>
> Kollektivorientierung: Der Handelnde berücksichtigt in seinem Handeln die Interessen eines Kollektivs, dem er zugehört. Wenn diese mit seinen

eigenen Interessen in Konflikt stehen, gibt er den kollektiven Interessen den Vorzug.

Partikularismus vs. Universalismus

Partikularismus: Der Handelnde richtet sich in seinen Entscheidungen nach der Bedeutung, welche die Eigenschaften oder Verhaltensweisen eines bestimmten Objekts für ihn persönlich haben.

Universalismus: Der Handelnde richtet sich in seinen Entscheidungen nach allgemein definierten Maßstäben.

Zuschreibung vs. Leistung

Zuschreibung: Der Handelnde legt bei der Beurteilung eines Objekts den Eigenschaften dieses Objektes mehr Gewicht bei als dem tatsächlichen oder möglichen Verhalten.

Leistung: Der Handelnde legt bei der Beurteilung eines Objekts dem tatsächlichen oder möglichen Verhalten mehr Gewicht bei als den Eigenschaften. Eigenschaften werden nur insofern berücksichtigt, als sie für das Verhalten relevant sind.

Diffusität vs. Spezifität

Diffusität: Die Bedeutung eines sozialen Objektes ist für den Handelnden nicht auf einen bestimmten Bereich beschränkt.

Spezifität: Die Bedeutung eines sozialen Objektes ergibt sich aus kathektischen oder instrumentellen Erwägungen und ist auf einen bestimmten Bereich beschränkt.

Wie man den Beschreibungen der fünf Dimensionen unschwer entnehmen kann, bemißt sich das Ausmaß an geglückter Sozialisation daran, inwieweit der einzelne sein Verhalten in Richtung des Pols Affektneutralität, Kollektivorientierung, Universalismus, Leistung und Spezifität realisiert. Insofern sind diese fünf Variablen als Kontinua und weniger als Alternativen anzusehen, als mehr oder weniger und nicht als entweder – oder. Zugleich drücken sie das für die funktionalistische amerikanische Soziologie typische Sozialisationsziel aus: die Kongruenz von individuellen Bedürfnissen und sozialer Rolle und ein für alle verbindliches und gemeinsam internalisiertes Wertsystem, eine auf Konsensus beruhende Solidarität.

Nach der Analyse von *Parsons* ist die Entscheidung für eine bestimmte Handlungsorientierung nun nicht beliebig, sondern von der konkreten Interaktionssituation abhängig, mithin von den Institutionen, die diese Interaktionen strukturieren. *In der Familie dominieren nun nach Auffassung von Parsons Handlungsorientierungen des Typs Affektivität, Partikularismus und Diffusität:* die Sozialbeziehungen zwischen Eltern und Kindern und den Ehepartnern untereinander sind durch ein stärkeres Ausmaß an Emotionalität (Liebe, Rücksichtnahme, Unterstützung), Personenzentriertheit und Globalität in den gegenseitigen Erwartungen charakterisierbar. So bestimmen bei der Partnerwahl eher persönlich-psychologische Merkmale als affektneutrale Gesichtspunkte, und die Interaktionen der Familienmitglieder haben ein außerordentlich hohes Ausmaß an affektiver Besetzung im Vergleich zu allen anderen institutionalisierten Interaktionen. Vor allem die drei genannten pattern variables (Affektivität, Partikularismus und Diffusität) sind für die moderne Kleinfamilie typisch und durch eine Reihe gesellschaftlicher Entwicklungen hervorgerufen:

- durch die Verkleinerung der Familiengröße,
- durch die Notwendigkeit größerer geographischer Mobilität,
- durch Zunahme der organisierten Erziehung im Bildungswesen und
- durch eine tendenziell verbesserte materielle Situation

wird eine Entdifferenzierung familialer Rollen eingeleitet, d.h. eine Entflechtung normativ festgelegter familialer Verhaltenserwartungen zugunsten höherer sozial-emotionaler Anforderungen. Während in der vorindustriellen Großfamilie die Rollen der Mitglieder in differenzierter Weise festgelegt, spezifiziert und möglichst rational organisiert waren, steigen in der mobilen Kleinfamilie der industriellen Gesellschaft diffuse, affektive und partikularistische Erwartungen der Familienmitglieder untereinander. Der Tendenz zur Entdifferenzierung familialer Rollen entspricht die Tendenz einer zunehmenden Emotionalisierung der familiären Sozialbeziehungen, feststellbar an Kriterien der Partnerwahl und einer tendenziellen funktionalen Entlastung der Familie, vor allem im Zusammenhang mit dem Funktionszuwachs der schulischen Erziehung.

Diesen familialen Handlungsorientierungen stehen – vor allem im Hinblick auf die Dimensionen Affektivität, Diffusität und Partikularität – die Beziehungsmuster schulischer Interaktionen gegenüber, die das Kind beim Eintritt in die Schule erfährt und die zunehmend für das Kind an Bedeutung gewinnen. So wurde bereits auf die für Schüler-Lehrer-Interaktionen typische Erwartung affektiver Neutralität hingewiesen; sie ist nicht zuletzt eine Konsequenz der Formalisierung normativer Erwartungen in Rollenvorschriften und der Dominanz verbaler Kommunikation. Schüler wie Lehrer erwarten voneinander ein emotional neutrales Verhalten, das sich an den Zielen der Schule – an Noten gemessener Schulleistung – orientiert. Die Reinigung der Schüler-Lehrer-Beziehungen von Affekten durch Rituale und Etikettierung beispielweise von kindlicher Anhänglichkeit als altersinadäquates, regressives oder unangepaßtes Verhalten stellen wichtige Mechanismen zur Realisierung normativ geforderter Affektneutralität dar. Zwar stellt, wie oben bereits ausgeführt, diese Forderung für Lehrer und Schüler ein oft nur schwer zu lösendes Problem dar, oft um den Preis der personalen Identität; andererseits ist diese Affektneutralität bzw. ihre Realisierung in konkreten Interaktionen eine wichtige Voraussetzung späteren beruflichen Handelns. Insofern wird in der Schule ein Umorientierung sozialer Interaktionen eingeleitet, die auch in den Einstellungen von Schülern gegenüber ihren Lehrern transparent wird; so zeigen empirische Untersuchungen eine Veränderung in der Präferenz von Lehrermerkmalen bei Schülern an: während für jüngere Schüler das persönliche Vertrauensverhältnis zum Lehrer durch Verständnis für ihre psychischen Probleme und emotionale Wärme markiert wird, verschiebt sich diese Bestimmung bei älteren Schülern bedeutsam in Richtung kognitiver und sozialer Kompetenzen. Ähnlich gewichtig ist die unterschiedliche Ausprägung der Bewertung von Interaktionen auf der Dimension Diffusität versus Spezifität.

Kriterium für das Ausmaß an Spezifität in Sozialbeziehungen ist ihre Zielgerichtetheit, an der sich Intensität und Art des Verhaltens orientieren. Verhaltensformen, die sich nicht mit den Lernzielen des Unterrichts vereinbaren lassen, werden in der Schule als Störung sanktioniert. Das Ausklammern von Beziehungsmustern quasiprivater, vertraulicher Art, die Fixierung der Interaktion auf raumzeitlich definierte Einheiten und die aufgabenzentrierte Rollendifferenzierung unterscheiden schulische Interaktionen von familialen Sozialbeziehungen und deren Exklusivität. Freilich sind auch in der Schule diffuse, d.h. weniger ziel- als personenorientierte Verhaltensformen fester Bestandteil des schulischen Alltags, vor allem in den ersten Schuljahren. Dies gilt vor allem, wenn Lehrer zu *Modellpersonen werden, zu „signifikanten anderen"*, die von Schülern nachgeahmt werden. Imitation und noch stärker Identifikation mit dem Lehrer zielt dabei auf die Persönlichkeitsmerkmale des anderen, auf Wertvorstellungen und Attitüden, die den schulischen Bereich transzendieren. Gleichwohl wird die Spezifität des Verhaltens, die Orientierung an den vorgegebenen Zielen der Schule weitgehend abgesichert durch die in der Organisation Schule festgelegte Rollenaufteilung. Demgegenüber sind die Sozialbeziehungen in der Familie weniger starr festgelegt; Verhaltensregelungen sind hier eher familieninterne Vereinbarungen, die von Fall zu Fall durchbrochen werden. Der Entdifferenzierung familialer Rollen entspricht in der Schule die Tendenz einer zunehmenden Verrechtlichung und damit Formalisierung der Sozialbeziehungen.

Affektive Neutralität und Spezifität in der Schule stehen mit ihrer universalistischen Handlungsorientierung in einem interdependenten Verhältnis. Nur durch weitgehend festgelegte, formalisierte Interaktionen ist langfristig eine Affektkontrolle der Beteiligten möglich. Die Formalisierung der Sozialbeziehungen in sozialen Rollen bedeutet aber gleichzeitig den Zwang, die Mitglieder der Organisation Schule nach festgelegten und für alle in gleicher Weise gültigen Kriterien zu behandeln: solche allgemeingültigen Kriterien sind in der Schule nach dem Leistungsprinzip organisiert. Personenunabhängigkeit, Ablehnung exklusiver dyadischer Beziehungen zwischen Lehrer und Schüler und Bewertung des Verhaltens nach formalen Kriterien schulischer Leistung sind verbindliche Regeln schulischer Interaktionen. Diese Gleichbehandlung aller Schüler durch den Lehrer setzt wiederum die Spezifität der Interaktionsziele und Affektneutralität voraus. Gerade an diesem Aspekt wird deutlich, daß die Pattern variables als Kontinua zu denken sind, die nur tendenziell realisiert werden. Die bereits erwähnten Korrelationen zwischen wahrgenommenen Persönlichkeitsmerkmalen der Schüler und ihrer Benotung, der Tatbestand der impliziten Persönlichkeitstheorie, die Lehrer von Schülern haben, weisen auf diese Problematik. Die Formalisierung schulischer Sozialbeziehungen, die sich an den drei Polen Affektneutralität, Spezifität und Universalität orientieren, kann gleichzeitig als Moment der Pathologie schulischen Rollenverhaltens angesehen werden: die permanente Notwendigkeit, persönliche

Präferenzen zu unterdrücken, hat einen Affektstau zur Folge, der in Rituale umgeleitet wird; die Orientierung an spezifischen Zielen verlangt ihrerseits persönliche Einschränkungen und soziale Kontrolle der sozial Handelnden; die rigiden Versuche, Verhalten nach universalistischen Kriterien zu organisieren, vernachlässigen interindividuelle Unterschiede und Kompensationschancen.

3.1.1 Kommunikationsstrukturen in Familie und Schule

Die drei genannten Dimensionen der Handlungsorientierung verdeutlichen die strukturellen Unterschiede zwischen Familie und Schule. Ihnen entsprechen die in beiden Systemen angelegten Kommunikationskanäle und -formen, sowie ihre unterschiedlichen Sozialisationsfunktionen. Zwar fehlt es nicht an Versuchen, Erziehungsstile von Lehrern und Eltern gleich zu dimensionieren – etwa emotional-unterstützender versus kontrolliert-strengem Erziehungsstil mit vergleichbaren Entwicklungskonsequenzen bei Kindern/Schülern; solchen an lerntheoretischen Modellen entwickelten Aussagen ist eigen, daß sie auf fast alle menschlichen Interaktionen zutreffen, sie gewissermaßen ubiquitär sind. Sie spielen sicher eine bedeutsame Rolle in Prozessen der Personenwahrnehmung, Therapiesituationen wie auch in bürokratischen Organisationen, machen aber nicht die Interdependenzen zwischen der Struktur von Sozialbeziehungen, ihren Zielen und den Verhaltensformen der Beteiligten sowie den spezifischen Verhaltenskonsequenzen deutlich.

Als Sozialisationsziele der Familie werden im *Zweiten Familienbericht* folgende genannt:

- Entwicklung der Selbstsicherheit des Kindes,
- Entwicklung eines moralischen Bewußtseins (Gewissen),
- Entwicklung intellektueller Fähigkeiten und Problemlösungsfähigkeit,
- Entwicklung einer überdauernden Leistungsbereitschaft (Leistungsmotiv),
- Entwicklung von Empathie (d.h. der Fähigkeit, die Bedürfnisse anderer wahrzunehmen und zu berücksichtigen) und Solidarität,

- sowie die Entwicklung der Fähigkeit, Konflikte produktiv verarbeiten und lösen zu können.

Für diese Grundqualifikationen des sozialen Handelns werden, darauf weisen viele Befunde der empirischen Sozialisationsforschung hin, bereits in der frühen Kindheit, d.h. in der Familienerziehung, die emotionalen und kognitiven Voraussetzungen entwickelt. Die Art und Weise, in der die Familienmitglieder miteinander kommunizieren und sich zu dem Kind verhalten, scheinen einen bedeutenden Einfluß auf die o.a. Persönlichkeitsmerkmale zu haben. Dabei sind folgende zwei Zusammenhänge von Wichtigkeit:

- die Interdependenzen zwischen familialer Kommunikation und kindlicher Sozialisation;
- die Einflüsse sozialer, kultureller und ökonomischer Variablen auf die Formen familialer Kommunikation, insbeondere der Einfluß sozialstruktureller Bedingungen wie Schichtzugehörigkeit.

Die Familie ist in allen bekannten Gesellschaften die erste Gruppe, mit der das Kleinkind in Kontakt kommt; sie stellt sein erstes Lebensmilieu dar, in dem sich die Prägungen in den ersten Lebensmonaten, dann später Verhaltensdispositionen entwickeln und stabilisieren. Entwicklung kann dabei mit *Oerter* als ein *Prozeß der zunehmenden Differenzierung und zunehmenden Verengung und Kanalisierung* von Wahrnehmungen, Affekten und Einstellungen gegenüber der Umwelt bezeichnet werden. Während das Kleinkind kurz nach seiner Geburt noch nicht zwischen sich und seiner Umwelt unterscheidet und beides noch als Einheit wahrnimmt und empfindet, differenziert der Jugendliche seine Umwelt. Damit verbunden tritt eine Spezialisierung (d.h. zugleich auch Verengung) des Wahrnehmungs- und Interessenbereichs ein, die später in der Berufsrolle kulminiert. In der Familie, die zugleich als Primärgruppe bezeichnet wird, werden die ersten und umfassendsten Beziehungen des Kindes strukturiert: die kindliche Sozialisation. Die damit verbundenen sozialen Prozesse sind von bestimmten Grundleistungen der Familie abhängig, von der Art und Weise, in der in der Familie kommuniziert und interagiert wird. Beide Begriffe – Kommunikation und Interaktion – bezeichnen dabei den gleichen Tatbestand; sie drücken die Wechselwirkungen zwischen den

Mitgliedern der Gruppe aus, bezeichnen die Medien, in denen diese stattfinden, und weisen auf die Struktur, in der diese Wechselwirkungen sich abspielen. Als wesentliche Aspekte der für die kindliche Sozialisation bedeutsamen familialen Kommunikation bezeichnet *Neidhardt* (1974) insbesondere

- die *Stabilität* und *Konstanz* familialer Kommunikation. Das Vorhandensein einer Dauerpflegeperson, die das Verhalten des Kindes kontinuierlich, eindeutig und möglichst widerspruchsfrei verstärkt, wird als Voraussetzung für die Entwicklung von Vertrauen und Optimismus angesehen, die wiederum Lernfähigkeit und Lernbereitschaft erst ermöglichen;
- ein bestimmtes Ausmaß an *Intensität* und *emotionaler Wärme* der familialen Kommunikation. Vor allem in Untersuchungen zum Hospitalismus-Phänomen wurde die Notwendigkeit einer intensiven und kontinuierlichen affektiven Beziehung für die kindliche Entwicklung herausgestellt. Gleichzeitig weisen psychologische Untersuchungen auf die Verknüpfung von erlebter positiver Emotionalität und dem Selbstwertgefühl des Kindes hin: erlebte positive Emotionalität wird als Verstärkung und Bekräftigung der eigenen Existenz erfahren und wirkt, vor allem im Kontext von Leistungsanforderungen, angstreduzierend. Vor allem im Bereich der klinischen Psychologie wird immer wieder darauf hingewiesen, daß erlebte emotionale Wärme die Fähigkeit zur Selbstexploration und die Bereitschaft, sich in den anderen hineinzuversetzen, überhaupt erst ermöglicht. Zudem scheint nach den Befunden motivationspsychologischer Untersuchungen erlebte mütterliche Unterstützung und Wärme neben der Selbständigkeitserziehung die Voraussetzung für die Entwicklung intrinsischer Motivationen darzustellen.

Die Stabilität und Konstanz und die Intensität und affektive Besetzung familialer Kommunikation können als spezifische Sozialisationsleistungen angesehen werden, wie sie in dieser Form in kaum einer anderen gesellschaftlich institutionalisierten Gruppe zu finden sind. Diese Exklusivität familialer Kommunikationsformen und der für die Familie typische Binnenraum einer spezifischen Solidarität können allerdings auch in pathogene Formen umschlagen: in Abkapselung, Milieusterilität oder, wie es *Claessens* und *Menne* ausdrücken, ein

„Insulationsklima", in dem Wirklichkeit nur in homöopathischen Dosen zugelassen wird. Solche pathogenen familialen Kommunikationsformen hat *Richter* als familiäre Charakterneurosen idealtypisch beschrieben:

- zum einen die „angstneurotische Familie", die sich als Sanatorium versteht und sich mit allen Mitteln gegen angstauslösende Reize zu schützen sucht. Hinter einer Fassade von „Wohlanständigkeit und idyllischer Eintracht" verbergen sich Defensivstrategien und ein „Rückzug der ganzen Familie in eine insulär-narzistische Existenzform, in der tatsächlich wie in einem Sanatorium nur noch eine nach hygienischen Maßstäben gefilterte Fraktion von freundlichen Eindrücken und spannungsfreien Aktivitäten zugelassen wird" (*Richter*, S. 77).
- der Typ „paranoide Familie" stellt sich als eine „Festung" dar, in der weniger durch geeignete Selektion als durch Uminterpretation Realität und familiale Selbstdefinition auseinanderklaffen. Die Umwelt wird als feindlich und bedrohlich wahrgenommen, die Familie wird zur Festung, von der aus Ausfälle gegen die fiktiven äußeren Verfolger gemacht werden;
- in einem dritten Typ familialer Kommunikation beschreibt *Richter* die „hysterische Familie", deren Merkmale weniger das Wahnhaft-Starre der paranoiden als das Unechte, Theaterhafte des Familienlebens darstellt. Ritualisierte Rollendarstellungen mit starren Kommunikationsmustern sind hier dominierend.

Solche idealtypischen Familienbeziehungen, die mit den institutionellen Arrangements des Theaters, der Festung und des Sanatoriums verglichen werden können, sind Folgen einer Kommunikation, die sich gegen die außerfamiliale Wirklichkeit abschottet, sie filtert oder umdeutet. Zwanghafte Kohäsion und andere Sozialbeziehungen ausschließende affektive Besetzung in der familialen Kommunikation können genauso zu folgenreichen Sozialisationsdefiziten führen wie widerspruchsvolle und mehrdeutige Kommunikationsformen innerhalb der Familie. Als besonders gravierend wurde in diesem Zusammenhang von *Bateson et al.* die sog. Beziehungsfalle oder „*double-bind-Situation*" analysiert, der Tatbestand, daß über einen längeren Zeitraum hinweg gleichzeitig unvereinbare alternative Botschaften kommuniziert werden. Solche Beziehungsfallen, in denen der Adressat sich in jedem Fall falsch verhalten muß, scheinen dabei für Sozialsysteme wie die Familie, die ein geringes Ausmaß an präzisierbaren Rollenvorschriften und gleichzeitig exklusive Sympathiebeziehungen

* innerer Zusammenhalt

aufweisen, typisch zu sein; als Folgeerscheinungen von solchen, über die Zeit hinweg auftretenden Beziehungsfallen wurden häufig schizophrene Persönlichkeitsmerkmale beobachtet.

Intensität, Stabilität und Konstanz der familialen Kommunikation enthalten, und dies gilt vor allem für das Kind, zugleich ein Moment von Über- und Unterordnung, von Macht. Neben dem Binnenraum von Solidarität und Konsensus zwischen den Familienmitgliedern ist das Vorhandensein eines Dominanzsystems zwischen den zwei Generationen der Kernfamilie (*Claessens* und *Menne*) der soziale Kitt, der die Stabilität familialer Kommunikation sichert. Machtbeziehungen werden für das Kind zu einer primären Sozialerfahrung: zum Problem, die elterliche Autorität zu verinnerlichen und gleichzeitig den Ansatz zu einer eigenen Identität zu entwickeln. Die Lösung dieses Problems ist abhängig von dem Ausmaß an Repressivität der familialen Kommunikation, von der Bereitschaft der Eltern, einerseits als Modell flexibler Sozialbeziehungen zu fungieren, indem sie dic gegenseitigen Bedürfnisse und deren Realisierung zulassen, zum anderen in ihrer Bereitschaft, ihre eigenen Bedürfnisse und Ansprüche an denen des Kindes zu überprüfen. Diese Grundqualifikation des Rollenhandelns (*Habermas*), die als *Rollendistanz* bezeichnet wird, ist mit der Fähigkeit, auch konkurrierende Erwartungen in das eigene Verhalten mit aufzunehmen, der Ambiguitätstoleranz, die psychische Entsprechung von familialen Interaktionsstrukturen, die zur Entwicklung der o.g. Sozialisationsleistungen als notwendig erscheinen.

Milieusterilität, insularer Charakter und pathogene Kommunikationsstrukturen in der Familie und ihre alternativen Formen – Rollendistanz und Ambiguitätstoleranz provozierende Interaktionen – hängen, wie *Neidhardt* ausführt, vor allem von drei Variablen ab:

– von der *Strukturflexibilität* der Familie, d.h. der prinzipiellen Korrekturmöglichkeit von Machtverteilungen, Statusdifferenzierungen und Rolleninterpretationen;
– weiterhin von der *Umweltoffenheit* der Familie, d.h. einer über die Zeit hinweg andauernden Kommunikation mit außerfamilialen Personen, Gruppen und Institutionen, die für die Familienmitglieder verhaltensrelevant sind (z.B. Beruf, Schule, Peers);
– und schließlich von der Sicherung von *Systemtransparenz*, d.h.

durch Techniken der Metakommunikation können sich die Familienmitglieder über ihre Beziehungen zueinander, ihre Erwartungen und Ängste verständigen (*Neidhardt*, 1975).

Während in der Realisierung von Systemtransparenz die einzige Möglichkeit der Auflösung von double-bind-Situationen besteht, bezieht sich die Variable der Umweltoffenheit auf die Vermeidung der von *Richter* beschriebenen pathogenen Familienformen; ein hohes Ausmaß an Strukturflexibilität scheint zugleich eine notwendige Bedingung für die Entwicklung der Grundqualifikationen des Rollenverhaltens, von Rollendistanz, Ambiguitätstoleranz und Empathie zu sein. Die für die Institution Familie typischen Handlungsorientierungen, die im Anschluß an *Parsons* als eher diffus, affektiv und partikularistisch zu bezeichnen sind, können insofern unter der Maßgabe der drei genannten Variablen als Merkmale der Sozialisationskapazität der Familie bezeichnet werden.

Im Gegensatz zu den Handlungsorientierungen der Familie wurden die der Schule als eher spezifisch, affektneutral und universalistisch beschrieben. Auch im Hinblick auf die Kommunikationsstrukturen ist die Schule eine Institution, die das Kind nach seinen durch die familiale Kommunikation bestimmten Sozialerfahrungen vor eine qualitativ neue Situation stellt.

Die Kommunikationsstruktur der Schule wird im wesentlichen durch die der Schule vorgegebene Rollenstruktur bestimmt; d.h. daß die Kommunikation vor allem im Unterricht durch die von der Schule gesetzten Rahmenbedingungen kanalisiert wird:

- die Kommunikation kann als weitgehend asymmetrisch bezeichnet werden; sie wird durch die Dominanz des Lehrers strukturiert und entspricht damit der Rollenbeziehung zwischen Schüler und Lehrer;
- die Kommunikation zwischen Lehrer und Schüler ist eindeutig themenzentriert, d.h. zeitlich und inhaltlich festgelegt;
- eine Kommunikation zwischen den Schülern findet während des Unterrichts, vor allem, wenn er als Frontalunterricht organisiert ist, nicht statt bzw. wird als Störung interpretiert;
- die Kommunikation ist weitgehend auf verbale Äußerungen eingegrenzt
- und, mit der Asymmetrie zusammenhängend, tendenziell eine Einweg-Kommunikation.

Diese relativ starre Kommunikationsstruktur entspricht zugleich dem geringen Ausmaß an Strukturflexibilität der Schule: die Rollenverteilungen und Herrschaftsdifferenzierungen zwischen Lehrer und Schüler sind so gut wie gar nicht, ihre Rolleninterpretationen nur in geringem Ausmaß korrigierbar. Auch hinsichtlich der Variable Umweltoffenheit weist die Schule eine restriktive Tendenz auf: die Tendenz, Konflikte nicht aus der Schule herauszutragen; die Konstruktion eines „artifiziellen Sondermilieus" (*Fürstenau*), einer „ausgeklinkten Gesellschaft" (*Habermas*, 1961) mit einem hohen Ausmaß an Veränderungsresistenz. Die Sicherung von Sytemtransparenz durch Formen der Metakommunikation, der offenen Diskussion über die Sozialbeziehungen der Mitglieder des Systems Schule, ist deutlich dysfunktional. Diese zumindest strukturell nahegelegten diskrepanten Erfahrungen zwischen familialer und schulischer Sozialisation indizieren prima facie einen kaum zu lösenden Konflikt: die Notwendigkeit eines Doppellebens als Kind/Schüler. Bezieht man jedoch einige für die schulische Interpretation zentrale Schülermerkmale wie Leistungsmotivation, Intelligenz oder Selbstwertgefühl mit in die Analyse ein, so läßt sich zeigen, daß dieser häufig postulierte strukturelle Konflikt zwischen primärer (familialer) und sekundärer (schulischer) Sozialisation eng mit der Interaktion familialer und schulischer Bedingungen zusammenhängt.

3.1.2. Schulangst als Merkmal von Übergangsproblemen von der Familie zur Schule

Die in der Schule dominante Handlungsorientierung ist, wie wir gesehen haben, vor allem universalistisch, d.h. auf den Aspekt der Schulleistung zentriert. Der für die Schule in zunehmendem Maße konstatierte Leistungsdruck wird in der öffentlichen Diskussion als Ursache für den Anstieg an Ängstlichkeit bei Schülern verantwortlich gemacht. Es sei dahingestellt, ob dieses Ausmaß an Schulangst tatsächlich neueren Datums ist oder durch eine stärkere Sensibilität der Eltern, die wegen zunehmend restriktiver Selektion der Studienberechtigung selbst ängstlich geworden sind und um die Karriere ihrer Kinder bangen, erst jetzt sichtbar wird.

In einer breit angelegten Studie untersuchten *Sarason* und Mitarbeiter die *Prüfungsangst* von Schulkindern, wobei sie diese auf alle schulischen Situationen bezogen, in denen Leistungsbewertungen vorgenommen wurden; Prüfungsangst in diesem weiten Sinn kann also weitgehend mit dem heute gebräuchlicheren Begriff der Schulangst gleichgesetzt werden. Die Autoren konnten in ihrer Untersuchung folgende zwei Hypothesen bestätigen:

- „Die Reaktion des prüfungsängstlichen Kindes auf Prüfungen und prüfungsähnliche Situationen in der Klasse spiegelt seine Erfahrungen in psychologisch oder interpersonal ähnlichen Situationen in seinem Zuhause wider, vor und nach dem Beginn der formellen Einschulung."
- „Die Prüfungsreaktion hat, zusätzlich zu ihrer bewußten Bedeutung, eine gleichzeitige unbewußte Bedeutung, die sich vornehmlich auf die Erfahrungen bezieht, die das Kind in der familiären Situation gemacht hat" (*Sarason et al.*, S. 22f).

Prüfungssituationen sind keine völlig neue Sozialerfahrung, die nur für die Schule typisch ist. Die Bewertung von Leistungen findet auch in der Familie statt und kann für das Kind die psychische Qualität von Prüfungen haben, auch wenn die Eltern das anders wahrnehmen und einschätzen. Wenn nun das Kind auf bestimmte leistungsthematische Situationen in der Familie ängstlich reagiert, kann diese Reaktion gelernt und damit auf ähnlich wahrgenommene Situationen übertragen werden. Dieser in der Lernpsychologie als Reizgeneralisierung bekannte Vorgang ist für die Ausbildung von spezifischer Ängstlichkeit zu einer allgemeineren, stabilen Angstreaktion durchaus plausibel. Nach den Ausführungen von *Sarason* und Mitarbeitern liegt die Generalisierbarkeit familiärer und schulischer Prüfungssituationen mit angstauslösendem Charakter in einer von dem Kind erlebten Rollenähnlichkeit zwischen Vater resp. Mutter und Lehrer. Allerdings scheint diese Reizgeneralisierung von dem Selbstbild bzw. Selbstwertgefühl des Kindes abzuhängen. Die Autoren konnten dabei zeigen, daß vor allem Kinder mit einem niedrig ausgeprägten Selbstwertgefühl zu ängstlichen Reaktionen tendierten: Mißerfolgsorientierung und Versagensängste waren bei diesen Kindern zentrale Merkmale des Selbstbildes.

Man kann diese Befunde dahingehend interpretieren, daß die Erfolgswahrscheinlichkeit, Prüfungsaufgaben richtig zu lösen, bei den Kindern angstreduzierend bzw. das Ausmaß an Mißerfolgsängstlichkeit bei einer als eher zu schwierig empfundenen Aufgabe angsterhöhend wirkt. Angst vor Mißerfolg kann damit als ein wichtiger Aspekt von Schulangst angesehen werden, der eng mit einem Moment der familialen Sozialisation zusammenhängt: dem Leistungsmotiv.

Das Leistungsmotiv kann definiert werden als eine relativ überdauernde Bereitschaft zum Leistungsverhalten. *Heckhausen* konstruiert dieses *Leistungsmotiv* aus drei verschiedenen Sachverhalten: zum einen müssen bestimmte Gütemaßstäbe vorhanden sein, kognitive Bezugssysteme, die für die Einschätzung der leistungsthematischen Situation von Bedeutung sind; weiterhin die Art der Zuschreibung des Handlungserfolgs (Kausalattribuierung), ob sich der Schüler/das Kind für den Erfolg als selbstverantwortlich ansieht oder externe Ursachen (beispielsweise anderen Personen, Glück oder Unglück); schließlich der Sachverhalt der Selbstbekräftigung: wenn die Erfolgserwartung mit dem Ergebnis übereinstimmt, stabilisiert sich die Selbstverantwortlichkeit und der Gütemaßstab. Eine wichtige Rolle bei der Stabilisierung dieses Leistungsmotivs ist dabei das Ausmaß an Erfolgszuversicht bzw. Mißerfolgsängstlichkeit; ein Anwachsen der Furcht vor Mißerfolg und damit verbunden die Zuschreibung des Handlungs(miß)erfolgs auf andere Personen, Lehrer oder Eltern, schwächt das Selbstbekräftigungssystem des Leistungsmotivs und stabilisiert leistungsthematische Ängste für zukünftige Situationen. Dieser Sachverhalt wird auch durch Befunde gestärkt, die auf eine enge Beziehung zwischen niedrig ausgeprägtem Selbstwertgefühl, Ängstlichkeit und schwach ausgeprägtem Leistungsmotiv hinweisen.

Die Wahrnehmung von Anstrengungsbereitschaft bei den Schülern ist für Lehrer ein wichtiges Kriterium für die Bewertung der Schulleistung und geht auch, wie oben ausgeführt, in die Notengebung mit ein. Hier wird ein Mechanismus deutlich, der auf eine gewisse Kontinuität von familialer und schulischer Sozialisation hinweist: Kinder, die bereits in der Familie entsprechende Verhaltensbereitschaften und Erfolgszuversicht entwickelt haben, können den

Übergang von der Familie in die Schule weitgehend als kontinuierlich erleben, vor allem dann, wenn durch eine vorausgegangene Entwicklung zur Selbstverantwortlichkeit für den Handlungsausgang eine tendenziell weniger personenorientierte Kausalattribuierung entwickelt wurde. Demgegenüber stehen Kinder, die in der Familie einem zu hohen Leistungsdruck – bedingt durch häufig übermäßig leistungsbetonte Väter und Mütter – ausgesetzt waren und dadurch eine relativ stabile Mißerfolgsängstlichkeit verinnerlichten; gleichzeitig konnte in Untersuchungen bestätigt werden, daß Kinder, die in der Familie mit keinen Leistungsanforderungen konfrontiert, also unterfordert wurden, ein nur geringes Ausmaß an Erfolgszuversicht entwickelten. Hier sind vor allem Kinder zu nennen, deren Erziehung als überbehütend (overprotective) und die kindliche Autonomie einschränkend charakterisierbar ist.

Die Genese von Schulangst, die ein wichtiges Indiz für einen strukturellen Sozialisationskonflikt ist, hängt zugleich mit der familialen Kommunikation zusammen, mit der Flexibilität der Familie, den Formen ihrer Konfliktbewältigung und dem Ausmaß, in dem das Kind auch eigene Rolleninterpretationen entwerfen kann. Zugleich wird hier die Auffassung vertreten, daß die Art der familialen Kommunikation und die ihnen korrespondierenden Persönlichkeitsmerkmale des Kindes, die gleichzeitig seine schulische Sozialisation mitbestimmen, in bedeutsamem Maß gesellschaftlich determiniert sind. Sozialisationsprozesse in der Familie und in der Schule werden durch Bedingungen beeinflußt, die sozialstruktureller Art sind: durch die materielle und ökonomische Existenz.

3.2 Prozesse schichtenspezifischer Sozialisation

Das Erziehungsverhalten der Eltern beeinflußt, wie wir gesehen haben, die emotional-affektive und kognitive Entwicklung des Kindes; so wirken sich beispielsweise günstige Anregungsbedingungen, Selbständigkeitserziehung und unterstützendes Verhalten positiv auf die Ausbildung des Leistungsmotivs aus, das seinerseits durch Anstrengungsbereitschaft und Erfolgszuversicht günstige Voraussetzungen für den späteren Schulerfolg anzeigt. Die schulische Karriere des Kindes steht damit in einem, wenn auch sehr komplexen, Interdependenzverhältnis zur Familienerziehung. Die Abhängigkeit der Intelligenzentwicklung von den häuslichen Anregungsbedingungen, die ihrerseits mit der Zugehörigkeit zu einer bestimmten Sozialschicht variieren, kann inzwischen als hinreichend belegt angesehen werden.

Die Auflösung von Sozialisationsprozessen nach Maßgabe spezifischer Anregungsbedingungen, deren Einfluß auf die Entwicklung individueller Persönlichkeitsmerkmale direkt nachweisbar ist und mit dem globalen Merkmal der sozialen Herkunft korreliert, kann aus soziologischer Sicht als eine psychologische Reduktion angesehen werden, solange nicht die Abbildung solcher Mikroprozesse auf makrostruktureller Ebene mit vollzogen wird. Dies gilt vor allem für die zahlreichen Untersuchungen über die Sozialisationseffekte des elterlichen Erziehungsstils, die zusätzlich und gleichsam nebenbei mit der Berufstätigkeit des Vaters in Beziehung gesetzt werden. Das, was unter dem Etikett der schichtenspezifischen Sozialisation firmiert, wird soziologisch fruchtbar erst dann, wenn eine makrostrukturelle Kontextuierung (*Oevermann et al.*, 1976) vorgenommen wird, genauer: wenn zum einen die Ebene der objektiven Bedingungen, die sich in der Stellung der Eltern im Produktionsprozeß vermitteln, und zum anderen die Ebene der sozio-kulturellen Lebenswelten, die die jeweiligen Deutungsmuster konstituieren, konzeptionell mit einbezogen werden.

Die empirischen Zusammenhänge zwischen sozialstrukturellen Bedingungen und schulischer Sozialisation, gemessen am Schulerfolg, wurden bislang mit wechselndem Erfolg nachgewiesen. Keinesfalls können sie, wie vielfach behauptet wird, den Status einer Theorie beanspruchen, sondern sind vielmehr als empirische Verallgemeinerungen einzelner Zusammenhänge bezeichenbar. Dabei kann die Familie als eine Gelenkstelle bei der Vermittlung karrierespezifischer Persönlichkeitsmerkmale angesehen werden, als eine Sozialisationsagentur, in deren Interaktionssystemen sich die gesellschaftlichen Entwicklungstendenzen abbilden.

Die in der Literatur als empirisch belegten Zusammenhänge zwischen Sozialstruktur, Familie und Sozialisationseffekten gehen im allgemeinen von dem Datum der Berufszugehörigkeit des Vaters aus, begründet in der Annahme, daß das Ausmaß an beruflicher Autonomie des Haupternährers die familiale Kommunikation und damit die Erziehungspraktiken in der Hinsicht beeinflußt, daß

- bei hoher beruflicher Autonomie, die als mittelschichtsspezifisch angenommen wird, Techniken der Selbststeuerung, Initiative und universalistische Handlungsorientierung dominieren,
- bei niedriger beruflicher Autonomie, die als unterschichtsspezifisch beschrieben wird, in der Familie eher statusorientierte und rigide Kommunikationsformen anzutreffen sind.

In letzter Zeit wird diese vor allem im deutschen Sprachraum praktizierte „summary"-Rezeption methodisch wie theoretisch intensiv kritisiert (*Bertram*, 1976; *Abrahams* und *Sommerkorn*, 1976; *Oevermann et al.*, 1976), ohne daß der prinzipielle Zusammenhang zwischen sozialstrukturellen Bedingungen und Sozialisation geleugnet wird. Im Mittelpunkt stehen dabei vor allem Untersuchungen, die den Zusammenhang zwischen Sozialschicht, Familienstruktur und beruflichen Chancen der Kinder explizieren. Dabei lassen sich, in Anschluß an *Abrahams* und *Sommerkorn*, drei Phasen unterscheiden: (1) zum einen Untersuchungen über die Beziehungen zwischen Arbeitsplatzerfahrungen, familialer Kommunikation und deren Auswirkungen auf die kognitive Entwicklung von Kindern, insbesondere auf ihr Sprachverhalten. (2) Weiterhin die Effekte schichtspezifisch variierender Erziehungspraktiken im Hinblick auf die Persönlichkeitsentwicklung der Kinder; und (3) schließlich die Frage der Übertragung und Generalisierung der differenten Erfahrungen und Verhaltensformen auf außerfamiliale Bereiche wie Schule und Beruf.

3.2.1 Familie und Sprachverhalten

Für die schulische Kommunikation, darauf wurde wiederholt hingewiesen, ist die Sprache das entscheidende Verständigungsmedium, und das gilt nicht nur für die ausleserelevanten sprachlichen Fächer, sondern für die Interaktion zwischen Lehrer und Schüler generell. Sprache steht nun als ein Transport menschlicher Kommunikation in einem sozialen Kontext: sie wird gelernt, drückt Individualität und Gruppennormen (Jargon) ebenso aus wie durch sie auf die dahinterstehende Intelligenz geschlossen wird. Nach der Auffassung von *Bernstein* ist der Typ von Sprache, dessen sich ein Individuum bedient – *Bernstein* bezeichnet das als Code –, die linguistische Umsetzung der Sinngehalte seiner Sozialstruktur. *Bernstein* versuchte in einigen Untersuchungen, den Zusammenhang zwischen sozialer Herkunft, Arbeitswelt und dem für die Familie typischen Sprachcode nachzuweisen – vor allem im Hinblick auf spezifische Mittel- bzw. Unterschichtscodes. Dabei ging *Bernstein* von folgender Annahme aus:

„Wenn eine soziale Gruppe aufgrund ihrer Schichtzugehörigkeit – d.h. als Ergebnis ihrer gemeinsamen Berufstätigkeit und ihres Sozialstatus – eine stark solidarische Beziehung entwickelt hat; wenn das Berufsleben dieser Gruppe wenig Abwechslung bietet und wenig Praxis im Fällen von Entscheidungen; wenn, um erfolgreicher zu sein, eine Bemühung eher kolletiv als individuell sein muß, wenn die Arbeit eher körperliche Manipulation und Kontrolle als symbolische Organisation und Kontrolle erfordert; wenn die am Arbeitsplatz reduzierte Autorität des Mannes sich zu Hause in eine entsprechende machtvolle Autorität verwandelt; wenn man zu Hause so eng beieinander wohnt, daß man sich gegenseitig Möglichkeiten beschneidet; wenn die Kinder sich gegenseitig in einer Umgebung sozialisieren, die wenig geistigen Anreiz bietet – wenn sich alle diese Merkmale in einer Umgebung finden, dann darf man annehmen, daß ein derartiges soziales Milieu eine ganz bestimmte Kommunikationsform hervorruft, die ihrerseits die geistige, soziale und emotionale Orientierung der Kinder prägt“ (*Bernstein*, 1970, zit. nach *Graumann*, 1974, S. 325).

Im Laufe der an seiner Theorie geäußerten Kritik modifizierte *Bernstein* seine Theorie der schichtenspezifischen Sprachcodes mehrmals, bis er (1972) den dichotomen Schichtbegriff durch den allgemeineren der sozialstrukturellen Beziehungen ersetzte. *Bernstein* unterscheidet nun zwei familiale Rollensysteme, die sich durch die jeweilige Art der sozialen Kontrolle beschreiben lassen; die eine Dimension der Kontrolle beschreibt das Ausmaß, ob die Kontrolle mehr status- oder mehr personenorientiert ist, also entweder die Rollenkonformität (statusorientiert) oder die individuellen Merkmale (personenorientiert) betont. Die zweite Dimension, die das Ausmaß an Offenheit bzw. Geschlossenheit der Sozialbeziehung charakterisiert, gibt den Spielraum an, der dem einzelnen zugestanden wird. Dem geschlossenen Rollensystem ordnet *Bernstein* einen *restringierten* Sprachcode zu, da nach seiner Auffassung einer rigiden Rollenkonformität mit reduzierten Handlungsalternativen ein starres syntaktisches Sprachmuster entspricht. Demgegenüber ist dem höheren Ausmaß an individuellen Handlungsalternativen des offenen Rollensystems der *elaborierte* Sprachcode adäquat. Zusätzlich zu den Sprachcodes führt *Bernstein* ein weiters Regulativ ein: die *Kontextkompetenz*, also die Fähigkeit, sich situationsadäquat auszudrücken, sei es restringiert oder elaboriert. Nach der Auffassung *Bernsteins* verfügen insbesondere Mittelschichtkinder über diese Kontextkompetenz, was besonders für die Kommunikation in der Schule wichtig ist. Danach wären Kinder mit hohem Ausmaß an Kontextkompetenz eher in der Lage, mit dem strukturellen Sozialisationskonflikt fertig zu werden als Kinder, die nur über einen familientypischen und das heißt vor allem: restringierten Sprachcode verfügen. Diese neue Variante in *Bernsteins* Theorie durch die Einführung einer situationsunspezifischen Kontextkompetenz, die in beide Richtungen – Elaboration oder Restriktion – wirksam ist, immunisiert die Theorie, macht sie einer empirischen Überprüfung durch ihr Ausmaß an Interpretierbarkeit weitgehend unzugänglich (hierzu im einzelnen: *Ort*, 1976). Damit wird ein Vorhandensein von schichtspezifischen Sprachvariationen keineswegs abgestritten; allerdings scheint eine weitere Verwendung von Konstrukten nach der Art *Bernsteins* wenig sinnvoll.

Neben dem schichtspezifischen Sprachverhalten und seiner Beziehung zu gemessener Intelligenz und Schulleistung im Zusammenhang mit familialer Kommunikation werden vor allem Untersuchungen aufgeführt, die schichtspezifische Variationen im Strafverhalten der Eltern und der sich daraus ergebenden differenten Effekte für die kindliche Sozialisation thematisieren. In einer der meistzitierten Untersuchungen postuliert *McKinley* (1964) einen Zusammenhang zwischen den beruflichen Erfahrungen des Vaters und spezifischen Disziplinierungstechniken sowie deren Effekte. Nach den Ergebnissen dieser Studie tendieren Väter, deren beruflicher Alltag durch Monotonie und Kontrolle der Arbeitsvollzüge gekennzeichnet sind, zu strengerem Disziplinarverhalten als Väter mit gegenteiligen Arbeitsbedingungen. *McKinley* begründet seine These mit dem Frustrations-Aggressions-Theorem, nach dem die am Arbeitsplatz erfahrenen Frustrationen als aggressive Verhaltensformen in die Familie umgeleitet werden. Die beträchtlichen methodischen Mängel dieser Studie – der Autor befragte die Kinder nach der Arbeitswelt der Väter (!) – und den geringen Unterschieden zwischen beiden Merkmalsgruppen lassen die Hypothesen *McKinleys* zwar plausibel erscheinen, können aber keinesfalls als empirischer Beleg herangezogen werden. Die geringe empirische Evidenz der meisten Untersuchungen, die bis zu diesem Zeitpunkt in den USA durchgeführt wurden, zeigt eine Sekundäranalyse von *Erlanger* (1974), in der eine vorsichtige Interpretation differenter Erziehungstechniken in den zumeist dichotomen Schichtmodellen (Unterschicht/Mittelschicht) nahegelegt wird.

Die Sichtung der meisten sozialisationstheoretischen Untersuchungen kann insofern keinesfalls als Argument gegen das Vorhandensein schichtspezifischer Differenzen gewertet werden; allerdings scheint es notwendig, die komplizierten Vermittlungsprozesse zwischen Arbeitswelt und Sozialstruktur, familialer Kommunikation und Persönlichkeitsentwicklung von Kindern methodisch differenzierter zu erfassen und dabei vor allem, wie es *Bertram* fordert, die verschiedenen Ebenen (Schichtungssystem, Gruppenebene und Individualebene) analytisch sinnvoll miteinander zu verbinden.

3.2.2 Familiale Sozialisation und Schulerfolg

Neben dem Zusammenhang von Arbeitsplatz und familialer Kommunikation und dem Zusammenhang zwischen schichtspezifischen Erziehungstechniken und ihren Sozialisationseffekten gehört die Untersuchung der Interdependenzen zwischen Familie und Schulerfolg zu den bedeutsamsten empirischen Verallgemeinerungen im Hinblick auf die Genese differenter Persönlichkeitsmerkmale. Dabei wird vor allem von der Annahme ausgegangen, daß in Unterschichtsfamilien – bedingt durch einen eher punitiven und kontrollierenden Erziehungsstil und ungünstigere Anregungsbedingungen – für die Schule relevante Persönlichkeitsmerkmale wie das Leistungsmotiv und gemessene Intelligenz bei den Kindern eine niedrigere Ausprägung haben als bei Mittelschichtsfamilien. In einer neueren Untersuchung über den Zusammenhang zwischen Schichtzugehörigkeit und gemessener Intelligenz bzw. Schulerfolg konnten *Oevermann et al.* (1976) zwar feststellen, daß hinsichtlich der Verteilung auf weiterführende Schulen bei den älteren Geschwistern bei ihrer Stichprobe massive schichtspezifische Unterschiede vorhanden waren, die gemessene Intelligenz ihrer Versuchspersonen sich jedoch, von Niveaudifferenzierungen abgesehen, nicht bedeutsam unterschied. Die Autoren, die einen aus Berufsstatus des Vaters, Ausbildung des Vaters und der Mutter sowie Nettoeinkommen gewichteten Schichtindex zugrunde legten, konnten bei den Schulnoten der von ihnen untersuchten Grundschüler der vierten Klasse nur in der unteren Unterschicht massive Benachteiligungen feststellen. Erst als die Autoren die Typik des Arbeitsplatzes der Väter mit einbezogen, konnten sie Beziehungen zu der Intelligenzstruktur der Kinder nachweisen: so wiesen Kinder, deren Väter technische Berufe ausübten, eine besonders hohe non-verbale Intelligenz auf, während bei Kindern von Vätern, die eine qualifizierte kulturelle Tätigkeit ausübten, eine besonders ausgeprägte verbale Intelligenz gemessen wurde. Besonders aufschlußreich war der von den Autoren untersuchte Zusammenhang mit dem Ausmaß an *subkultureller Tradition der Familie* – gemessen an dem Ausmaß an Konsistenz der beruflichen Tätigkeit über mehrere Generationen – und der aktuellen Klassenlage im Hinblick auf gemessene Intelligenz der Kinder und Schulerfolg. Hier konnten die Autoren für Mittelschichtkinder einen additiven Effekt nachweisen: je konsistenter, d. h. alteingesessener das soziale Milieu der Familie war, um so höher lag bei den Kindern die gemessene Intelligenz. Anders waren die Befunde bei der unteren Mittelschicht und der oberen Unterschicht: hier zeigten Kinder aus inkonsistenten Milieus, also aus Aufsteigerfamilien, eine höhere Intelligenzausprägung als Kinder aus konsistenten Familien, ein Phänomen, das in der Studie mit einem stärker ausgeprägten Aufstiegsbestreben und höherer Leistungsmotivation in inkonsistenten Familienmilieus erklärt wird. Diese Interpretation konnte durch eine entsprechende Verteilung der Schulnoten erhärtet werden: gute Noten bei der inkonsistenten unteren Mittelschicht, vor allem bei „Fleiß“ und „Aufmerksamkeit“, was auf ein höheres elterliches Aspirationsniveau verweist. Diese Befunde legen besonders eine stärkere Ausdifferenzierung des familialen Sozialisationsmilieus nahe:

- stärkere Einbeziehung der subkulturellen Tradition bzw. der intergenerativen Mobilität;
- die Schichteinteilung nicht nur als pure statistische Größe zu behandeln, sondern das Ausmaß an Homogenität der Gruppe mit einzubeziehen;
- und gleichzeitig die Bedeutung von makrostrukturellen Randbedingungen in der Interpretation der Daten mit zu berücksichtigen.

Die Analyse des Zusammenhangs zwischen Familie und Schulerfolg muß dabei gleichzeitig den Aspekt der Persönlichkeitsmerkmale von Lehrern berücksichtigen: so können beispielsweise die Diskrepanzen zwischen gemessener Intelligenz und Notenleistung bei Unterschichtskindern mit spezifischen Lehrervorurteilen zusammenhängen und nicht nur, wie *Simons* (1973) in einer Untersuchung konstatiert, mit der effektiven Hausaufgabenhilfe von Akademiker- gegenüber Arbeitereltern.

Die o.g. Untersuchung zeigt, daß bei einer vorsichtigen Interpretation der Daten und differenziertem methodischen Vorgehen eine Wechselwirkung zwischen Systemen bestehender Ungleichheit in der familialen Sozialisation und den für einen sozialen Aufstieg bedeutsamen Lebensdaten, dem Schulerfolg, nachweisbar ist, ein Zusammenhang, der im Kontext der Annahmen über schichtenspezifische Sozialisation immer plausibel, aber nur in den wenigsten Fällen empirisch nachgewiesen wurde. Gleichzeitig weist dieser Zusammenhang auf die *gesellschaftliche Reproduktion von sozialen Ungleichheiten,* die beruflich, d.h. an in Systemen gesellschaftlich organisierter Arbeit fixierten Herrschaftsverhältnissen evident werden.

3.2.3 Schule und gesellIschaftliche Reproduktion

Der Vergleich der unterschiedlichen Handlungsorientierungen in der Familie und der Schule und der empirisch weitgehend abgesicherten Konstatierung einer schichtspezifischen Repräsentanz in weiterführenden Schulen auch bei einer durchaus vergleichbaren Intelligenzausprägung bei Kindern unterschiedlicher Herkunft legt eine Analyse der gesellschaftlichen Funktionen der Schule nahe. Eine solche Analyse hat *Fend* (1974) vorgelegt, in der er die gesellschaftlichen Funktionen des Schulsystems im einzelnen beschreibt. *Fend* unterscheidet dabei folgende Funktionen: *die Qualifikationsfunktion, die Selektionsfunktion und die Integrationsfunktion*, die nach seiner Überzeugung die Reproduktion von sozialen Differenzierungen – seien sie distributiver oder produktiver Art – in der nächsten Generation sichern. Der Generationswechsel stellt für jede Gesellschaft ein Problem dar, das Problem nämlich, die Sozialstruktur der Gesellschaft auch für die Zukunft zu sichern. In Gesellschaften mit entwickelten industriellen Strukturen besteht die Tendenz, diese Aufgabe der Reproduktion durch institutionalisierte Rollensysteme zu organisieren; die Reproduktion der Gesellschaft wird dabei zu einem großen Teil aus der Familie herausgenommen und der organisierten Erziehung übertragen, auf Institutionen also, in denen gesellschaftliche Einflüsse direkter und zugleich rationaler wirksam werden können.

Für die Sicherung des Systems sozialer Ungleichheit hat nun die Schule zunehmend an Bedeutung gewonnen, ein Vorgang, der auch von den Eltern weitgehend als verinnerlichte soziale Erwartung akzeptiert wird, wie der Prozeß der „Delegation des Erziehungsauftrags“ (*Kob*) an die Schule sinnfällig verdeutlicht. Dabei kommt den von *Fend* beschriebenen Reproduktionsfunktionen der Schule insofern eine besondere Bedeutung zu, als alle drei Funktionen miteinander interagieren: die formale Sicherung der Produktion von Arbeitsvermögen wirkt in unterschiedlichem Maße, indem sie selektiv für die Ausbildung von Eliten eingesetzt wird und gleichzeitig durch die formale Chancengleichheit und Individuierung von Leistung Widerstandspotential integriert.

Die institutionelle Sicherung der Vermittlung von grundlegenden Fertigkeiten und Fähigkeiten, von der Beherrschung der Sprache bis hin zu spezifischen beruflichen Propädeutika, bezeichnet *Fend* als *Qualifikationsfunktion* der Schule. Die Aktualität dieses Problems zeigt sich besonders in den Versuchen, den Arbeitskräftebedarf wissenschaftlich vorherzusagen und entsprechend die Bildungsprozesse zu steuern, und zwar qualitativ wie quantitativ. Dabei setzt die qualitative Steuerung vor allem bei der Entwicklung von geeigneten Curricula an, in denen Zielangaben, ihre Umsetzung in Lernschritte und -sequenzen und ihre wissenschaftliche Kontrolle durch Evaluation die zentralen Schritte sind (hierzu im einzelnen: *Frey*). Ähnlich problematisch wie die Zuordnung von Inhalten zu mehr oder weniger klar formulierten Kriterien ist der Versuch der quantiativen Steuerung durch sozio-ökonomische Kausalanalysen, in denen die wichtigsten Parameter wie demographische Entwicklung, wirtschaftliche und politische Tendenzen ebenso berücksichtigt werden sollen wie der Wandel von Qualifikationsansprüchen auf dem Hintergrund der technologischen Entwicklung. Entsprechend diskrepant sind die Prognosen des zukünftigen Bildungsbedarfs hinsichtlich Ausmaß und Struktur. Gleichwohl wird versucht, in der Schule Grundqualifikationen zu vermitteln, die auch den Imponderabilien zukünftiger Berufsfelder angemessen sind: Leistungsmotivationen, Flexibilität und Anpassungsbereitschaft, Lerntransfer und Bereitschaft zu ständiger Weiterbildung.

Die Versuche, schulisches Lernen zu optimieren, orientieren sich dabei weniger an dem Bereitstellen von Chancen individueller Förderung durch den Lehrer, sondern an den Differenzierungsmaßnahmen, wie sie insbesondere im Zusammenhang mit der reformierten Oberstufe von Gymnasien und in Gesamtschulversuchen sichtbar werden. Dic Tatsache, daß nur ein bestimmter Prozentsatz der nachwachsenden Generation höhere Schulen und Hochschulen besucht und daß es sich dabei um eine Überrepräsentanz von Kindern handelt, deren Väter einen ähnlichen Bildungsweg absolviert haben, weist auf die *Selektionsfunktion* der Schule hin, von der *Schelsky* bereits 1957 gesagt hatte, sie sei die Verteilerin der grundsätzlichen Lebenschancen. In der bildungspolitischen

Diskussion wurde dieser Zusammenhang mit dem Begriff der Chancengleichheit popularisiert. Die Selbstrekrutierung sozialer Eliten, die *C. Wright Mills* in seiner Analyse der amerikanischen Machtelite beschrieben hat, gilt weitgehend auch für die Bundesrepublik: die Übergangsstruktur hat sich in den letzten Jahren trotz aller Versuche der Öffnung und Durchlässigkeit von Bildungssystemen nur wenig geändert; trotz ihres absoluten Rückgangs konnten die Akademikerkinder ihre Spitzenposition mit einem Anteil von 51 % halten. Während nur 14 % aller Arbeiterkinder zum Gymnasium überwechseln, sind es bei den Akademikerkindern ca. 85 % (Zahlen nach *Fend*, 1974, S. 152). Diese Daten entsprechen der seit Jahren stagnierenden Mobilitätsrate in der BRD, wie es *Kleining* (1971) in einer repräsentativen Erhebung zeigen konnte. In jüngster Zeit erfuhr gerade diese Selektionsfunktion eine dramatische Zuspitzung: Jugendliche, die keinen Hauptschulabschluß und keinen Berufsschulabschluß aufweisen, stellen das Hauptkontingent arbeitsloser Jugendlicher. Selektion in der Schule heißt hier nicht mehr nur die Wahrscheinlichkeit eines schlechter bezahlten und mit niedrigem Prestige versehenen Berufs, sondern virtuelle Berufslosigkeit. Eine solche Zuspitzung sozialer Selektion könnte langfristig zu einer anomischen Situation führen und damit die dritte Funktion der organiserten Bildung, die Integrationsfunktion, schwächen.

Schulische Selektion mit ihren langfristigen und persönlich folgenreichen Auswirkungen orientiert sich an dem Prinzip personaler Leistungsfähigkeit, gemessen an den Schulnoten – in die allerdings, wie an anderer Stelle bereits betont, die soziale Wahrnehmung der Urteilsperson, des Lehrers, eingeht. Insbesondere der selektive Charakter der Schule macht Noten zu einem wichtigen gesellschaftlichen Herrschaftsinstrument, dessen Rationalität seine Legitimität ausmacht. Die Zuweisung zu bestimmten sozialen Positionen mit differentem Prestige und Herrschaftschancen für den einzelnen ist ein Tatbestand, der sich permanent rechtfertigen muß. Diese Rechtfertigungs- und Legitimitätsmuster werden im Rahmen der schulischen Sozialisation von den Schülern zumindest in ihrer Mehrheit verinnerlicht. Dieser Prozeß, der erst bei einer verfremdenden Betrachtung seine Banalität und Selbstverständlichkeit verliert, wird durch eine Reihe von interdependenten Strategien vollzogen:

– sozialer Aufstieg wird durch eine weitgehende Formalisierung entpersönlicht. Gemeinsames Merkmal schulischer Selektionsprozesse ist das Leistungsprinzip, verbunden mit einem Relikt patriarchalischer Herrschaft, dem Fürsorgegedanken des Sozialstaatsprinzips. Die Formalisierung der Reproduktion sozialer Ungleichheit suggeriert eine prinzipielle Gleichheit, die die faktische Ungleichheit legitimiert;
– die bereits in der Familie entwickelte Bereitschaft, Autoritätsrollen zu verinnerlichen, wird in der Schule durch die institutionalisierte Schüler-Lehrer-Interaktion verstärkt. Die Konstituierung solcher Beziehungen suggeriert den Beteiligten das Gefühl, dazu zu gehören, an der Ordnung teilzuhaben; durch die Teilnahme an schulischen Solidaritätsritualen wird eine sukzessive soziale Identität, eine affektive Besetzung der sozialen Rolle entwickelt. Die innere Rechtfertigung sozialer Ungleichheit und ihrer Reproduktion in der Schule wird durch die Integration der Beteiligten gefördert. Integration ist, wie in der politischen Soziologie hinreichend analysiert, ein Moment der Konstituierung von Legitimität: nicht derjenige, der als „underdog" am unteren Ende der Gesellschaft steht, ist ein Problem, sondern der, der sich nicht integrieren läßt, der an der Peripherie der Gesellschaft steht;
– als eine dritte Strategie der Produktion von Legitimitäten ist im Anschluß an *Berger* und *Luckmann* die Vermittlung von „expliziten Legitimationstheorien, die einen institutionalen Ausschnitt anhand eines differenzierten Wissensbestandes rechtfertigen" (1970, S. 101), zu nennen. Dieser Aspekt bezeichnet die inhaltliche Komponente schulischer Lernprozesse: die Tradierung von Ideologien politischer Herrschaft durch die einzelnen Schulfächer, ein Vorgang, der keineswegs auf Sozialkunde oder Geschichtsunterricht beschränkt ist.

Übersicht 5: Reproduktionsfunktionen des Schulsystems

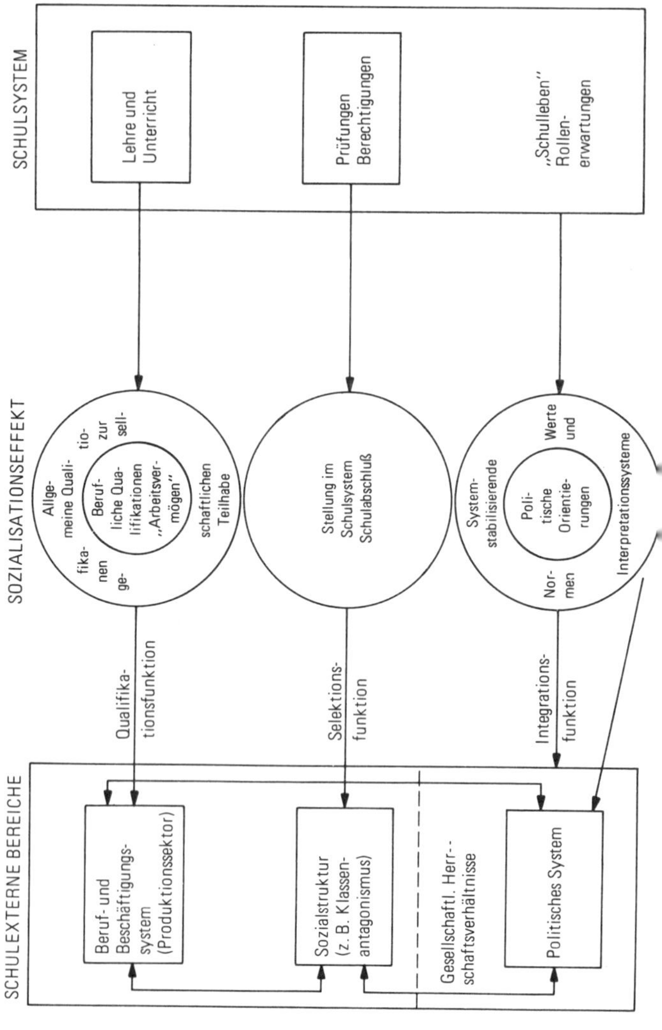

Die Wechselwirkungen der drei Reproduktionsfunktionen wird an dem Schaubild (Übersicht 5: Reproduktionsfunktionen des Schulsystems, in: *Fend*, 1974, S. 67) deutlich: dem Schulsystem sind drei Funktionen zugeordnet, die ihrerseits mit schulexternen Bereichen verknüpft sind und auf die Sozialisationseffekte (1) allgemeine und berufliche Qualifikation, (2) Stellung im Schulsystem und Schulabschluß und (3) Verinnerlichung systemkonformer Orientierungen und Deutungsmuster zielen. Nach der Abbildung von *Fend* werden Lehre und Unterricht mit dem Produktionssektor, Prüfungen und Noten mit der Reproduktion der Sozialstruktur und das Schulleben, d.h. die schulischen Interaktionen, mit dem politischen System in Verbindung gesetzt. Zusätzlich zu der von *Fend* skizzierten Interaktion der drei schulexternen Bereiche sind auch Interdependenzen zwischen politischem System und Lehre und Unterricht, zwischen Rollenerwartungen und Produktionssektor usw. denkbar.

Dies gilt auch unter anderem für die Gegenrichtung der Interaktion: der Steuerung von Lehre und Unterricht durch das politische System oder die Versuche von Verbänden, die Inhalte des Unterrichtens im Sinne produktionskonformer Qualifikationsanforderungen zu beeinflussen.

Die vorhin skizzierten Aspekte und Merkmale schichtenspezifischer Sozialisation finden in der Struktur der Schule und ihrer gesellschaftlichen Funktion eine strukturelle Entsprechung: die historischen und gesellschaftlichen Entwicklungstendenzen bilden sich in ihren einzelnen Reproduktionsagenturen ab, in der Familie ebenso wie in der Schule und den ihr inhärenten Interaktionsstrukturen. Gerade der Aspekt der gesellschaftlich relevanten Reproduktionsfunktionen weist auf die gesellschaftlich gesicherte Kontinuität von Lebensläufen, die in der strukturellen Beziehung zwischen Familie, Schule und Beruf kulminiert. Insofern ist die Vorstellung eines strukturellen Sozialisationskonfliktes zu modifizieren: als Konflikt für bestimmte soziale Gruppen, vor allem derjenigen, die die Selektion in ihrer negativen Ausprägung trifft.

3.3 Strukturelle Beziehungen zwischen Schule und Beruf

Während in den vorhergehenden Abschnitten die Beziehungen von Schichtsystem und Schulsystem behandelt wurden, geht es im folgenden darum, was „nach der Schule" kommt, wie das Schulsystem mit dem Beschäftigungssystem zusammenhängt. Es zeigt sich dabei, daß die Beziehungen wechselseitig sind: die Schule gibt einen bestimmten „Output" an das Beschäftigungssystem ab und wird gleichzeitig von dort her beeinflußt. Dieser Einfluß bezweckt jeweils eine Veränderung der Schule, damit diese ihren „Output" verändere.

Betrachtet man diese Beziehungen unter dem Aspekt der Lebensgeschichte des Einzelnen, stellt sich diese Beziehung als Zusammenhang von sozialer Herkunft, erreichtem Schulabschluß und beruflichem Status dar. Der berufliche Status ist seinerseits zentrale Determinante für den allgemeineren sozialen Status in einem System sozialer Schichtung. Insofern sind die dargestellten Beziehungen auch in einem Kreismodell darstellbar. (Bild 1) Auf

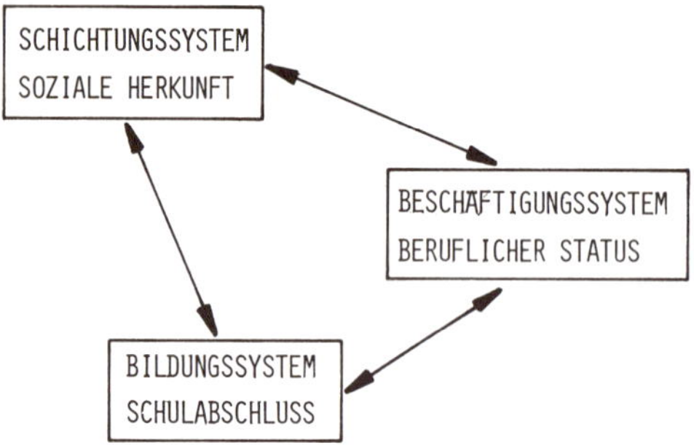

Bild 1

der Ebene individueller Lebensgeschichten betrachtet, sind die von der Elterngeneration erreichten sozialen und beruflichen Positionen der Ausgangspunkt für die nächste Generation. Der Ausgangspunkt der Kinder kann mit dem der Eltern identisch sein, er kann aber im Falle eines sozialen Auf- oder Abstiegs der Elterngeneration davon verschieden sein. Der Zusammenhang zwischen sozialer Herkunft, Schulabschluß und beruflichem Status wird deshalb insbesondere daraufhin untersucht, ob und in welchem Umfang in ihm Mobilität möglich ist oder soziale Stabilität reproduziert wird. *Müller* und *Mayer* (1976, S. 18f.) geben einen Überblick über die in diesem Zusammenhang vorliegenden theoretischen Erklärungsansätze:

„a) Beziehung Bildung – beruflicher Status
- Bildung ist die einzige und ausschließliche Determinante des beruflichen Status (*Schelsky*)
- Bildungserfolg ist das entscheidende Kriterium der Statuszuweisung, aber Einflüsse der Herkunft sind immer noch von Bedeutung (*Oevermann*)
- der Zusammenhang zwischen Schulbildung und Beruf wird zunehmend enger (*Dahrendorf, Floud*)
- Statuschancen werden nur formal im Bildungssystem, faktisch aber auf dem Arbeitsmarkt zugewiesen (*Offe*);

b) Beziehung soziale Herkunft – Bildung
- der Zusammenhang galt nur für die vergangene Klassengesellschaft (*Schelsky*)
- es gibt einen säkularen Trend der Lockerung des Einflusses der sozialen Herkunft auf den Bildungserfolg (*Dahrendorf*)
- die objektive Messung von „Fähigkeiten" und ihre Durchsetzung als Leistungskriterien eröffnen die Chance einer Abschwächung des Zusammenhangs (*Oevermann*)
- meritokratische Reformen verstärken den Zusammenhang zwischen Herkunft und Bildungserfolg (*Marshall, Parsons*)
- die enge Verbindung zwischen Herkunft und Schulbildung besteht fort (*Floud*)

c) Beziehung soziale Herkunft – beruflicher Status
- die Beziehung wird immer enger (*Floud*)
- der Zusammenhang ist nur mäßig und wird vollständig über das Bildungssystem vermittelt (*Jencks*)
- der Zusammenhang wird lockerer (*Dahrendorf*)
- die Familie gibt ihre Statuszuweisungsfunktion an die Schule ab (*Schelsky*)

d) Konsequenzen für berufliche Mobilität und die Ungleichhheit des beruflichen Status

- die berufliche Mobilität nimmt zu (*Floud, Dahrendorf, Schelsky*)
- die berufliche Mobilität nimmt ab (*Marshall*)
- die Ungleichheit zwischen beruflichen Statusgruppen nimmt zu (*Marshall*)
- die Ungleichheit zwischen beruflichen Gruppen nimmt ab (*Floud*)
- die Ungleichheit bleibt unverändert, sie erscheint nur meritokratisch legitimiert (*Oevermann, Parsons*)
- Veränderungen von Bildungsungleichheiten haben kaum Auswirkungen auf Ungleichheiten des beruflichen Status (*Jencks*)."

3.3.1 Allgmeine Beziehungen zwischen Schule und Beruf

Der Zugang zu Berufspositionen ist zunächst einmal abhängig von den in einer Gesellschaft verhandenen Berufspositionen, ihrer Verteilung und Veränderung. Der Wandel in der Berufsstruktur einer Gesellschaft bestimmt die Nachfrage nach Berufen; der Grad dieses Wandels ist eine Bedingung für das Ausmaß von Mobilität innerhalb einer Generation wie auch zwischen Generationen.

Müller und *Mayer* stellen in ihrer Untersuchung fest, daß der Wandel in der Berufsstruktur der Bundesrepublik in den letzten Jahrzehnten einen für moderne Industriegesellschaften typischen Strukturwandel aufweist:

- in der Landwirtschaft nimmt die Zahl der Beschäftigten stark ab;
- geringe Abnahmen zeigen sich bei den Selbständigen;
- die Zahl der ungelernten Arbeiter hat abgenommen, die der angelernten Arbeiter entsprechend zugenommen;
- die Berufe von mittleren und gehobenen Angestellten haben am stärksten zugenommen.

Der größte Teil der in diesem Zeitraum stattgefundenen Mobilität kann auf diesen Strukturwandel zurückgeführt werden. Der Übergang von den einzelnen Berufskreisen in andere entspricht weitgehend der Zu- oder Abnahme der einzelnen Berufskeise. Soweit eine Mobilität vorliegt, die nicht auf Strukturwandlungen zurückzuführen ist, handelt es sich weitgehend um Innenmobilität innerhalb der Berufskreise, also um einen Austausch innerhalb der Gesamtgruppe der Arbeiter, Angestellten und Selbständigen. Für die Intergenerationenmobilität bestehen starke Mobilitätsbarrieren insbesondere zwischen der Arbeitergruppe und den anderen Berufskreisen. Soweit ein Austausch hier vorhanden ist, beschränkt er sich auf den Übergang zwischen beieinander liegenden Gruppen, beispielsweise zwischen Facharbeitern und unteren Angestellten- und Beamtengruppen. Hoch ist die Mobilität innerhalb des „white-collar"-Bereiches der Angestellten und Beamten, während der Übergang von diesem Bereich in den der Arbeiterberufe minimal bleibt.

Auf dem Hintergrund des Wandels der Berufsstruktur und des Zusammenhangs zwischen sozialer Herkunft und erreichtem Berufsstatus kann nun genauer nach dem Einfluß der dazwischen liegenden formalisierten Ausbildung gefragt werden.

Als Variable zwischen dem beruflichen Status des Vaters und dem des Sohnes wird die Ausbildung des Sohnes untersucht. Gemessen werden dabei die indirekten, über das System institutionalisierter Erziehung vermittelten Effekte der sozialen Herkunft. Bezogen auf das Postulat nach Chancengleichheit geht es um die durch Schule entweder veränderte oder verfestigte Chancengleichheit (Bild 2).

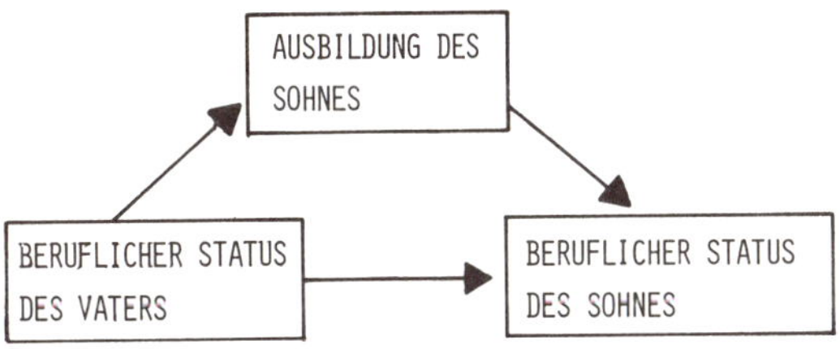

Bild 2

Unter dem Gesichtspunkt der Berufsposition allein stellen *Müller* und *Mayer* folgende Zusammenhänge fest:

– Bei Landwirten und Selbständigen ist die soziale Herkunft allein wichtiger für die Berufsposition der zweiten Generation als die Schulbildung; die Vererbung von Land oder Kapital wirkt sich unmittelbar aus; andererseits ist der Zugang zu solchen Berufspositionen (Landwirt, Selbständige) durch diese Barriere für andere Berufskreise weitgehend verschlossen. Materieller Besitz ist eine wichtigere Determinante als Schulbildung für die Berufsmobilität bzw. Berufsstabilität.

- Auch bei der Reproduktion der Arbeiterschicht ist der Faktor der sozialen Herkunft stärker zu gewichten als der Faktor Schulabschluß. Söhne von Landwirten und Arbeitern werden überproportional Arbeiter; das Schulsystem hebt die Ungleichheit der sozialen Herkunft für diese Gruppe nicht auf.
- Bei den anderen Berufskreisen (Angestellte, Beamte) ist mit steigendem Berufsstatus des Vaters die erreichte Ausbildung eine wirksame Barriere gegen sozialen Abstieg. Für die höheren Berufsgruppen sind die Effekte des Ausbildungssystems wichtiger als für die unteren Gruppen dieser Berufskreise.
- Die Herkunft aus einer Arbeiterfamilie ist sowohl aufgrund der Herkunft als auch der Ausbildung eine Barriere für den Übergang in die anderen Berufskreise. Vor allem aber für den Zugang zu gehobenen oder höheren Berufspositionen sind die Schulabschlüsse von Arbeiterjugendlichen das entscheidende Hindernis.

Insgesamt zeigt sich, daß die durch das Schulsystem hervorgerufene Ungleichheit die gleiche Bedeutung besitzt wie die ausbildungsunabhängige Ungleichheit. Wäre für die Zuordnung zu Berufspositionen nur der Schulabschluß, also die Ausbildungsqualifikation allein entscheidend, wäre die Chancengleichheit in der Generationsfolge größer. Andererseits sind durch Veränderungen des Ausbildungssystems allein die direkten Auswirkungen der sozialen Herkunft auf den Zugang zu Berufspositionen wenig oder nicht veränderbar. Insbesondere für den Übergang zwischen Arbeitern und Nicht-Arbeitern ist die soziale Herkunft als Mobilitätsbarriere zentral. Insofern andererseits das erreichte Ausbildungsniveau allein über den Zugang zu höheren Berufspositionen entscheidet, ist das Schulsystem nicht in der Lage, die Ungleichheit durch soziale Herkunft zu kompensieren.

Um zu einer genaueren Erfassung der Relevanz der Schule im Statuszuweisungsprozeß zu kommen, ist eine differenziertere Analyse der für den erreichten sozialen Status wichtigen Faktoren notwendig. Bringt man die 4 Variablen Ausbildung des Vaters, Beruf des Vaters, Ausbildung des Sohnes und Beruf des Sohnes nach dem Modell einer Pfadanalyse in einen Zusammenhang, ergibt sich folgendes Modell (Bild 3):

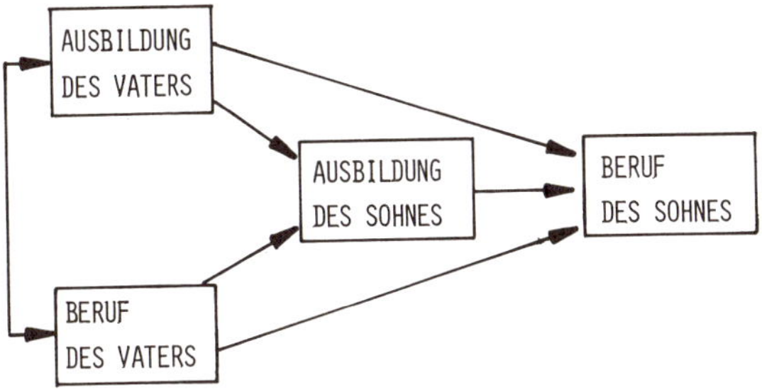

Bild 3

Bei einer Berechnung des Gewichtes der Einflußgrößen – der Bedeutung der einzelnen Pfeile im Modell – ergibt sich: Unabhängig von der sozialen Herkunft entscheidet der Schulabschluß zu über einem Drittel über die Zuweisung zu beruflichen Positionen. Dieser Einfluß des Schulsystems ist gleichzeitig wichtiger als die unmittelbaren und über das Schulsystem vermittelten Einflüsse der sozialen Herkunft, insoweit diese durch Beruf und Ausbildung des Vaters erfaßt sind.

Erweitert man jedoch das Erklärungsmodell, indem die soziale Herkunft nicht nur durch Beruf und Ausbildung, sondern auch durch weitere familienspezifische Bedingungen erfaßt wird, ergeben sich andere Ergebnisse: der unabhängige Einfluß des Schulsystems sinkt unter ein Fünftel ab, während sich das Gewicht der Faktoren, die die soziale Herkunft erfassen, erhöht. *Müller* und *Mayer* (1976, S. 54) schätzen deshalb die Bedeutung des Schulsystems folgendermaßen ein: „Die Rolle des Schulsystems im Statuszuweisungsprozeß besteht damit im wesentlichen darin, die durch familiäre Herkunft gegebenen Voraussetzungen in spezifische Fähigkeiten umzuwandeln, die es ermöglichen, später eine dem Statusniveau nach weitgehend durch die Herkunft schon gesicherte berufliche Stellung zu übernehmen. Im Vergleich zur

Bedeutung der Herkunftsfaktoren ist also der von der Herkunft unabhängige Einfluß des Bildungssystems auf den späteren beruflichen Status gering.

Nach all diesen Befunden spielt bei der Regelung des Zugangs zu beruflichen Positionen das Schulsystem nur in sehr begrenztem Ausmaß eine unabhängige, die Mobilität zwischen den Generationen fördernde Rolle; sind in der Analyse einmal die Bedingungen der Herkunft in ihrer Gesamtheit in Rechnung gestellt, erscheinen Ausbildungsunterschiede kaum noch für Unterschiede im späteren beruflichen Status verantwortlich. Als Institution, die ein Mobilitätskanal in dem Sinne wäre, daß sie Ungleichheiten der Herkunft mit Erfolg entgegenwirkt, kann damit das Bildungssystem nicht betrachtet werden.

Es besteht zwar in der Tat eine hohe Korrelation zwischen erreichtem Bildungsniveau und späterem beruflichen Status. Die Übernahme von statushohen Positionen setzt in der Regel eine entsprechende Ausbildung voraus. Damit ist die Schule also eine wichtige Selektionsinstanz für spätere berufliche Positionen und hat Statuszuweisungsfunktion. Nur ist der Erfolg im Schulsystem selbst in einer so massiven Weise von Bedingungen der familiären Herkunft abhängig, daß dem Schulsystem als solchem nur eine geringe chancenegalisierende Funktion zukommt. Im Gegenteil, das Schulsystem wirkt vielmehr in der Weise, daß über Ausbildung Herkunftsprivilegien auf die nachfolgende Generation übertragen werden.“

3.3.2 *Differenzierung der Schulabschlüsse und Hierarchie der Berufspositionen*

Die Differenzierung des Schulsystems nach Schultypen ist in der Bundesrepublik im dreigliedrigen Schulwesen (Haupt-, Real- und Höhere Schule) institutionalisiert. Die Gesamtschule faßt als neue Schulorganisation diese Schultypen zusammen; die in ihr angebotenen Schulabschlüsse sind jedoch ebenso differenziert wie im dreigliedrigen Schulsystem. Werden innerhalb der Gesamtschule durch schul- und unterrichtsorganisatorische Maßnahmen die Schülerströme innerhalb des Schulsystems auf spezifische Weise gelenkt und teilweise vorschulische Ungleichheiten in begrenztem Umfang kompensiert, so ist die Zuweisung zu Berufspositionen von der schulisch erworbenen Berechtigung auch hier abhängig. Die im dreigliedrigen Schulwesen und der Gesamtschule institutionalisierten Schulabschlüsse sind Berechtigungen für den Zugang zu Berufskreisen, die ihrerseits die Position im System gesellschaftlicher Schichtung bestimmen; Schulabschlüsse plazieren in eine bestimmte soziale Schicht, wobei der Dreiteilung des Schulsystems die Differenzierung der Gesellschaft in Unter-, Mittel- und Oberschicht global entspricht.

Während die allgemeine Differenzierung des Schulsystems auf das System gesellschaftlicher Schichtung und die Organisation von Herrschaft zurückzuführen ist, verweisen die Trennung von allgemeiner und beruflicher Bildung und die Feindifferenzierung von Berechtigungen gleichzeitig auf die Organisation gesellschaftlicher Arbeit. Bezogen auf berufsqualifizierende Abschlüsse ist der Zusammenhang zwischen Berechtigungen, der beruflichen Position und der Stellung in der Hierarchie betrieblicher Organisation besonders eng. *Achtenhagen* (1970, S. 86) stellt diese Beziehungen zwischen Berechtigungswesen und Berufsausbildung folgendermaßen dar:

Berechtigungswesen und Berufsausbildung

Organisationstheoretischer Sachverhalt	Gebräuchliche Terminologie	Berechtigungen
Oberste Instanzen	Oberes Management	Abschlußexamen einer Universität Hochschule; (2.) Staatsexamen; Hochschulreife über Gymnasien, Akademien, Fachschulen, Wirtschaftsoberschulen, Technische Oberschulen, Kollegs.

Organisationstheoretischer Sachverhalt	Gebräuchliche Terminologie	Berechtigungen
Mittlere Instanzen	Mittleres Management (z. B. Ingenieur, grad., Betriebswirt, grad.)	Abschlußexamen einer Akademie (die Fachschulreife kann über den Besuch einer Berufsaufbauschule erworben werden)
Untere Instanzen	Unteres Management z. B. Techniker, Meister	1. Abschlußexamen einer Fachschule 2. Ernennung durch Betrieb nach langjähriger Bewährung zum Teil ist ein Kursbesuch obligatorisch (Meisterprüfung)
Unterste Stellen (fast keine Leistungs-, nur Ausführungsbefugnis)	(Gelernte) Arbeiter/Angestellte	Abschluß der Lehre (Betriebs- und Berufsschule) Abschlußprüfung einer Berufsfachschule
	(Angelernte) Arbeiter/Angestellte	Abschluß eines Anlernverhältnisses (Betrieb und Berufsschule,
	(Ungelernte) Arbeiter	Arbeit im Betrieb bei gleichzeitigem Pflichtbesuch der Berufsschule)

Hinzu kommen je nach Bedarf und mit eingeschränktem Geltungsbereich auf allen Stufen: Sonderkurse und Sonderprüfungen der Betriebe/Verwaltung als Weiterbildung.

3.3.3 Trennung von allgemeiner und beruflicher Bildung

Innerhalb des Systems organisierter Erziehung ist die Orientierung der Lernprozesse auf eine berufliche Tätigkeit in unterschiedlichem Ausmaß institutionalisiert. Im Anschluß an die Sekundarstufe 1, innerhalb derer alle Kinder in allgemeinbildenden Schulen (Haupt-, Real- und Höhere Schule) unterrichtet werden, ergeben sich die entscheidenden Differenzierungen. Während die gymnasiale Bildung den Typ der reinen Allgemeinbildung darstellt, ist die Ausbildung in Betrieb und Berufsschule der Typ der reinen Berufsausbildung. Berufliche und allgemeine Bildung unterscheiden sich in der Begründung und Ableitung der inhaltlichen Lernanforderungen, die sich im einen Fall auf berufliche Tätigkeiten, im anderen Fall auf allgemeine Bildungskonzeptionen konzentrieren. Sie unterscheiden sich zweitens dadurch, daß Berufsbildung in der Regel die abschließende Ausbildungsphase darstellt, während die allgemeine Bildung Voraussetzung zum Zugang zu berufsqualifizierenden Bildungsinstitutionen ist. Berufliche Bildung schließt die gesellschaftlich organisierte Erziehung ab, weist bestimmte Berufspositionen zu; allgemeine Bildung ist eine Zwischenstufe zwischen allgemeiner Erstausbildung und späterer berufsorientierter Ausbildung.

Die Berufsausbildung als betriebliche Lehre mit ergänzendem Berufsschulunterricht bereitet auf die Tätigkeit in spezialisierten, ausführenden Berufen vor. Die allgemeine Bildung bereitet auf die Berufsausbildung für Tätigkeiten in leitenden, mit größerer Selbständigkeit und höherem Sozialprestige ausgestatteten Berufen vor. Ein dritter Unterschied liegt darin, daß berufliche Bildung unmittelbar innerhalb der privatwirtschaftlich organisierten Produktion organisiert wird, während allgemeine Bildung von der Produktion getrennt im öffentlich, staatlich organisierten Schulwesen organisiert ist. Der Anteil der im sogenannten „dualen" Berufsbildungssystem in staatlich kontrollierten Berufsschulen organisierten Erziehung ist weitaus geringer als der Anteil der Ausbildung im Betrieb.

Das Auseinanderfallen von Allgemeinbildung und Berufsausbildung ist Resultat gesellschaftlicher Arbeitsteilung, und zwar in gesell. Arbeitsteilung

der Dimension der Trennung von Kopf- und Handarbeit wie auch in der Dimension sozialer Schichtung und politischer Herrschaft.

In der ersten Phase kapitalistischer Industrialisierung konnte der Rückgriff auf handwerklich Ausgebildete oder unqualifizierte Arbeitskräfte die Bedürfnisse der Produktionsstruktur befriedigen. Im Verlaufe zunehmender Mechanisierung und Verwissenschaftlichung sind zwar solche Qualifikationsvoraussetzungen nach wie vor notwendig, jedoch erfordert die technisch bedingte Struktur des Produktionsprozesses differenzierte Formen der Qualifikation für verschiedene Ebenen ausführender oder vermittelnder Tätigkeitsbereiche. Die Differenzierung des berufsbildenden Ausbildungswesens von der Fachschule bis zur Technischen Hochschule ist die Folge von Differenzierungen in der Produktion und unterschiedlichen Arbeitsplätzen.

Allerdings determinieren die technisch bedingten Fortschritte weder unmittelbar die Struktur der Arbeitsplätze noch die Qualifikationserwartungen, die an das Ausbildungssystem herangetragen werden. Technische und wissenschaftliche Innovationen ergeben sich in einem Rahmen sozialer Bedingungen. In einer privatwirtschaftlich organisierten Gesellschaft gibt das Prinzip der Profitmaximierung, dem die private Wirtschaft unterworfen ist, den sozialen Rahmen ab, innerhalb dessen die Anwendung technischen Wissens und der Einsatz menschlicher Arbeitskraft stattfindet. Die naturwissenschaftlich konstituierten Produktionsinstrumente lassen immer einen Spielraum zur Gestaltung von Arbeitsrollen und der Definition von Qualifikationen. Die durch die private Verfügungsgewalt über Produktionsmittel und die hierarchische Organisation des Betriebs gesetzten sozialen Herrschaftsverhältnisse bestimmen ebenso Arbeitsplatzstruktur und berufliche Qualifikationsanforderungen. Die aus Produktionsverhältnissen resultierende Struktur bedingt die Formulierung von Erwartungen an das Ausbildungssystem, die weit über technisch-funktionale Qualifikationen hinausgehen. Es werden insbesondere diejenigen Einstellungen, Verhaltensroutinen und sozio-kulturellen Orientierungsmuster erwartet, die die betrieblichen Herrschaftsverhältnisse zu sichern in der Lage sind. Die Trennung von Allgemeinbildung und Berufsausbildung ist für diese Anforderungen an das

* zB: Internalisierung v. Autoritätsverhältnissen

Ausbildungssystem in zweifacher Hinsicht funktional: Die betriebliche Ausbildung vermittelt sowohl die technischen Kenntnisse und Fähigkeiten, die zur Übernahme der Positionen der Handarbeit notwendig sind. Gleichzeitig legt die betriebliche Ausbildung das berufliche Erwartungsniveau der betroffenen Lehrlinge auf die unteren und ausführenden Positionen in der Betriebshierarchie fest und vermittelt die sozialen Verhaltensweisen der Unterordnung und Anpassung an die Arbeitsrollen des Betriebs. Indem berufliche Ausbildung und das Lernen in der Berufsschule gleichzeitig auf die Aneignung von technischen Spezialqualifikationen eingeschränkt werden, verhindern sie die Reflexion über die soziale Organisation des Produktionsprozesses. Die Allgemeinbildung vermittelt dagegen kognitive Fähigkeiten und Voraussetzungen, die zur Ausbildung in spezialisierten akademischen Berufen für die Produktion oder leitenden und selbständigen Positionen des Bereiches der Reproduktion und der staatlichen Verwaltung erforderlich sind. Gleichzeitig vermittelt Allgemeinbildung die sozialen Erwartungshaltungen und kulturellen Orientierungsmuster, die zur Übernahme von insgesamt höheren Berufspositionen erforderlich sind. Insofern diese Erwartungshaltungen inhaltlich mit Ansprüchen auf hohes Einkommen, Sozialprestige und disponierende Tätigkeitsfelder gefüllt sind, tragen sie zur Aufrechterhaltung von sozialer Ungleichheit und Herrschaft bei. Anders formuliert: ein Lehrling lernt in der Ausbildung nicht nur die Ausführung bestimmter technischer Arbeitsanweisungen; er lernt auch, daß er die Anweisungen übergeordneter Personen auszuführen und sich diesen Anweisungen unterzuordnen hat. Ein Ingenieur lernt nicht nur die inhaltliche Bewältigung technischer Probleme, sondern auch Anweisungen an untergeordnete Personen zu formulieren und für diese Anweisungen Gehorsam zu erwarten. Aus der Länge seiner Allgemein- und Ausbildung leitet er gleichzeitig Ansprüche auf entsprechendes Einkommen und einen Arbeitsplatz mit Gestaltungsfreiheit ab. Der Erwerb solcher Einstellungen und Rollen ist kein zufälliges Ergebnis von Ausbildungsprozessen. Die hierarchische Differenzierung der Abschlüsse und Berechtigungen im allgemeinen und beruflichen Bildungssystem hat gerade die Funktion, solche Einstellungen zu vermitteln.

In seiner Studie kommt *Baethge* (1975, S. 267) zu einem Ergebnis, das sowohl die Differenz als auch die gemeinsame Funktion von Allgemeinbildung und Berufsbildung festhält: „Das Auseinanderfallen von Allgemeinbildung und Berufsbildung ist keine Sache nur des einen oder des anderen Bildungsbereiches, sondern muß als eine Funktion eines komplexen Reproduktionsprozesses begriffen werden. Die Verkürzung der Allgemeinbildung für die Mehrheit der Jugendlichen auf einen erweiterten Elementarunterricht und die Separierung der unmittelbar anwendungsbezogenen Berufsbildung aus dem Bildungskanon der Allgemeinbildung, die sowohl als Herausfallen der beruflichen Qualifizierungsprozesse aus der staatlichen Bildungspolitik als auch als Aussparen von theoretischer Selbstreflexion der Berufsbildung auf das Allgemeine der in ihr verkörperten Gesellschaftverfassung in Erscheinung tritt, sind nicht allein ökonomisch aus der günstigen Kostenstruktur dieser Ausbildungsform, sondern auch politisch aus der Funktion zu erklären, eine politische Bewußtwerdung der abhängigen Tätigen durch Reflexion auf ihre eigene Arbeitssituation zu verhindern; dies gilt bis in die höchsten Stufen der Berufsausbildung und schließt Naturwissenschaft und Technologie ein. Dem korrespondiert auf der Seite der „höheren" Allgemeinbildung ein unverbindlicher, nur noch normativ deklamatorisch wirkender Bildungsbegriff und eine aus ihrem gesellschaftlichen Zusammenhang herausgelöste formale wissenschaftliche Begriffsbildung, die zunehmend mehr Menschen zu Spezialisten ausbildet, die den sozialen Bezug ihrer Tätigkeit nicht oder nur unzulänglich zu erfassen in der Lage sind. Die diese Verhältnisse fundierende Arbeitsteilung hat sich so weit nach oben verschoben, daß selbst die Reintegration der Wissenschaft in praktische Zusammenhänge vielfach bereits zur Spezialistentätigkeit geworden ist, hinter der sich die praktischen Interessen gleichsam sachnotwendig und unkontrolliert durchsetzen."

Kapitel 4: Identitätsprobleme im Jugendalter

Das Jugendalter als Gegenstand sozialwissenschaftlicher Fragestellungen erfuhr in den letzten Jahren, nicht zuletzt bedingt durch die Ereignisse der Schüler- und Studentenbewegung der ausgehenden sechziger Jahre in der Bundesrepublik, eine Art Renaissance: bald jeden Monat erscheint eine neue Monographie zu diesem Thema, und die Zahl von Aufsätzen, Untersuchungen und Vorschlägen zu spezifischen Jugendthemen ist, wie die Bibliographie des *Deutschen Jugendinstituts* in München zeigt, inzwischen Legion. Die Anlässe und die Aktualität einer solchen Beschäftigung liegen auf der Hand:

- die Jugendlichen sind seit dem Beginn der fünfziger Jahre für ganze Industriezweige zu einer potenten Zielgruppe geworden;
- für Politiker jedweder Couleur waren die Jugendlichen als virtuelle Gefolgschaft schon immer attraktiv;
- die fortschreitenden Versuche einer Planung des Arbeitsmarktes und der damit verbundenen Strategien der Ausbildung von Arbeitsqualifikationen setzen genauere Kenntnisse über die Merkmale, Interessen und Basisqualifikationen von Jugendlichen voraus.

Die Vorstellungen von dem, was unter der Sammelbezeichnung Jugendalter firmiert, sind dabei keineswegs einheitlich. Während der Gesetzgeber die Jugend mit der Vollendung des achtzehnten Lebensjahres enden läßt, war bereits für *Rousseau* eine solche Begrenzung nicht einsehbar: er hielt die Verlängerung der Jugendzeit durchaus für möglich – eine Auffassung, die sich in der Jugendsoziologie weitgehend durchgesetzt hat. Neben der Unschärfe der Altersgrenzen kann nach näherer Überlegung das Jugendalter auch nicht als eine Altersphase angesehen werden, als eine Spanne, in deren Bereich weitgehende Homogenität besteht; es gibt vielmehr die unterschiedlichsten Merkmalsgruppen von Jugendlichen, die von anderen jugendlichen Gruppen genauso weit entfernt sind wie von anderen Altersgruppen – Rocker, christliche Pfadfinder und Gastarbeiterjugendliche unterscheiden sich untereinander ebenso wie von anderen gesellschaftlich relevanten Gruppen. Die Offenheit gegenüber nichtbiologisch determinierten, exogenen gesellschaftlichen Einflüssen besteht bei dieser Altersgruppe wie in anderen, in der Kindheit, im Erwachsenenalter. Insofern ist es sinnvoll, die Entwicklung im Jugendalter im Zusammenhang mit der allgemeinen Sozialisation zu sehen und nicht als eine spezielle Sozialisationstheorie. Bei allen unterschiedlichen Auffassungen über das Jugendalter, seine Bedeutung und altersmäßige Fixierung zeigt sich zumindest eine Gemeinsamkeit: die Betonung einer konfliktträchtigen Übergangszeit, in der krisenhafte Auseinandersetzungen besondere Ausprägungsgrade bekommen. Solche Konflikte, als Pubertätskrisen oder Generationskonflikt popularisiert, sind nur oberflächlich Invarianten einer bestimmten Lebenszeit. Jugend bedeutet in verschiedenen Gesellschaften und zu verschiedenen Zeiten etwas anderes, und jugendspezifische Konflikte müssen im Zusammenhang mit der historisch-gesellschaftlichen Entwicklung gesehen werden. So gibt es die *Jugend als Massenphänomen* erst seit dem Beginn der Industrialisierung und der Veränderung der Familienbeziehungen in Richtung Kleinfamilie.

Weniger divergent als die Jugendlichen als gesellschaftliche Gruppe sind offensichtlich die Einstellungen der Erwachsenen gegenüber den Jugendlichen, die Vorstellungen, wie Jugendliche sein und sich verhalten sollten, die Stereotype, die sich mit dem Jugendalter verbinden. Die Debatte über die Jugend als Teilkultur, als Gesellschaft in der Gesellschaft, drückt in diesem Zusammenhang zumindest einen Konsensus darüber aus, was ein altersgemäßes Verhalten sein sollte – gleichzeitig aber auch die Ängste der Erwachsenen vor einer „Puerisierung“ (so formulierte es der deutsche Soziologe *F. Tenbruck*) der Gesellschaft. Ob solche normativen Erwartungen gegenüber den Jugendlichen einen erfolgreichen Konformitätsdruck ausüben, wie es *Kreutz* (1974, S. 43) annimmt, scheint allerdings fraglich oder sollte zumindest für die einzelnen Merkmalsgruppen Jugendlicher differenziert werden. Der soziale Druck auf Jugendliche – seien es allgemeine Erwartungen über altersgemäßes Verhalten oder hinsichtlich der Berufsvorbereitung – ist sicherlich für Gymnasiasten anders als für Lehrlinge und wiederum anders für Jugendliche, die sich in Subkulturen und Banden vergesellschaften. Betrachtet man die Entwicklung im Jugendalter, so stellt sich auch hier wieder die Frage nach der Kontinuität der Entwicklung, vor allem bei Problemen wie Jugendkriminalität und Bandendelinquenz. Die spezifischen Sozialisationsprozesse im Jugendalter und ihre sozialstrukturelle Einbettung sind im Kontext der Funktionen und Merkmale von Jugendgruppen zu sehen: die Peer group, die Gruppe der Altersgleichen, gewinnt hier den Status einer Sozialisationsbedingung, ähnlich wie vorher die Familie und die Schule, und ist auch mit diesen in einem interdependenten Zusammenhang.

4.1 Jugend als soziologisches Problem

Die erste Schwierigkeit, die Wechselwirkungen zwischen Jugend und Gesellschaft zu analysieren, stellt sich bereits mit dem Versuch ein, das Jugendalter zu definieren. Die Angabe des Alters ist dabei nur eine Hilfe, kein brauchbares, d. h. soziologisch relevantes Definitionskriterium. Die Forderungen, die sich an eine Definition richten, bestehen einmal in ihrer *Operationalisierbarkeit*, d. h. in dem Versuch, formale, äußerliche Kriterien zu finden, die eine hinreichende empirische Trennschärfe gestatten; zum andern in ihrer Abgrenzbarkeit gegenüber anderen sozial relevanten Gruppen. Diesen Anspruch von Operationalisierbarkeit und sozialer Relevanz stellt auch *Neidhardt* (1972, 2. Aufl.) der als Definitionskriterien das Fehlen einer selbständigen, d. h. von der Herkunftsfamilie unabhängigen Erwerbstätigkeit und eine noch nicht konstituierte eigene Zeugungsfamilie bestimmt: "Jugendliche (sind) ... diejenigen, welche mit der Pubertät die biologische Geschlechtsreife erreicht haben, ohne mit Heirat und Berufsfindung (Objektwahl) in den Besitz der allgemeinen Rechte und Pflichten gekommen zu sein, welche die verantwortliche Teilnahme an wesentlichen Grundprozessen der Gesellschaft ermöglichen und erzwingen" (*Neidhardt*, 1972, S. 14).

Das Jugendalter wird damit also negativ definiert: als ein "nicht mehr" und ein "noch nicht". Anders als das Kind, von dem der Jugendliche abgegrenzt wird, hat er die biologische Geschlechtsreife erreicht, anders als der Erwachsene ist er noch nicht verheiratet und übt noch keinen Beruf aus. Diese Definition hat zumindest zwei Nachteile; zum einen ist sie negativ, da sie sich an dem Fehlen eines Merkmals orientiert, zum andern benutzt sie – als Abgrenzung zum Kindesalter – ein nicht-soziales Merkmal, die Geschlechtsreife, die zwar konsequenzenreich, aber vorwiegend physiologisch determiniert ist.

Zudem fallen Heirat und Beginn der Erwerbstätigkeit zeitlich nicht immer zusammen, so daß Verheiratete, die in der Berufsausbildung stehen, als "junge Erwachsene" firmieren. Gleichwohl sind beide Kriterien – Heirat und Berufstätigkeit – von hoher Bedeutsamkeit: sie verweisen auf das Ausmaß an institutioneller Einbettung, auf die Integration in die Gesellschaft, auf positionelle Verfestigung und den Status im System der gesellschaftlichen Ungleichheit. Vor allem die Kategorie Beruf, die in allen gängigen Schichtdefinitionen als Indikator für soziale Differenzierung verwendet wird, erscheint bedeutsam. Allerdings, und darauf wird im folgenden hinzuweisen sein, beginnt die soziale Differenzierung nicht erst mit dem Berufseintritt, sondern liegt schon viel früher: in der Familienerziehung, der Ausbildung in der Schule, in der von sozialen Determinanten beeinflußten Genese karrierefördernder Persönlichkeitsmerkmale. Insofern ist *Neidhardt* zuzustimmen, wenn er als entscheidendes Merkmal den Übergangsstatus des Jugendalters bestimmt, der es von anderen gesellschaftlichen Gruppen abhebt. Die Orientierung am Alterskriterium verliert angesichts dieses Übergangsstadiums an Gewicht:

- der Jugendliche befindet sich nicht mehr in dem Maße in dem Schonraum seiner Herkunftsfamilie, in der dem Kind zumindest tendenziell Affektfreiheit zugebilligt wird. Er ist aber andererseits noch nicht in der Lage, seine Affekte wie der Erwachsene zu kanalisieren;
- der Jugendliche hat sich weitgehend aus der Binnensolidarität der Familie gelöst, verfügt aber noch nicht über die Solidaritäten der eigenen Familie oder seiner Berufsgruppe;
- schließlich haben Jugendliche tendenziell schon die gleichen Bedürfnisse wie Erwachsene hinsichtlich der Realisierung sexueller Wünsche und Konsum, unterliegen aber zahlreichen Restriktionen, ohne über die Gratifikationschancen und Surrogate der

Erwachsenen zu verfügen; sie haben in der Regel keine eigene Wohnung, weniger Geld und eingeschränkte Rechte.

Damit wird das Jugendalter potentiell zu einer Zeit voller Spannung und Widersprüche, die in der Diskrepanz von vorhandenen Bedürfnissen und weitgehend eingeschränkter Handlungskompetenz aktualisierbar sind. Diese Definition des Jugendalters als Übergangszeit ist gleichzeitig im Zusammenhang mit der geschichtlichen Entwicklung von Gesellschaften zu sehen, mit der Entstehung einer Sozialstruktur, die Heirats- und Berufsrechte normativ fixiert. *Neidhardt* weist mit Recht darauf hin, daß Jugend in diesem Sinne ein modernes Phänomen ist und in Gesellschaften, in denen Kinderheirat und Kinderarbeit üblich waren, eine Ausnahmeerscheinung darstellte. Gleichzeitig verlängert sich in industriellen Gesellschaften die Jugendzeit ständig: die Tendenz zu höherer Qualifikation erfordert eine längere Ausbildungszeit und verzögert dadurch den Berufseintritt. Gerade diese ausbildungsspezifische Verlängerung des Jugendalters ist ein Ausdruck der sozialen Differenzierung, der der formalen Betrachtung von der Einheitlichkeit der Jugendphase widerstrebt: die Länge der Ausbildungszeit ist abhängig von den sozialen Bedingungen der Jugendlichen, ist weitgehend schichtspezifisch und ein Antecedens der künftigen sozialen Plazierung.

Jugend kann weder als eigene soziale Schicht noch als eigenständige Phase betrachtet werden, sondern muß im Zusammenhang mit der Reproduktion der Sozialstruktur analysiert werden: als Moment, in dem gesellschaftliche Widersprüche in typischen Identitätskrisen sichtbar werden – in Subkulturen, die trotz privilegierter Herkunft Loyalitäten verweigern, und bei Jugendlichen, die trotz ihrer Deklassierung ein hohes Ausmaß an Konformität aufweisen.

Die Jugend als Paradigma eines gesellschaftsfreien, autonomen Sozialbereichs unterstellte vor allem die Diskussion um die „Teilkultur“ der Jugendlichen, die sich als eine Art von Subkultur von der Erwachsenenwelt abgrenzte – ja, daß bei den Erwachsenen sogar die Tendenz bestehe, sich ihrerseits an jugendspezifischen Normen zu orientieren. Diese Auffassung, die *Tenbruck* (1962) als drohende Puerilisierung der Gesellschaft ausmachte, findet sich besonders in der kulturpessimistisch eingefärbten Diskussion der amerikanischen Jugendsoziologie der fünfziger Jahre, der bereits die Kino- und Tanzstundenkultur der damaligen Zeit als antiintegrationistisch und systembedrohend erschien. *Amendt* setzt diese Diskussion zu Recht mit der Erschließung der Jugend als Markt, als Zielgruppe der Freizeitindustrie, in Beziehung, die in der Tat die Jugend als einheitliche Gruppe potentieller Konsumenten anvisiert:

„Der Beginn der Jugend-Kultur-Diskussion hat in Westdeutschland seine ökonomische Basis mit dem Ende der Wiederaufbauperiode nach dem Zweiten Weltkrieg... Zunehmend wurde zu diesem Zeitpunkt das Familieneinkommen geteilt, so daß Jugendliche, wenn auch in unterschiedlichem Umfang, Löhne und Gehälter aus eigener oder elterlicher Arbeit zum privaten Gebrauch verwenden konnten. Diese Aufteilung des Konsumeinkommens eröffnete den ‚Markt Jugend' für die Absatzinteressen der industriellen Warenproduktion. Mit dem veränderten oder erweiterten Konsumverhalten waren Veränderungen im Verhalten ‚der' Jugend zu beobachten, die zum Gegenstand der soziologischen Forschung wurden" (*Amendt*, 1974, S. 2).

Das Theorem von der *Teilkultur der Jugendlichen* mit ihrer vorgeblichen Homogenität, hier freilich in kulturpessimistischer Wendung, entspricht in der Tat der Eröffnung des Marktes Jugend, einer Zielgruppe für die Werbung, die zugleich fetischisiert wurde als Symbol wirtschaftlicher Prosperität und Leistung bei gleichzeitiger Ablehnung alter Menschen.

Bereits 1964 argumentierte *von Friedeburg* demgegenüber, daß Jugendgruppen lediglich einen scheinbaren Freiraum symbolisieren, daß jugendliche Teilkulturen spezifische Lernbedingungen darstellen, in denen Anpassungsprozesse von Jugendlichen und ihre sukzessive Integration in die Gesellschaft organisiert werden. Die dahinterstehende Auffassung, daß Jugendgruppen Lösungsversuche von Anpassungskonflikten und Identitätskrisen darstellen, hat sich in der weiteren Diskussion und der mit ihr verbundenen empirischen Forschung immer mehr durchgesetzt. Dies gilt auch für jugendliche Subkulturen, in denen abweichende Verhaltensmuster gelernt und praktiziert werden: bei Rockern ebenso wie in der Drogensubkultur, in denen spezifische Lernprozesse und Gruppensolidaritäten entwickelt werden, die zwar nicht wünschenswerte Sozialisationseffekte im Sinne der gesellschaftlichen Integration darstellen, ihrerseits aber einen besonderen Aspekt der Reproduktion der Sozialstruktur ausmachen – die Existenz von Unterprivilegierten und Parias mit ihrer spezifischen Funktion für den jeweils Vorletzten im System gesellschaftlicher Ungleichheit. Hier wird zugleich ein besonderer Aspekt der Vergesellschaftung Jugendlicher manifest: die Kontinuität von Sozialisation auch im Jugendalter und der Jugendliche als „marginal man", als Stigmatisierbarer.

4.2 Sozialisation im Jugendalter

Auf die Bedeutung von altershomogenen Gruppen, von jugendlichen Peer groups für die Lösung von spezifischen Anpassungsproblemen wies bereits *Eisenstadt* hin, der in seiner Theorie des Jugendalters die Existenz von Jugendgruppen als funktionale Notwendigkeit für die Kontinuität gesellschaftlicher Entwicklung ansieht. *Eisenstadt* geht bei seiner Analyse von dem funktionalen Wandel der Familie in universalistischen Gesellschaften aus; die Familie stellt nach seiner Interpretation in industriellen Gesellschaften nicht mehr die Grundeinheit im System der Arbeitsteilung dar, wie dies noch in partikularistischen, nach dem Verwandtschaftssystem organisierten Gesellschaften der Fall war. Zudem konstatiert *Eisenstadt* einen zunehmenden Funktionsverlust der Familie; Aufgaben wie Berufsausbildung werden in leistungsorientierten Gesellschaften von dafür spezialisierten Institutionen übernommen. Innerhalb eines komplexen und in sich funktional differenzierten Sozialsystems entwickelter industrieller Gesellschaften muß nach der Auffassung *Eisenstadts* – und damit folgt er der Analyse von *Parsons* – die Familie eine zunehmende Tendenz zur Abkapselung und zum Partikularismus nehmen, die sie in Widerspruch zu der leistungsorientierten universalistischen Gesellschaft bringt. Integration und Solidarität – die Zauberworte der funktionalistischen amerikanischen Soziologie – könne nun nicht mehr reibungslos von der Familie erbracht, sondern müssen in sekundären Gruppen vorbereitet werden. Hier setzt *Eisenstadts* Interpretation der Peer group ein: eine „übergreifende Solidarität", die für die Tradierung der Sozialstruktur notwendig ist, wird dem Jugendlichen in altershomogenen Gruppen einsozialisiert: im Schulsystem, in der Jugendorganisation und in der informellen Jugendgruppe. Hier findet das statt, was in Anschluß an *Merton* als „antizipatorische Sozialisation" bezeichnet wird: durch Interaktionen in der Peer group werden spezifische Solidaritäten entwickelt, die den Übergang von familialen zu beruflichen Handlungsorientierungen erleichtern; die Identifikation mit instrumentellen Rollenerwartungen wird durch die gemeinsamen Wirklichkeitserfahrungen der Jugendlichen untereinander eingeleitet, indem einerseits eine expressive, jugendspezifische Spontaneität gesichert und andererseits durch Interaktionen innerhalb der Peer group künftige Rollendispositionen verinnerlicht werden. Die Diskussion von Berufsproblemen innerhalb informeller Jugendgruppen und Cliquen ist genauso Bestandteil der Interaktionen wie die Entwicklung eines durch gemeinsame Wirklichkeitserfahrungen konstituierten Wir-Bewußtseins. Die Vergesellschaftung von Jugendlichen untereinander wird für *Eisenstadt* zu einem wichtigen Integrationsmechanismus in entwickelten industriellen Gesellschaften, zu einem Anpassungsinstrument in einer Zeit des Übergangs, der sich einer Kanalisierung durch fixe Institutionen sperrt. Diese Anpassung setzt allerdings nach *Eisenstadt* eine Verbindung mit der Familie und den beruflichen Institutionen voraus; in dem Augenblick, wo sich Jugendgruppen verselbständigen, werden sie potentiell desintegrativ und stabilisieren abweichendes Verhalten.

Wenn auch *Eisenstadt* zwischen den verschiedenen Jugendgruppen schichtspezifische Unterschiede sieht, so dominiert bei ihm dennoch die integrative Funktion einer altershomogenen Gruppe. Die Peer group wird von ihm nicht als ein gesellschaftsfreier Raum gesehen, sondern als Sozialisationsbedingung, in der einige grundlegende Lernprozesse stattfinden. Im folgenden sollen einige psychosoziale Probleme benannt werden, die für die als Übergangsphase beschriebene Jugend offenbar typisch und Bestandteil ihrer Auseinandersetzung mit der Umwelt sind. Eng verbunden mit dem Begriff der Pubertät und Adoleszenz ist die Bedeutung der *Sexualität* im Jugendalter, ein von vielen Autoren als zentral angesehener Konfliktbereich.

Sexualität wird für Jugendliche vor allem ein Problem, wenn mit der Entwicklung der Geschlechtsreife gleichzeitig moralische Gebote internalisiert werden, die einer Realisierung der sexuellen Wünsche entgegenstehen. In solchen Fällen wird Sexualität mit Schuldgefühlen und beträchtlichen psychischen Belastungen verbunden, die für die Persönlichkeitsentwicklung nachteilige Folgen haben. *Ausubel* weist allerdings mit Recht darauf hin, daß sexuelle Frustrationen im Zusammenhang mit der Statusunsicherheit von Jugendlichen insgesamt eine eher untergeordnete Rolle spielen. Dies wird deutlich, wenn man die in den letzten Jahren veränderte Einstellung von Jugendlichen zur Sexualität berücksichtigt, die keineswegs restriktiv im Sinne einer sexualfeindlichen Moral wirksam ist. Für die Bundesrepublik haben insbesondere *Schmidt* und *Sigusch* das Sexualverhalten bzw. die damit korrespondierenden Einstellungen bei Schülern (1973) und Jugendarbeitern (1971) empirisch untersucht. Insgesamt stellten die Autoren eine im Vergleich zu früheren Untersuchungen permissivere Einstellung zur Sexualität fest:

- sexuelle Beziehungen zwischen Jugendlichen werden weitgehend als notwendig angesehen und für beide Geschlechter gleichermaßen akzeptiert; dies gilt auch für den vorehelichen Koitus.
- Koitusabstinenz bei unverheirateten, aber fest befreundeten jungen Leuten wird als Abweichung empfunden;
- nach den Aussagen der befragten 16–17jährigen Jugendlichen sind heterosexuelle Beziehungen und Masturbation im Vergleich zu ihren Altersgleichen vor 10 Jahren um drei bis vier Jahre vorverlegt;
- die Realisierung sexueller Beziehungen wird nicht mehr in der Ehe monopolisiert gesehen.

Allerdings sind diese Tendenzen bei Großstadtjugendlichen nachgewiesen und treffen für ländliche Regionen möglicherweise nicht in dem gleichen Umfang zu. Die Liberalisierung der sexuellen Einstellungen bei westdeutschen Jugendlichen ist andererseits keineswegs mit sexueller Libertinage gleichzusetzen: die von *Schmidt/Sigusch* befragten Jugendlichen stellen eine enge Verbindung von Sexualität und ihren Vorstellungen von Liebe her, Treue zwischen den Partnern wird hoch geschätzt und kann als

Regulativ angesehen werden. Die Autoren konstatieren in ihrem Resumée eine „romantische Liebesideologie" bei den Jugendlichen, die sich letztlich an bürgerlichen Vorstellungen von Ehe und Familie orientieren.

Die Interpretation der Sexualität von Jugendlichen als permanente Konfliktquelle muß in ihrer oft behaupteten Globalität nach diesen Befunden als Spekulation zurückgewiesen werden. Gleichwohl symbolisiert dieser Problembereich den Ablösungsprozeß aus dem Elternhaus, sichtbar in der „Objektwahl", der Suche nach einem Partner. Konfliktuös wird die Sexualität Jugendlicher vor allem dann, wenn sie durch ein rigides Erziehungsverhalten der Eltern kontrolliert und im Vergleich zu ihren Peers eingeschränkt werden. Insofern ist *Baacke* zuzustimmen, wenn er das „Problem der Jugendsexualität" mit den Schwierigkeiten der Erwachsenen mit sich selbst und ihrer eigenen Sexualität verbindet (1976, S. 85). Nicht die Verinnerlichung sexualfeindlicher Wertvorstellungen bei den Jugendlichen selbst, die nach o.a. Befunden kaum vorhanden sind, provozieren einen Konflikt, sondern die Restriktionen der elterlichen Gewalt. Diese Befunde sind Untersuchungsergebnissen in den USA und in England vergleichbar, was auf eine generelle Tendenz in industriellen Gesellschaften verweist: die Zentrierung einer sexualisierten Werbe- und Verkaufspraxis der auf die Jugend spezialisierten Freizeitindustrie thematisiert eine weitgehend entpersönlichte, Ichfremde Sexualität in allen Lebenslagen.

Wird in der offiziellen Erziehung der Schule Sexualität immer noch ausgeklammert oder auf das Fach Sexualkunde abgeschoben (hier allerdings zumeist in der kurzgeschlossenen Verbindung mit Gebären oder Geschlechtskrankheit), so ist sie in den Peer groups eines der wichtigsten Themen. Sexuelle Themen, die Vermittlung von sexuellen Erfahrungen und Aufklärung gehören zu den zentralen Momenten der Kommunikation in der Gruppe der Gleichaltrigen.

Während Vorstellungen über die Geschlechtsrolle, über Sexualität, Konsum- und Freizeitgewohnheiten stark von der Gruppe der Altersgleichen beeinflußt werden, scheint bei der *Berufswahl* der Einfluß der Eltern nach wie vor zu dominieren. Neben den materiellen Voraussetzungen, die eine bestimmte Berufswahl erst realisierbar machen, haben die Eltern eine „strategisch" günstigere Position: sie symbolisieren die herrschende Kultur, die Verläßlichkeit ihrer Informationen wird gerade in diesem Bereich von den Jugendlichen höher eingeschätzt. Die Ablösung vom Elternhaus wird damit eher von Themen symbolisiert, die im direkteren Zusammenhang mit den Gruppenprozessen innerhalb der Jugendgruppe stehen: die gemeinsame Diskussion von Vorbildern und Idolen, die Entwicklung eines Jargons bis hin zu Einstellungen zur Sexualität und in zunehmendem Maße auch Einstellungen politisch-weltanschaulicher Art.

4.2.1 Strukturmerkmale von Peer groups

Der Zusammenschluß von Jugendlichen in informellen Gruppen, den Freundschaftsgruppen und Cliquen, ähnelt in vielerlei Hinsicht den Merkmalen informeller Erwachsenengruppen: die einzelnen Mitglieder haben unterschiedlichen Status und Prestige, sie haben gemeinsame Ziele, Interessen und Gruppenstandards. In einer berühmt gewordenen Untersuchung beschrieb der amerikanische Soziologe *Whyte* 1943 die Strukturmerkmale mehrerer Jugendgruppen, an deren Leben er zwei Jahre lang teilnahm. *Whyte* versuchte dabei, das Vorurteil zu widerlegen, daß die Vergesellschaftung von Jugendlichen in Slumvierteln desorganisiert verlaufe. Im Laufe seiner Untersuchungen konnte *Whyte* zugleich einen engen Zusammenhang zwischen der Lebensweise von „Cornerville" und den Strukturmerkmalen der Jugendgruppen feststellen. Die Sozialstruktur von Cornerville beschrieb *Whyte* als eine eng geknüpfte hierarchische Struktur, in der die Positionen und Verpflichtungen der Einwohner klar definiert waren: für die Bevölkerung gliederte sich Cornerville in die „big people", die Machtelite, und in die kleinen Leute. Zwischen beiden Gruppen gab es Vermittler, die für sie bei den „big shots" ein gutes Wort einlegten. Diese Struktur reproduzierte sich in den „gangs", den jugendlichen Banden: sie stellten strukturierte soziale Systeme dar, in denen das Verhalten der Mitglieder sich an den verbindlichen Standards der Gruppe orientierte. Jedes Gruppenmitglied nahm innerhalb der Gruppenstruktur eine feste soziale Position ein, die sein Verhalten gegenüber den anderen Gruppenmitgliedern festlegte. Die hierarchische Struktur der Gang und ein institutionalisiertes Wert- und Normensystem garantierte die Stabilität der Gruppe. So beschreibt *Whyte* ein gemeinsames Bowlingspiel der Norton-street-gang, in der der beste Bowlingspieler der Gruppe gegen den Anführer unterliegt: der „underdog" darf nicht gegen den Anführer gewinnen, ohne die Stabilität der Gruppenstruktur zu gefährden.

Die Gruppenstruktur der meisten jugendlichen Gangs zeigt ein hierarchisches Muster, dessen Strukturmerkmale folgende Verteilung bestimmt: an der Spitze der Gruppe steht der Anführer, der die Ideen für gemeinsame Unternehmungen hat und für die Verteilung der Güter innerhalb der Gruppe sorgt; im allgemeinen hat der Anführer ein bis zwei Adjutanten, die für die Realisierung der Unternehmungen verantwortlich sind. Dieses System der Machtdelegierung beschrieb bereits *Max Weber* an der Funktion des Großwesirs, der für seinen Sultan eine Art Blitzableiterfunktion innehatte: bei Mißerfolgen konnte die Verantwortung auf den Statthalter abgewälzt werden, und die Legitimität der Führung brauchte nicht in Frage gestellt zu werden, während Erfolge dem Herrscher gutgeschrieben werden konnten. Neben den Mitläufern, der Gefolgschaft, hatten die meisten Gangs noch einen „underdog", der dem jeweils Vorletzten das Selbstwertgefühl sicherte.

Die Struktur jugendlicher Peer groups war in den von *Whyte* beobachteten Gangs sicherlich besonders stark ausgeprägt, zumal in dem von *Whyte* beschriebenen Slumviertel die Gang zusätzlich die Funktion der Ersatzfamilie übernahm, die zwischen dem Jugendlichen und seiner Umwelt vermittelte. Gleichwohl scheint die Tendenz zur Ausbildung einer festen, zumeist hierarchischen Struktur mit verhältnismäßig hohen Konformitätserwartungen auf viele Peer groups zuzutreffen. Die Einhaltung der Gruppennormen und die Entwicklung gruppenspezifischer Standards ist eine wichtige Voraussetzung für den Gruppenzusammenhalt, für die Gruppenkohäsion. Dabei ist der Konformitätsdruck offensichtlich um so höher, je mehr die Gruppe sich nach außen hin abgrenzt, ein Prozeß, der besonders bei Rockergruppen deutlich wird. *Ausubel* erläutert an Hand einschlägiger Untersuchungen die Mechanismen, die den Konformitätsdruck in jugendlichen Peer groups sichern, im einzelnen:

- Konformität wird als eine Voraussetzung für die Aufnahme in die Gruppe angesehen;
- das Bedürfnis, die Mitgliedschaft in der Gruppe zu erhalten, entwickelt sich aufgrund der für das Jugendalter spezifischen Statusunsicherheit besonders; Orientierungssicherheit und Anerkennung durch die Gleichaltrigen werden zu wichtigen Motiven der Verhaltenskonformität;
- mit der Entwicklung einer Gruppensolidarität wächst das Ausmaß an Verinnerlichung der Gruppenstandards, Loyalitäten und Gefühle der Verpflichtung werden im Kontext von Interaktionsprozessen gelernt;
- schließlich sorgen die hierarchische Struktur und explizite Sanktionen neben dem impliziten Gruppendruck für die Konformitätssicherung.

Diese Gruppenbeziehungen und das Bedürfnis nach Anerkennung durch Altersgleiche mit hohem Gruppenprestige können als Determinanten des sozialen Lernens im Jugendalter bezeichnet werden, die die Wertvorstellungen und Wirklichkeitserfahrungen von Jugendlichen beeinflussen. Erst bei der Analyse der Strukturmerkmale von jugendlichen Peer groups wird es plausibel, daß die Einflüsse der Altersgleichen bereichsspezifisch sind und vor allem bei Problemen des Freizeitverhaltens, der Konstitution von Vorbildern und im Konsumverhalten an Wirksamkeit die Einflüsse des Elternhauses übertreffen. Die Gruppe der Gleichaltrigen hat in diesem Zusammenhang auch die Tendenz, bei Jugendlichen in einer altersspezifischen Form bedeutsame Aspekte sozialer Ungleichheit einzusozialisieren: das Lernen der Fähigkeit und Bereitschaft, Autoritätsrollen zu akzeptieren und Motive der Verhaltenskonformität aufzubauen.

4.2.2 Jugendliche Peer groups und Vergesellschaftung

Die Reproduktion der Sozialstruktur in der Generation der Heranwachsenden vollzieht sich in jugendlichen Altersgruppen nicht nur in der sukzessiven Verinnerlichung von Autoritätsrollen, wie sie der Anführer der Gruppe symbolisiert, und in der Entwicklung einer Gruppenkonformität; sie zeigt sich auch in der häufig beobachteten

Homogenität von Jugendgruppen. Im Vergleich zur beruflichen Arbeitsorganisation werden bei Jugendgruppen offensichtlich noch schärfere Grenzen zwischen der sozialen Herkunft gezogen: die Rekrutierung informeller Jugendgruppen orientiert sich dabei deutlich an vorgängigen Wirklichkeitserfahrungen, die Gemeinsamkeit suggerieren. In dieser Hinsicht ist die Selektion der Mitglieder von Jugendgruppen den Faktoren ähnlich, die die Wahl des Ehepartners oder die Freundschaften bei Erwachsenen bestimmen; die vermutete Ähnlichkeit bedeutsamer Merkmale wie sozioökonomischer Status und Intelligenz bestimmen die Auswahl und sind eine Voraussetzung für die Realisierung von Sympathiebeziehungen. In der klassischen Gemeindestudie von *Hollingshead* („Elmtown's youth", 1949) spiegelt sich die Sozialstruktur von Elmtown in den jugendlichen Cliquen: die Freundschaftsgruppen der Jugendlichen sind weitgehend schichthomogen, und in Fällen, in denen Jugendliche aus Sozialschichten mit geringerem Prestige Gruppenmitglied waren, adaptierten diese die Wertvorstellungen der anderen.

Nach den Befunden vor allem der amerikanischen Gemeindestudien und den Untersuchungen über die Einstellungen von Jugendlichen scheinen in der altershomogenen Gruppe, der für das Lernen im Jugendalter bedeutsamen Sozialisationsbedingung, sich in ähnlicher Weise wie in der Familie und in der schulischen Sozialisation kontinuierlich die Merkmale der sozialen Herkunft kumulativ zu verfestigen, die soziale Mitgift der Familie in der Schule und in den Vergesellschaftungsprozessen Jugendlicher in informellen Jugendgruppen und organisierten Jugendclubs wirksam zu werden. Wenn auch im Bereich der Sozialisation im Jugendalter Untersuchungen fehlen, die die verschiedenen sozialen Aggregierungen (Familie, Schule, Altersgruppe) mit den bedeutsamen Aspekten der Sozialstruktur (Status der Eltern, Arbeitswelt des Vaters, Intergenerationenmobilität) systematisch miteinander verbinden, so weisen zumindest die Vielzahl von Einzelbefunden und die wichtigen amerikanischen Gemeindestudien auf solche – theoretisch plausiblen – Zusammenhänge hin. *Die These von einer generellen Statusunsicherheit der Jugend,* bedingt durch eingeschränkte Handlungskompetenz (vor allem hinsichtlich politischer Partizipationsrechte und Verantwortlichkeit im juristischen Sinne) und Unsicherheit der Berufsperspektive, bedarf einer Differenzierung, die sich an den Gliederungsprinzipien der Gesellschaft orientiert. Die Ausbildung von Gruppenstandards und Wertvorstellungen in Peer groups und ihre Interaktionen werden von den gesellschaftlichen Institutionen, die von Erwachsenen kontrolliert werden, beeinflußt und gesteuert, wie die Vermarktung der Hippie-Bewegung in den sechziger Jahren, die sich massiv gegen die bürgerlichen Karrierevorstellungen richtete, deutlich zeigt.

Die generelle Verlängerung der Jugendphase durch die Verlängerung der Ausbildungszeit, durch die Expansion des Bildungswesens, betrifft nicht alle Jugendliche, sondern vor allem die durch ihre Herkunft privilegierten; die Überrepräsentanz von Unterschichtsjugendlichen bei Sonderschulen, bei Hauptschülern wie bei Jugendlichen ohne Hauptschulabschluß, dem traditionellen Potential arbeitsloser Jugendlicher, steht einer Auffassung von der „Entschichtung" der Jugend (vgl. *Kreutz*, 1974) entgegen. Die besondere Problematik der Jugend gewinnt ihre Zuspitzung in der Tatsache, daß in ihr – wie *Neidhardt* (1972) zu Recht feststellt – entscheidende Momente der sozialen Plazierung und Schichtung festzustellen sind. Insofern ist der Hinweis von *Peter Heintz* plausibel: daß die Prolongierung der Jugendzeit durch die Expansion des Bildungswesens auch eine legitimatorische Funktion gegenüber der sozialen Schichtung hat.

Von ähnlicher Problematik wie die These von der Einheitlichkeit bzw. der Homogenität des Jugendalters sind Annahmen über eine schichtspezifische Werthomogenität oder eine Unterklassenkultur, wie sie in der amerikanischen Soziologie von *Miller* vertreten wurde. *Miller* versuchte, anhand einer Analyse der Wertvorstellungen der „Unterklassenkultur" ein Erklärungsmodell für Jugendkriminalität zu entwickeln. Dazu stellte er eine Reihe von nach seiner Ansicht typischen „focal concerns", Handlungsorientierungen, auf, wie „trouble", „taughness" oder „cleverness" (etwa: mißliebige Reibereien, Härte, Gewieftheit), die für Unterschichtsangehörige Paradigmen der Einschätzung ihres Lebenszusammenhanges darstellen. Im Zusammenhang mit dem auch von ihm als prekär beschriebenen Jugendstatus und der Mutterdominanz in Unterschichtsfamilien, die eine erfolgreiche Geschlechtsrollenidentifikation für die Arbeiterjugendlichen erschwert, können diese „focal concerns“ in Jugendkriminalität und Bandendelinquenz münden. Nach dieser Auffassung ist das Wertsystem der Unterschicht potentiell für Jugendliche kriminogen und abweichendes Verhalten schichtspezifisch. Demgegenüber – sieht man einmal von den beträchtlichen Schwächen dieses theoretischen Ansatzes ab – zeigen Dunkelzifferuntersuchungen, daß Jugendkriminalität in allen Sozialschichten vorkommt, wenn auch die Chance der Entdeckung und Strafverfolgung wiederum schichtenspezifisch variiert. Die Annahme einer in sich homogenen Unterschicht und daraus folgernd die isolierte Analyse der Arbeiterjugend verleugnet die Interaktionen zwischen Jugendlichen und den auf sie zentrierten Institutionen, Verbänden und Veto groups. Demgegenüber stehen Ansätze, die die Analyse des Jugendalters als einer krisenhaften Übergangsphase als Mystifizierung kritisieren, als eine für die Analyse von Vergesellschaftungsprozessen sekundäre Frage (hierzu: *Lessing/Liebel*). Der Ausgangspunkt einer solchen Kritik besteht in der Prämisse, daß die Maßgabe von Altersphasen keinesfalls ein relevantes Gliederungsprinzip der Gesellschaft sein kann und zudem den historischen Charakter jedweder gesellschaftlichen Entwicklung ignoriert. Folgerichtig bezweifeln Autoren wie *Liebel* die Kriterien, nach denen sich die soziologische Definition von Jugend bemißt: Heirat und Berufstätigkeit. Nach der Auffassung von *Liebel* ist die Verlängerung der Ausbildungszeit eine Erfindung des entwickelten Kapitalismus, um kapitalkonforme Qualifikationen und Loyalitäten zu produzieren und eine auf Selbstbefreiung zielende Emanzipation zu verhindern. Nach dieser Analyse wird allerdings der soziologische Jugendbegriff obsolet und jugendspezifische Identitätsprobleme auf Schwachstellen kapitalistischer Sozialisationsstrategien reduzierbar.

Zwischen diesen beiden Polen – *der Vorstellung einer autonomen Jugendkultur und der Reduktion jugendspezifischer Konflikte auf den Antagonismus von Lohnarbeit und Kapital* – muß sich offensichtlich die Analyse jugendspezifischer Probleme bewegen; beiden Auffassungen gemein ist eine weitgehende Immunisierung gegen eine empirische Überprüfung, die viele zumindest für die Betroffenen relevante Probleme verleugnet.

4.3 Identitätskrisen im Jugendalter

Die Bestimmung des Jugendalters als einer Zeit des krisenhaften Übergangs führte zu einer Reihe von empirischen Verallgemeinerungen über jugendspezifische Sozialisationsprozesse, die trotz beträchtlicher schichtspezifischer Variationen zumindest tendenziell auftreten und die mit der Prolongierung der Jugendphase, also mit der zeitlichen Verzögerung von Heirat und Berufseintritt zusammenhängen:

- die Tendenz, daß Jugendliche im Vergleich zu anderen Altersgruppen einer strukturellen Statusunsicherheit ausgesetzt und dadurch in besonderem Maße diskriminierbar sind;
- ihre gesellschaftliche Sonderstellung als „marginal man“, als Randfigur mit eingeschränkter Handlungskompetenz;
- die Vergesellschaftung Jugendlicher in altershomogenen Gruppen mit spezifischen Solidaritäten, Werten und Normen; damit verbunden die
- Ablösung aus der Herkunftsfamilie
- und die Entwicklung einer Wertprävalenz (*Kreutz,* 1976), einer spezifischen Sensibilität gegenüber erlebten Diskrepanzen zwischen internalisierten Werten und tatsächlicher Lebensführung.

Die sich aus diesen Tendenzen ergebenden spezifischen Probleme von Jugendlichen sind gleichzeitig Probleme, die mit der Kontinuität des Lebenslaufs des Individuums, mit den kommunikativen und materiellen Bedingungen, unter denen es aufwächst, zusammenhängt. Nimmt man, wie der amerikanische Psychiater *Erikson* (1966; 1970), das *Jugendalter als Zeit der Identitätsbildung und Identitätsdiffusion,* als einer Spannung zwischen Konstituierung und Gefährdung der psychosozialen und beruflichen Identität, dann ist es notwendig, die Bedingungen zu formulieren, unter denen sich Identität stabilisiert bzw. diffundiert. Identitätskrisen werden damit nicht zu einem ubiquitären Problem, das jeden einzelnen Jugendlichen trifft, sondern zu einer Krisenerscheinung, die durch die vorausgegangene Sozialisation bedingt ist. Identitätskrisen sind gleichzeitig nicht auf das Jugendalter beschränkt, sondern treten auch im Erwachsenenalter auf. Hier wird allerdings mit *Erikson* die Auffassung vertreten, daß solche tiefgreifenden Krisen erst mit der Adoleszenz auftreten können, da anzunehmen ist, daß „das Individuum erst in der Adoleszenz, in seinem physiologischen Wachstum, in der geistigen Reifung und in der sozialen Verantwortung die Vorbedingungen entwickelt, um die Krise der Identität zu erleben und zu durchlaufen. Wir können tatsächlich von der Identitätskrise als dem psychosozialen Aspekt des Heranreifens sprechen. Noch auch könnte dieses Stadium durchlebt werden, ohne daß die Identität eine Form gefunden hat, die das spätere Leben entscheidend determiniert" (*Erikson*, 1970, S. 91).

Erikson beschreibt in seiner Analyse der menschlichen Identitätsentwicklung die menschliche Biographie als Lebenszyklus, als „Epigenese" der Identität. Epigenetische Bedingungen sind für ihn die Interaktionen zwischen kulturellen Determinanten, sozialen und gesellschaftlichen Institutionen und die Entwicklung korrespondierender psychischer Strukturen. *Erikson* konstruierte aus seinen Beobachtungen als klinischer Psychologe unter Verwendung psychoanalytischer Kategorien acht aufeinanderfolgende lebenszyklische Phasen, die bei dem Säugling beginnen und beim alten Menschen enden: in der Mitte dieser Entwicklung, die mit der Entstehung eines „Urvertrauens" beim Säugling beginnt und mit der Polarität von Integrität und Verzweiflung beim alten Menschen ihren Abschluß findet, steht bei *Erikson* die lebenszyklische Phase von Identität und ihrer Verwirrung, die er im Jugendalter, in der Adoleszenz lokalisiert. Sozialisationsprozesse werden bei *Erikson* unter dem Gesichtspunkt der Entfaltung der Ich-Identität analysiert – ein Begriff, der in der Philosophie wie in der Soziologie eine Tradition hat und in der Erziehungswissenschaft in zunehmendem Maß als Lernziel, als Kriterium geglückter Sozialisation verwendet wird. Zudem eignet sich dieser Begriff besonders für die Analyse von Lebenskrisen und ihrer Kumulierung in besonders dramatischen Lebensabschnitten, so in der Jugend als der Zeit der Entwicklung von Bezugsgruppen, der Stabilisierung von politischen und moralischen Wertvorstellungen und der im Zusammenhang mit der Berufsfindung bedeutsamen Konstituierung einer Zeitperspektive.

4.3.1 Zum Begriff der Identität

In die neuere soziologische Diskussion wurde der Identitätsbegriff vor allem durch die Rezeption des amerikanischen Sozialpsychologen *George Herbert Mead* eingeführt. *Mead* wies in seiner Analyse menschlicher Sozialisationsprozesse vor allem auf die Fähigkeit des Individuums zum *Perspektivenwechsel* hin: der einzelne lernt bereits als Kind, sich in die Perspektive, die Sichtweise des anderen hineinzuversetzen und spielerisch – das Paradigma ist der Wettkampf – dessen Reaktionen auf das eigene Verhalten zu antizipieren. Geschieht dieser Perspektivenwechsel im Kindesalter noch weitgehend spielerisch-unbewußt, so entwickelt sich im Laufe der Interaktionen mit anderen eine kognitive Struktur, die *Mead* als „taking the role of the generalized other", als Sich-Hineinversetzen in die Perspektive des verallgemeinerten anderen bezeichnet. Jede Interaktion – insbesondere mit bedeutungsvollen Personen, „signifikanten anderen" wie Eltern und wichtige Bezugspersonen – trägt dazu bei, Bedeutungsgehalte und Bezugssysteme innerlich zu etablieren und auf sich selbst zu beziehen. Die „verallgemeinerten anderen" werden im Laufe der Sozialisation zu einer inneren Instanz, zu einem Zusammenhang von Interaktionsbeziehungen, in den der einzelne integriert ist. Die Person entsteht nach dieser Vorstellung im Zusammenspiel mit anderen, als reflektierte Übernahme von Rollen und Erwartungen. *Mead* nennt diesen Aspekt der Person das „me", in dem sich die sozialen Erfahrungen mit den bedeutungsvollen anderen repräsentieren. Neben dem „me" analysiert *Mead* noch einen zweiten Aspekt des Ichs einer Person: die individuelle Fähigkeit, über sich selbst als Person nachdenken zu können, über sich zu reflektieren, bezeichnet *Mead* als das „I". Diese Differenzierung, die es in der englischen Sprache gibt, kennt die deutsche Sprache nicht. Man könnte den Aspekt des „me" als den Teil des Ichs bezeichnen, der die Identifizierung des Individuums mit seiner gesellschaftlichen Umwelt, mit den Erwartungen und Rollen beschreibt, während der andere Aspekt des Ichs, das „I", die Fähigkeit des Individuums beschreibt, sich von seiner sozial definierten Rolle reflektierend zu distanzieren. Der Wechsel von Rollenspiel durch Übernahme der Erwartungen anderer und dem Entwurf eigener

Rollen konstituiert nach *Mead* das Selbst des Menschen, seine Identität. Identität wird als Ergebnis gesellschaftlicher Prozesse gesehen, als eine bestimmte kognitive Struktur, die beide Aspekte des sozialen Handelns innerlich repräsentiert: die Fähigkeit zur sozialen Interaktion bestimmt sich in den Prozessen der Rollenübernahme und ihrer Reflexion.

Mead begriff die menschliche Identität als seine gesellschaftliche Existenz unter einem rein kognitiven Gesichtspunkt; die affektiven und emotiven Komponenten der Identität wie Selbstwertgefühl, Zufriedenheit oder Ängste werden in seiner Analyse nicht berücksichtigt; im Vordergrund steht die Orientierungs- und Handlungsfähigkeit des Individuums. In seiner psychoanalytisch orientierten Analyse der Ich-Identität greift *Erikson* auf das von *Mead* beschriebene Spannungsverhältnis der beiden Aspekte des Ichs zurück und betont dabei die genetische Kontinuität des Wechselspiels einer Repräsentation der Umwelterfahrungen („Objekt-Repräsentation") und der eigenen Person („Selbst-Repräsentation") in der Sozialisation, die er der Wirkung des Ichs zuschreibt: „Keine andere innere Organisation könnte die selektive Akzentuierung bedeutsamer Identifikationen während der Kindheit und die allmähliche Integration von Selbst-Bildern zustande bringen, die schließlich in einem Gefühl der Identität gipfeln. Aus diesem Grunde habe ich zuerst die Identität als ‚Ich-Identität' bezeichnet" (*Erikson,* 1970, S. 217). Nach dieser Vorstellung laufen in der Kindheit Identifikationsprozesse mit bestimmten Personen ab, die jeweilige Vorstellungen von der eigenen Person nach sich ziehen. Diese Vorstellungen von sich selbst, die Selbst-Bilder, werden mit zunehmendem Alter zu einem mehr oder weniger einheitlichen Selbstbild integriert, eine Leistung, die in Anschluß an *Freud* dem Ich zugeschrieben wird. Damit erweitert *Erikson Meads* Begriff der Ich-Identität um die gefühlsmäßigen Komponenten, die erst die Analyse von krisenhaften Erfahrungen möglich macht. Identität konstituiert sich für *Erikson* durch die Widersprüchlichkeit von Umwelterfahrungen und Selbstbild, durch den Wechsel von Krise und Integration. Dieser Begriff von Identität entspricht der Vorstellung, daß das eigene Selbstbild mit den neuen und oft widersprüchlichen Erfahrungen auf dem Hintergrund vergangener Erlebnisse korrigiert wird: der Prozeß der Identitätsfindung ist danach nicht ein einmaliger Vorgang, sondern eine Leistung, die von dem Ich, von der Person ständig wieder erbracht werden muß. Ein Jugendlicher, der in seiner Peer group einen hohen Status innehat und in seinen Interaktionen mit den anderen Gruppenmitgliedern ein bestimmtes Selbstbild entwickelte, wird aller Wahrscheinlichkeit mit anderen, weniger befriedigenden Normen und Handlungen konfrontiert werden, wenn er in einem Betrieb als Lehrling anfängt. Der Wechsel von zum Teil konträren Bezugsgruppen mit völlig unterschiedlichen Handlungssystemen ist ein Merkmal, das vor allem während des Jugendalters bestimmend ist. In diesem Zusammenhang spricht *Erikson* von Identitätsdiffussion, später von Identitätsverwirrung: die Aufspaltung in verschiedene Selbstbilder – das Selbstbild des Jugendlichen in seiner Familie, im Zusammenhang mit seiner Jugendgruppe, als Schüler oder als Lehrling. Die Integration dieser oft unterschiedlichen Vorstellungen dessen, was er selbst ist, wie er in Übereinstimmung mit sich selbst handeln kann, erfordert einen ständigen Perspektivenwechsel und die permanente Bereitschaft der Korrektur der Vorstellung von sich selbst. *Ich-Identität ist somit ein Balanceakt zwischen den aus der eigenen Biographie gewonnenen Erfahrungen und Präferenzen und der Konfrontation neuer Anforderungen der sozialen Umwelt.*

Während *Erikson* diesen Balanceakt vorwiegend auf die Jugend bezieht und eine zunehmende Stabilisierung der Integrationskraft des Ichs annimmt, betont *Goffman* die Notwendigkeit, Ich-Identität in jeder Interaktionssituation neu leisten zu müssen. Ich-Identität wird von *Goffman* (1967) als der Balanceakt zwischen personaler und sozialer Identität definiert, als Gleichgewicht zwischen dem Gefühl der Einzigartigkeit und der sozialen Existenz, der Identität mit seiner sozialen Rolle. Die Herstellung dieses Gleichgewichts ist eine Aufgabe, die ständig geleistet werden muß und von den Bedingungen des sozialen Handelns – von der Situation, den institutionellen Bedingungen etc. – abhängt. Die Realisierung von Ich-Identität hat bei *Erikson* wie bei *Goffman* den Charakter eines Kompromisses zwischen der Vorstellung von sich selbst, der eigenen Werthierarchie, und den Rollenanforderungen der sozialen Umwelt. Die spezifische Schwierigkeit besteht darin, auch divergente Wirklichkeitserfahrungen in das eigene Ich zu integrieren und diese weder zu ignorieren noch umzudeuten, ohne gleichzeitig das eigene Selbstwertgefühl, das Gefühl von Echtheit und Kongruenz aufgeben zu müssen.

Ich-Identität hat damit zwei Momente: zum einen ist sie gesellschaftlich determiniert; die Definitionen anderer Menschen von einem selbst, ihre Anteilnahme und Zumutungen bestimmen die Auffassungen von sich selbst. Das Bild, das ein Jugendlicher von sich hat, setzt sich aus den Images von Individualität, aus zugeschriebenen Eigenschaften und Urteilen und deren Wahrnehmung zusammen: die Idole und Vorbilder, die in der Jugendgruppe zur Diskussion stehen, die Kriterien, die den Status in der Gruppe bestimmen und die Wertvorstellungen, nach denen das eigene Verhalten bemessen wird. Zum andern ist „Ich-Identität zuallererst eine subjektive und reflexive Angelegenheit, die notwendig von dem Individuum empfunden werden muß, dessen Identität zur Diskussion steht" (*Goffman*, 1967, S. 132). Der Jugendliche denkt über sein eigenes Handeln, über seine Bedeutung in der Gruppe nach, grenzt sich von anderen ab und bewertet die anderen und sich selbst auf dem Hintergrund seiner lebensgeschichtlichen Erfahrungen.

Das zentrale Problem der Ich-Identität ist damit das *Verhältnis des einzelnen zu seiner eigenen Person im Zusammenhang mit seiner Lebensgeschichte und der sozialen Rolle.* Dieses Problem wurde in der letzten Zeit vor allem im Zusammenhang mit der Kritik an der funktionalistischen Rollentheorie diskutiert (*Krappmann*, 1971; *Habermas*, 1973). Rollen werden nicht – wie es beispielsweise *Parsons* unterstellte – mit den Bedürfnissen und Interessen des Individuums gleichgesetzt, sondern unter Aspekten betrachtet, die rollenkonformes Verhalten problematisieren:

– individuelle Bedürfnisse und Einstellungen können mit den Rollenerwartungen im Konflikt stehen, so daß Konformität nur unter der Bedingung von Repression herstellbar ist;
– Rollen werden, vor allem im Hinblick auf ihre subjektive Deutung, zwar internalisiert, aber auch reflektiert; gerade die Distanz zur Rolle ist für *Goffman* ein Indiz autonomen Rollenhandelns und der Ich-Identität;
– Rollen sind zumeist mehrdeutig und, bezogen auf die konkrete

Interaktionssituation, interpretationsbedürftig – ein Aspekt, auf den besonders *Turner* hinweist, wenn er neben dem Rollenspiel den Entwurf neuer Rolleninterpretationen (role taking versus role making) betont.

Die Entwicklung der Ich-Identität setzt genau diese Flexibilität des Rollenspiels voraus: die flexible Anwendung von Rollennormen durch ihre Interpretation und die Chance des einzelnen, sich selbst in der sozialen Situation zu repräsentieren. Zugleich wird daran deutlich, daß die Realisierung von Ich-Identität von den Bedingungen abhängt, die für den einzelnen die soziale Situation strukturieren; das Ausmaß an Verhaltenskontrolle, Einengung des Interpretationsspielraumes und geforderte Passivität des sozial Handelnden restringieren die Möglichkeiten von Rollendistanz und Repräsentation der eigenen Bedürfnisse.

Die Diskussion des Begriffes der Ich-Identität zeigt, daß die Herstellung von Ich-Identität ein Prozeß ist, der von dem einzelnen Qualifikationen verlangt, deren Voraussetzungen bereits in seiner Kindheit, in der familialen Sozialisation beginnen: seine Fähigkeit, inkonsistente, mehrdeutige Situationen auszuhalten, die Handlungskonsequenzen auf sich selbst zu beziehen und auch verinnerlichte Rollen flexibel anwenden zu können.

Das Spannungsverhältnis zwischen Interpretationsspielraum und Restriktivität von Situationen scheint im Jugendalter besonders dramatisch; zum einen besteht für den Jugendlichen im Rahmen seiner Altersgruppen ein relativ großer Spielraum, spezifische Bedürfnisse zu realisieren und sich selbst zu repräsentieren, vor allem im Hinblick auf die Möglichkeit, eigene Handlungsentwürfe und Originalität darzustellen. Zum andern ist die Situation des Jugendlichen durch seine Einbettung in Organisationen gekennzeichnet, die eine relativ starke Verhaltenskontrolle signalisieren: in der Schule wie in der Berufsausbildung werden von ihm vorwiegend *rezeptive* Leistungen gefordert; die Akkumulation von Wissen und Fertigkeiten in formalisierten Lernprozessen, die eine Distanzierung bzw. eine angemessene Selbstrepräsentation in hohem Maße einschränken. *Kreutz* (1974) bezeichnet gerade diese Spezialisierung auf rezeptive Rollen als ein wesentliches Merkmal des Jugendalters und betont, daß die Ablehnung dieser Rolle (d.h. der Abbruch der Ausbildung) zugleich mit einem langfristigen Statusverlust als Erwachsener verbunden ist.

Jugendliche werden, vergleicht man ihre Handlungsspielräume in der informellen Jugendgruppe und in den Ausbildungsinstitutionen, unterschiedlich behandelt. Die Abhängigkeit von unterschiedlichsten Situationen mit zum Teil konträren Verhaltensanforderungen zwingen sie gleichzeitig, ihre Orientierungen im Hinblick auf die verschiedenen Situationen zu verändern, umzuschalten und ihr Selbst auf die wechselnden Rollenidentitäten einzustellen. Die Statusunsicherheit von Jugendlichen, bedingt durch die Variabilität von Anforderungen, und die Identifikation mit den unterschiedlichsten Bezugspersonen haben in der von *Erikson* beschriebenen Identitätsverwirrung ihr psychisches Äquivalent. Die Wahrscheinlichkeit von Identitätskrisen, die nicht in eine Stärkung der Ich-Identität nach dem Mechanismus von Ichstärkung durch erfolgreiche Krisenbewältigung („ego growth through crisis resolution") münden, ist vor allem bei den Jugendlichen hoch, die bereits in der familialen Sozialisation Bedingungen ausgesetzt waren, die einer Ausbildung der Grundqualifikationen des Rollenhandelns (Frustrationstoleranz, Rollenambiguität und Empathie) im Wege stehen. Die Bewältigung von Identitätskrisen im Jugendalter und damit die Konstitution von Ich-Identität steht im Zusammenhang mit der Kontinuität der Entwicklung. Dieser Zusammenhang soll im folgenden an der Entstehung von deviantem Verhalten, der Jugendkriminalität, deutlich gemacht werden.

4.3.2 Abweichende Karrieren im Jugendalter

Der Begriff des „abweichenden Verhaltens" oder der Devianz ist auch in der Soziologie ein schillernder Begriff: gefragt werden muß nach der Abweichung wovon, Abweichung in welcher Intensität und Häufigkeit, mit welcher Absicht u. a. m. Eine Abweichung kann theoretisch jede minimale Verletzung einer Norm sein, allerdings wäre derjenige, der dies nie tun würde, ebenfalls abweichend, da dieses Phänomen ubiquitär zu sein scheint. Bereits *Durkheim* problematisierte dieses Phänomen in seiner Abhandlung über die „Regeln der Unterscheidung des Normalen und des Pathologischen", und *Goffman* subsumiert unter diesem Tatbestand alle Menschen, die gemeinhin unter dem Verdacht der Ablehnung der sozialen Ordnung stehen: „Prostituierte, Rauschgiftsüchtige, Delinquenten, Kriminelle, Jazzmusiker, Bohemiens, Zigeuner, Kirmesarbeiter, Rumtreiber, Wermutbrüder, Showleute, Homosexuelle und das städtische Lumpenproletariat – all diese würden eingeschlossen sein" (*Goffman*, 1967, S. 176). Abweichung ist schließlich eine Frage des Standortes, des Bezugssystems des einzelnen; so betont *Becker* in seiner Abhandlung über Außenseiter (1973), daß einer, der von den anderen als Regelverletzer, als Außenseiter abgestempelt wird, weil er sich offensichtlich nicht den Gruppenstandards anpaßt, seine Richter ebenfalls als Außenseiter empfinden kann. Abweichendes Verhalten wird in der soziologischen Literatur (*Dreitzel,* 1972, S. 60 ff.) in folgenden Versionen definiert:

- als Orientierung an einem statistischen Begriff des Normalen, wobei allerdings quantitative Aussagen nichts über die Art der Abweichung und die Motive abweichenden Verhaltens aussagen;
- abweichendes Verhalten als psychopathologisches Verhalten, als Merkmal einer gestörten Persönlichkeit; hier wird allerdings die Entstehung solcher Merkmale nicht im Zusammenhang mit sozialstrukturellen Bedingungen untersucht, die dafür zumindest teilweise verursachend wirken;
- als abweichendes Verhalten wird ein systemwidriges, störendes, „dysfunktionales" Verhalten bezeichnet, das analog zum Krankheitsbegriff im Kontext der funktionalistischen Systemtheorie von einem sich selbst regulierenden, gleichgewichtigen sozialen System interpretiert wird;
- schließlich wird Devianz auf die in einer Gruppe dominierenden Normen und Rollen bezogen und bezeichnet deren Verletzung; da empirisch in den meisten sozialen Aggregaten keine homogene normative Struktur existiert, muß zusätzlich nach den verschiedenen Untergruppierungen und Subsystemen differenziert werden.

Die Definition von Devianz ist aufgrund der Relativität sozialer Normen problematisch und verlangt zugleich die Analyse des Definitionsprozesses selbst: die unterschiedlichen Fraktionen und Gruppen, die die Gruppenstandards bestimmen, der unterschwellige Konsensus darüber, was noch nicht und was bereits als Abweichung gilt u. a. m. Dies gilt vor allem für Fälle, in denen die Konformität mit den Standards der Gruppe für andere Gruppen als Abweichung gilt, ein Problem, das besonders für Bandendelinquenz und für subkulturelle Standards gilt, etwa bei Rockergruppen.

Abweichendes Verhalten bei Jugendlichen wird in der Öffentlichkeit besonders angstbesetzt aufgenommen; als ein Versagen der Gesellschaft oder als Schwäche der Sanktionsgeltung (Polizei, Gerichte, permissive Erziehung) wird es zum Argument autoritärer Staatsgesinnung. Die hier vertretene Auffassung von Devianz soll folgende Aspekte und ihre Wechselwirkungen berücksichtigen:

- abweichendes Verhalten soll als Verstoß gegen von anderen Menschen aufgestellte Regeln bezeichnet werden;
- es soll danach gefragt werden, welche Merkmale der Abweichende aufweist und wie diese im Zusammenhang mit seiner Biographie entstanden sind;
- abweichendes Verhalten soll gleichzeitig als ein von anderen Menschen als abweichend etikettiertes Verhalten angesehen werden.

Dieser Auffassung liegt die Annahme zugrunde, daß die Aufstellung von Regeln zugleich auch eine soziale Differenzierung beabsichtigt, ein gesellschaftliches Oben und Unten, und daß „gesellschaftliche Gruppen abweichendes Verhalten dadurch schaffen, daß sie Regeln aufstellen, deren Verletzung abweichendes Verhalten konstituiert" (*Becker*, 1973, S. 8). In die Analyse abweichenden Verhaltens sollen damit – neben den Entstehungsbedingungen von Devianz – auch die Wechselwirkungen von außerfamilialen Instanzen (Fürsorge, Jugendamt, Jugendgefängnis u. a.) und abweichendem Verhalten von Jugendlichen einbezogen werden. Beide Aspekte lassen sich begrifflich als primäre und sekundäre Devianz bezeichnen: die *primäre* Devianz beinhaltet die Elemente der Soziallage, die sozialstrukturellen Bedingungen von Jugendkriminalität und die familiale Sozialisation im Zusammenhang mit ihren Sozialisationseffekten, die für deviantes Verhalten konstitutiv sind. Hierhin gehört auch die Frage nach den Prozessen, die die Ausbildung der Grundqualifikationen des Rollenhandelns einschränken und zu einer

Schwächung der Ich-Identität führen. Die *sekundäre* Devianz bezeichnet demgegenüber die gesellschaftlichen Reaktionen auf beispielsweise den als kriminell beurteilten Jugendlichen, die Prozesse der Stigmatisierung und das Verhalten des Stigmatisierten. Dabei wurde häufig eine Verfestigung des als abweichend etikettierten Verhaltens durch die Reaktionen der Erziehungs- und Resozialisierungsinstanzen beobachtet, die den Begriff der sekundären Devianz nahelegen.

Den Zusammenhang zwischen beiden Aspekten der Devianz erläutert das folgende Schaubild (*von Wolffersdorff-Ehlert*, 1976, S. 62):

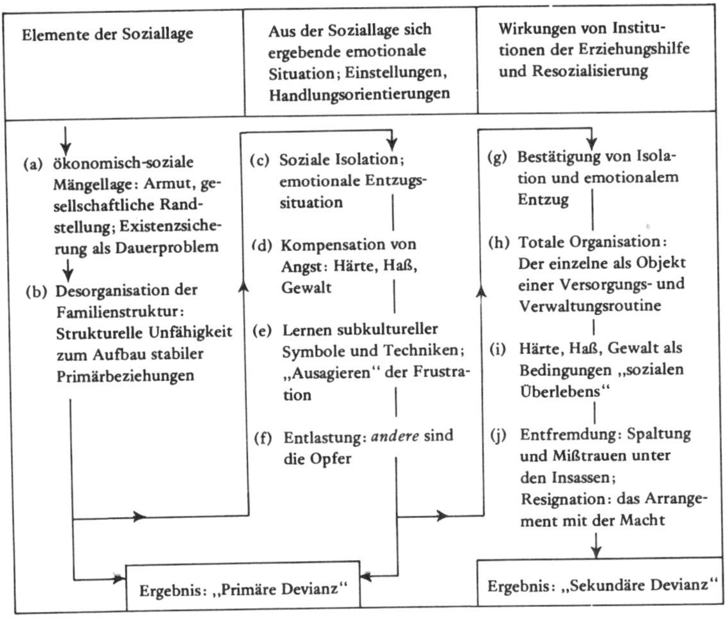

Der Zusammenhang zwischen Familie und Jugendkriminalität wurde in einer Vielzahl von empirischen Untersuchungen verifiziert, wobei das Schwergewicht einmal auf der Art der familialen Kommunikation, ein andermal auf der Unvollständigkeit von Familien

(„broken home“) lag. Inkonsistenter Erziehungsstil der Eltern, restriktive und nur in geringem Umfang liebesorientierte Verhaltensformen gegenüber den Kindern, größere Kinderzahl und höheres Ausmaß an Unverträglichkeit zwischen den Ehepartnern unterscheiden nach den Untersuchungen des Ehepaares *Glueck* (1950; 1962) die Familien von delinquenten Jugendlichen gegenüber nichtdelinquenten. Die Auswirkungen solcher familialer Kommunikationsformen wurden weiter oben (drittes Kapitel) bereits angedeutet; ihnen korrespondieren, zumindest tendenziell, symbiotische Beziehungen zwischen einem Elternteil und den Kindern, rigide Trennung von Geschlechtsrollen und geringe Frustrationstoleranz hinsichtlich der Bereitschaft, mehrdeutige oder widersprüchliche Situationen verarbeiten zu können. So vertritt *Habermas* (1973) die Auffassung, daß der Aufbau von Motivationen und die Formen der Kommunikation zwei Aspekte desselben Zusammenhangs darstellen. Danach würden die Merkmale familialer Kommunikation, wie sie von den *Gluecks* in den Familien von delinquenten Jugendlichen nachgewiesen wurden, die motivationalen Grundlagen für den Aufbau einer planvollen Zukunftsorientierung, der Fähigkeit zum Perspektiven- und Rollenwechsel und einer flexiblen Verinnerlichung sozialer Normen, die gleichzeitig auch eine Rollendistanz ermöglicht, beeinträchtigen. Die Sozialisationsdefizite von Kindern aus Familien, die die oben beschriebene Kommunikationsstruktur aufweisen, legen Probleme der Selbstdarstellung und den ständigen Wechsel von zwanghafter Verhaltenskonformität und Abwehr widersprüchlicher Erfahrungen und Konflikte nahe. Die Verhaltensformen und Wertvorstellungen von delinquenten Jugendlichen wurden im Zusammenhang mit der Bandendelinquenz vor allem von den amerikanischen Soziologen *Short* und *Strodtbeck* (1965) untersucht. Die Autoren machten für das aggressive Verhalten der Jugendlichen vor allem die durch die familiale Sozialisation bedingte Unfähigkeit verantwortlich, ein stabiles positives Selbstbild aufzubauen und soziale Rollen flexibel anzuwenden. Zugleich betonen die Autoren die Verstärkung der familienspezifischen Defizite durch Schulversagen und die Verstärkung der „social disability“ durch die Peer group, die Bande: hier verfestigt sich das abweichende Verhalten, indem es zum Symbol gemeinsamer Wirklichkeitserfahrungen und Solidaritäten wird – ein

Prozeß, der auch bei Rockern ähnlich vor sich geht: die Gewalthandlung wird zum Solidaritätsakt, zur Abgrenzung einer als bedrohlich empfundenen Außenwelt, der Normbruch wird in der Gruppe Merkmal einer abweichenden Identität. So beschreibt *Jansyn* (1966), daß in dem Augenblick, wo die Gruppensolidarität einen Tiefpunkt erreicht hat, die Tendenz zu delinquenten Gruppenreaktionen besteht, um Interesse zu wecken, Mitglieder zu werben und die Solidarität zu verstärken. Delinquenz hat nach diesen Beobachtungen keineswegs den Charakter von Verhaltensregelmäßigkeiten, sondern ist eher episodisch, eine Markierung des Wir-Bewußtseins der Gruppe, der Abgrenzung nach außen und Reaktion auf Statusbedrohung oder Initiationsritus für Neuankömmlinge.

In den meisten Untersuchungen werden als soziale Bedingungen von Jugendkriminalität die Schichtzugehörigkeit und materielle Not angegeben; Jugenddelinquenz wird als weitgehend schichtspezifisch und auf bestimmte, deklassierte Wohngebiete zentriert beschrieben. *Moser* (1972) spricht in seiner Monographie über Jugendkriminalität von „potentiell kriminogenen Sozialisationsbelastungen der Unterschicht". Angesichts der weiter oben (drittes Kapitel) kritisierten methodischen Mängel von zahlreichen, den Zusammenhang von Sozialstruktur, Erziehungsverhalten und Sozialisationseffekten thematisierenden Untersuchungen sollten Aussagen dieser Art vorsichtiger und differenzierter vorgenommen werden, vor allem hinsichtlich der *Art* der Delinquenz: so ist anzunehmen, daß Gewaltdelinquenz und die „white-collar"-Kriminalität bei Jugendlichen schichtenspezifisch variieren. Gleichzeitig ist zu berücksichtigen, daß durch das höhere Ausmaß an sozialer Kontrolle in deklassierten Wohngegenden durch Jugendamt und Polizeistreifen die Verhaltenskontrolle höher ist als bei Mittelschichtsjugendlichen, die ihrerseits eine höhere Chance haben, unter die Dunkelziffer zu fallen, unentdeckt zu bleiben oder daß auf Strafverfolgung verzichtet wird.

Die Schwächung der Ich-Identität als eine Bedingung von Jugendkriminalität kann auch zugleich als Folgeerscheinung von Delinquenz angesehen werden; die Abwehr einer angstbesetzten Umwelt wird durch die Reaktionen der Umwelt auf den jugendlichen Rechtsbrecher bekräftigt – ein Prozeß, der im Anschluß an *Goffman* als *Stigmatisierung* bezeichnet wird. Unter einem Stigma versteht

Goffman eine Eigenschaft, die einem Individuum von anderen zugeschrieben wird und die zutiefst diskreditierend ist. Das Stigma beschädigt die soziale Identität des einzelnen und hat den „Effekt, dieses Individuum von der Gesellschaft und von sich selbst zu trennen, so daß es dasteht als eine diskreditierte Person angesichts einer sie nicht akzeptierenden Welt" (*Goffman,* 1967, S. 30). Der Jugendliche, der aufgrund einer Straftat polizeilich und gerichtlich erfaßt wurde, ist nach dieser Interpretation stigmatisiert. *Brusten* konnte in einer Analyse von Jugendamtsakten zeigen, wie im Zusammenspiel von Jugendamt, Polizei und Gerichten eine Akte des jugendlichen Delinquenten gleichsam anschwillt. Der Prozeß der Stigmatisierung eines einmal erfaßten Jugendlichen weist dabei typische Merkmale auf: die Urteile von Schulen, Fürsorgebeamten, Heimen und Gutachtern werden als Tatsache gewertet; instanzenspezifische Interessen stehen im Vordergrund; Definitionsinhalte werden gegenseitig angepaßt; die „kriminelle Energie" wird durch die Aktenführung potenziert (*Brusten,* 1973, S. 101 ff.). Auf diese Weise wird aus dem delinquenten Jugendlichen ein Fall, ein Überführter, ein potentiell Rückfälliger, gegen den sich die Gesellschaft zu schützen sucht. So entsteht ein Wechselspiel zwischen dem Stigmatisierten und den Instanzen der sozialen Kontrolle: durch den Prozeß der Zuschreibung von delinquentem Verhalten wird der Jugendliche zu neuem delinquenten Verhalten provoziert, die bereits ausgebildete „beschädigte" Identität verfestigt sich.

Die Prozesse der Verfestigung abweichenden Verhaltens, einer abweichenden Identität werden vor allem dann dramatisch, wenn delinquente Jugendliche in geschlossenen Anstalten – Fürsorgeanstalten, Jugendstrafvollzug – zur Resozialisierung eingewiesen werden. *Goffman* (1973, S. 17 ff.) beschreibt die Merkmale solcher *totalen* Institutionen folgendermaßen:

– alle Aktivitäten der Insassen finden im Rahmen derselben Institution statt;
– die Insassen teilen alle Aktivitäten mit den anderen Insassen, Aktivitäten, die weitgehend identisch sind und die gleiche Behandlung durch das Kontrollpersonal erfahren;
– der Arbeitstag ist völlig durchgeplant und wird von dem Personal nach bürokratischen Richtlinien kontrolliert;

– gleichzeitig dient dieser Arbeitsplan angeblich dazu, die Ziele der Institution zu realisieren.

Goffman weist darauf hin, daß Bereiche, die sonst immer getrennt werden, in totalen Institutionen zusammengelegt werden; der einzelne schläft, spielt und arbeitet in der gleichen Institution und unter Aufsicht einer Autorität, die ihn kontrolliert. Die Wirkungen solcher geschlossenen, totalen Institutionen auf die Ich-Identität des einzelnen äußern sich vor allem darin, daß die persönliche Identität des einzelnen aufgegeben werden muß angesichts einer hohen Verhaltenskontrolle, die sich auch auf sonst nicht normierte Bereiche menschlichen Lebens bezieht, und dem entpersonalisierten Objektstatus des Insassen. Die Chance für die Konstitution einer Ich-Identität besteht in totalen Institutionen bestenfalls in der Stabilisierung einer abweichenden Identität, in der Abgrenzung von bürgerlichen Rollen durch die Subkultur der Insassen.

Die Entwicklung von defizitärer Sozialisation und Jugendkriminalität muß im Zusammenhang von primärer und sekundärer Devianz gesehen werden; die durch Soziallage und familiale Interaktionen bedingten defizitären motivationalen Voraussetzungen für ein autonomes Rollenhandeln und die Schwächung der Ich-Identität in der schwierigen Phase des Jugendalters wird zu einer wichtigen Determinante von abweichendem Verhalten, von Jugendkriminalität. Die Merkmale einer solchen Sozialisation sind die Merkmale des Diskreditierbaren, des potentiell Stigmatisierten. Wird durch die verstärkte soziale Kontrolle, der solche Jugendliche eben eher ausgesetzt sind als andere, der einzelne straffällig, so beginnt der Prozeß der Stigmatisierung und der Verfestigung abweichenden Verhaltens durch die Interaktionen mit den Instanzen der sozialen Kontrolle, also das, was wir als sekundäre Devianz bezeichnet haben. Einen wichtigen Stellenwert nimmt in diesem Zusammenhang die Vergesellschaftung von delinquenten Jugendlichen in spezifischen Gruppen ein, eine Tendenz, die nach *Goffman* für die Mitglieder einer Stigma-Kategorie typisch ist: sich in spezifischen Sozialgruppen zusammenzutun, Solidaritäten aufzubauen und Gegenwelten zu entwerfen, die eine Konstituierung von Ich-Identität, auch die einer abweichenden, gestatten.

4.3.3 Jugendliche Subkulturen

Abweichendes Verhalten wird wie jedes andere Verhalten gelernt. Diese Auffassung steht hinter allen psychologischen und soziologischen Erklärungsmodellen der Jugendkriminalität. Die meisten Autoren stimmen auch in der Einschätzung kriminogener Sozialisationsbedingungen überein: Armut, gestörte familiale Kommunikationen, „broken home", Status-Frustrationen des Jugendlichen. In diesem Zusammenhang spielt die Annahme einer „delinquenten Subkultur" eine wichtige Rolle; sie ist nach Ansicht einer ganzen Reihe von Autoren (*Cohen*, 1961; *Cloward* und *Ohlin*, 1960) eine wesentliche Lernbedingung für die Verfestigung und Rechtfertigung abweichenden Verhaltens. *Sutherland* (Dt. in: *Sack/König*, 1968) führte in seiner *Theorie der differentiellen Assoziation* die Entstehung und Ausprägung abweichenden Verhaltens auf Lernprozesse zurück, die durch die unterschiedliche Teilnahme und Kommunikation mit Gruppen – vor allem mit Peer groups – organisiert werden. In diesen Gruppen spielen sich die Lernprozesse nach den gleichen Prinzipien ab wie in nicht-abweichenden Gruppen: durch Imitation geeigneter (zumeist statushöherer) Modelle und wechselseitige Bekräftigung der Gruppenmitglieder untereinander. Nicht nur das Verhalten selbst wird hier gelernt, sondern auch die diesem korrespondierenden Motive, Rechtfertigungen und Alltagstheorien. An diesen Ansatz und an die Befunde der ökologisch orientierten Chicago-Untersuchungen von *Shaw* und *McKay*, die ein Ansteigen der Rate in geographisch begrenzten Gebieten nachweisen konnten, knüpften *Cloward* und *Ohlin* mit ihrer *Theorie der „illegitimen Chancenstruktur"* an. Die Autoren verbanden in ihrem Erklärungsansatz drei Prozesse, die die Entstehung einer abweichenden Identität bewirken: Für Jugendliche aus ökonomisch unterprivilegierten Schichten bestehen in nur geringem Maße reelle Chancen zu einem normkonformen, „legitimen" Aufstieg nach dem Muster bürgerlicher Karrieren; durch den von ihnen wahrgenommenen Zwiespalt von sozialstrukturellen Chancen eines Aufstiegs und den herrschenden Wertvorstellungen von Chancengleichheit und Status beginnt ein Prozeß des Legitimitätsentzugs, die Normen der bürgerlichen Welt verlieren an Glaubwürdigkeit und Verhaltensrelevanz. Dieser

Prozeß wird von einer zunehmenden Veränderung der Kausalattribuierung, der Art der Ursachenzuschreibung, begleitet; die Ursachen für das eigene, „illegitime" Handeln werden anderen Instanzen zugeschoben, die Eigenverantwortung für normwidriges Verhalten wird aufgegeben und dieses gleichzeitig als zweckrationales Handeln legitimiert, als einzige Möglichkeit, es zu etwas zu bringen. Beide Momente, die Absprechung der Legitimität bestehender Normen und die Entlastung von einer Eigenverantwortung bei gleichzeitiger Legitimierung abweichenden Verhaltens, werden in Interaktionsprozessen mit anderen potentiellen und tatsächlich devianten Jugendlichen stabilisiert – im Sinne der differentiellen Assoziation *Sutherlands*. In der Peer group wird durch spezifische Interaktionen die Bereitschaft zum devianten Verhalten verinnerlicht, die Jugendlichen werden gewissermaßen bekehrt, umsozialisiert, delinquentes Verhalten wird in der Subkultur zu einem kollektiv gebilligten und erwarteten Handeln. Die Entlastung von der Eigenverantwortung hat dabei einen wichtigen Stellenwert, indem der Jugendliche dadurch die herrschende Ordnung zumindest teilweise anerkennen kann, mit deren Instanzen er täglich konfrontiert wird. *Sykes* und *Matza* (Dt. in: *Sack/König*, 1968) betonen, daß auch jugendliche Delinquente ein gewisses Maß an Konformitätsbedürfnis haben und für ihr abweichendes Verhalten Neutralisierungstechniken entwerfen, die als Rechtfertigungen die psychische Integration devianten Verhaltens ermöglichen. Solche Techniken sind die genannte Ablehnung der Eigenverantwortung, die Verneinung des Unrechts, die Geschädigten werden als Schädiger hingestellt, die Instanzen der sozialen Kontrolle als korrumpiert angesehen. Die Verinnerlichung solcher subkultureller Legitimationen des eigenen Verhaltens ist als Voraussetzung wie auch als Folge devianten kollektiven Handelns anzusehen, als Produkt gemeinsamer Wirklichkeitserfahrungen und gemeinsamer Sinnwelten in der Jugendbande. Die soziale Voraussetzung für die differentielle Assoziation in jugendlichen Subkulturen ist für *Cloward* und *Ohlin* die Sozialstruktur der Wohngegend, ihr Organisationsgrad. Ein Beispiel für solche devianten Subkulturen in der Bundesrepublik sind die Rocker.

Rockergruppen gibt es in der Bundesrepublik fast ausschließlich in Großstädten wie Hamburg, Köln, Essen oder Bochum und dort wiederum vorwiegend in den Trabantenstädten und in besonders deklassierten Wohnbezirken. Auf Rockergruppen treffen die meisten der oben beschriebenen Merkmale zu: desorganisierte Herkunftsfamilien, Schwierigkeiten bei der Entwicklung einer Geschlechtsrolle und ein – nicht zuletzt durch inkonsistentes Erziehungsverhalten und symbiotische Mutter-Sohn-Beziehungen bedingtes – Angst- und Aggressionspotential. Damit verbundene Statusfrustrationen durch schulische Mißerfolge, instabiles Selbstwertgefühl und niedrige Frustrationstoleranz sind zugleich Merkmale einer geschwächten Ich-Identität, die die bewußte und unbewußte Abwehr von nur schwer erfüllbaren Rollenerwartungen angesichts schlechter sozial akzeptierter Aufstiegschancen nahelegen. In der Vergesellschaftung mit den Altersgleichen aus der Nachbarschaft, die ihre Lerngeschichte teilen, in subkulturellen Banden, in Rockergruppen, scheint für die Betroffenen die einzige Chance einer Konstituierung befriedigender Sinnwelten und einer Ich-Identität zu liegen: die Erfahrung der persönlichen, individuellen Lebensgeschichte auf dem Hintergrund eines kollektiven Schicksals als Balance von persönlicher und sozialer Identität.

Cloward und *Ohlin* unterschieden in ihrer Analyse drei verschiedene Typen von delinquenten jugendlichen Subkulturen: (1) die „kriminelle“ Subkultur, die durch Einbrüche, Diebstahl und ähnliche Straftaten charakterisiert wird. Die Integration verschiedener Altersgruppen in dem gleichen Wohngebiet wird von den Autoren als ökologische Voraussetzung gesehen, wobei die Straftaten der Jugendlichen mit der Erwachsenendelinquenz im Zusammenhang stehen und teilweise von diesen kontrolliert werden. Ein Beispiel für diesen Typ wäre die von *Whyte* beschriebene Norton-street-gang. (2) Der Typ der jugendlichen „Konfliktsubkultur“ ist nach Auffassung der Autoren nicht für gut organisierte Slums, sondern für Wohngebiete typisch, die als eher desorganisiert zu bezeichnen sind. Härte, Gewalt, Affektgeladenheit charakterisieren die Interaktionen dieser Subkultur, die am ehesten der Rockergruppe entspricht. (3) Demgegenüber ist die „Rauschgiftsubkultur“, der dritte Typus delinquenter Jugendgruppen, eher lose organisiert, sie ist fluktuierend und weist einen geringeren Zusammenhalt auf.

Diese drei Formen subkultureller Gruppierungen sind allerdings in dieser reinen Form empirisch kaum anzutreffen; sie sind gewissermaßen schematische Beschreibungen, an denen man sich bei der Analyse orientieren kann. Dies gilt für den dritten Typus, die Rauschgift-Subkultur, besonders, deren Mitglieder sich zumindest in der Bundesrepublik aus Unter- wie Mittelschichten rekrutieren und nicht auf ein bestimmtes Wohngebiet lokalisierbar sind.

Die strikte und empirisch fragwürdige Unterscheidung von Normkonformität und Abweichung hinsichtlich einzelner Wohngegenden und Subkulturen und die Unterstellung einer als insgesamt als legitim angesehenen Gesellschaft zeigt sich in der Vernachlässigung des Aspektes der sekundären Devianz in dem Erklärungsmodell von *Cloward* und *Ohlin*. Die Isolierung der Gewalt, ihre Abkapselung auf die entsprechende Subkultur macht die Schwäche dieses Ansatzes aus. *Sack* (1973, S. 41) weist zu Recht darauf hin, daß in der Tat eine Tendenz besteht, „das Thema Gewalt auf diese Fälle und Situationen zuzuschneiden und von den Phänomenen abzusehen, in denen es sich nicht um illegale und illegitime Gewalt handelt, sondern in denen es sich um erlaubte, sozial sanktionierte und institutionalisierte Formen der Gewaltanwendung handelt. Nur kann man diese beiden Formen der Gewaltanwendung in einer Gesellschaft nicht voneinander isolieren, da sie eng miteinander zusammenhängen und wahrscheinlich auch in einem kausalen Verhältnis zueinander stehen". Den Gewaltaktionen von Rockern entspricht in der Tat die von ihnen erlebte Gewalt in der Erziehung (Prügelstrafe) und die Strafverfolgung, ebenso die subtileren Formen von Gewalt, die für Stigmatisierungsprozesse typisch sind: Verunglimpfung, öffentliche Distanzierung, Konstituierung als Sündenböcke und Objekte gesellschaftlich gebilligter Aggression. Der deutsche Kriminologe *Kaiser* (1973, S. 240) zitiert aus einem Aufsatz, den ein deutscher Rocker während seines Aufenthaltes im Jugendarrest schrieb:

Mein schönstes Erlebnis war im Sommer 1970. Da fuhren die Hamburger Rocker und ich nach Fehmarn, zum großen Pop-Festival ... An die Zahl waren wir ungefähr 250 Rocker ... Dann bekamen wir Ordner, wir sollten nämlich aufpassen, daß keine Leute ohne Karte hinkamen zum Pop-Festival, viele Kästen Bier. Wir bekamen auch reichlich zu essen, und das alles umsonst ... Mit Gummiknüppel wurden wir auch ausgestattet. Falls es zu einer Schlägerei kam, konnten wir feste drauf haun. Dann um zwölf fing es dann an. Wir kontrollierten bei den Antretenden die Karten und ließen sie dann weitergehn. Wenn welche keine Karten hatten, mußten sie dann zurücktreten und wenn sie nicht wollten, gabs was mit dem Gummiknüppel auf den Schädel. Später spielten dann die ersten Beat-Gruppen ... aber zwei Tage waren wir Rocker nur dort, viel zu viel passierte. Es wurden Gastwirtschaften auseinander genommen, Leute grundlos verprügelt. Daraufhin sollten wir gehen, und dann bekam jeder seine 150,– ausgezahlt. Das war trotz allem ein schönes Erlebnis.

Gewalthandlungen und Aggressivität von Rockern wird hier unter dem Mantel der Ordnungsfunktion zum Mittel der Profitsicherung von Geschäftsleuten, gleichzeitig werden die Rocker in ihrem Verhalten bestätigt, es wird legitimiert und gleichzeitig abgelehnt. Die Ambivalenz von Gewalt zeigt sich in den Formen ihrer gesellschaftlichen Billigung und Mißbilligung; sie ist erlaubt, wenn eine große deutsche Illustrierte die getürkte Meldung über bewaffnete Rocker groß aufmacht, sie wird verfolgt, wenn sich die Rocker dann auch so verhalten, wie es ihnen unterstellt wird. Stigmatisierung bedeutet auch, sich selbst erfüllende Prophezeihungen zu erzeugen, den Erwartungseffekt einzuplanen und die Reaktionen auf die künftige Devianz zu entwerfen. Gewalt und Härte kann insofern nicht als ein der Rockersubkultur exklusives Wertmuster dahingestellt werden, sondern muß im Zusammenhang mit den Reaktionen der öffentlichen Meinung (Massenmedien) und den Instanzen der sozialen Kontrolle gesehen werden. Die delinquente Subkultur wäre unter diesem Gesichtspunkt als ein mehr oder weniger stabiles und strukturiertes Netzwerk von Jugendlichen mit vergleichbaren sozialen Identitäten zu bezeichnen, als eine Lernbedingung für eine abweichende „Laufbahn" (*Becker*), Ergebnis vorausgegangener Erfahrungen in der Familie und gemeinsame Reaktion auf die Erfahrungen mit den Erziehungsinstitutionen.

In einer Untersuchung über „kriminelle Karrieren" setzt *Haferkamp* (1975) die Statusunsicherheit und eingeschränkte Handlungskompetenz des Jugendlichen in Beziehung zu den Merkmalen der desorganisierten Familie und den Sozialisationseffekten jugendlicher Subkulturen. Aufgrund teilnehmender Beobachtung und begleitender Interviews kommt *Haferkamp* zu dem Ergebnis, daß bei den meisten der von ihm untersuchten Subkulturen die gemeinsame Situationsdeutung im Mittelpunkt steht: anfänglich spontane Interaktionen von Rocker-, Fixer- oder Einsackergruppen verdichten sich zu stabilen Interaktionsritualen und werden im Laufe der Gruppenprozesse zunehmend verinnerlicht. Gleichzeitig versuchen sie, eine eigene Sinnwelt aufzubauen, die die früher erfahrenen und aktuellen Erlebnisse kompensieren und ihr eigenes – delinquentes – Verhalten rechtfertigen; der Aufbau einer gruppenspezifischen Identität zielt auf die Erfahrung von Prestige, Unabhängigkeit und Selbstwertgefühl, die in der Abgrenzung zu anderen erlebt wird. Dies zeigt sich besonders deutlich in der Selbstdefinition eines Hamburger Rockers, die *Kreuzer* (1970) berichtet: „Rocker ist, wer gegen die Exis ist, Exi ist, wer ordentlich von seiner Mammi angezogen wird ... Mit Schlips und so! Wenn uns ein Exi anlabert, machen wir Putz und hauen auf die Klötze ... Lieber tot und Rocker sein als ein altes Exi-Schwein!"

Die altershomogene Gruppe hat nach diesen Befunden für delinquente wie für nicht-delinquente Jugendliche die gleiche Funktion: sie ist eine Sozialisationsbedingung, in der durch Interaktionsprozesse eine spezifische Solidarität hergestellt wird, in der Alltagstheorien und Situationsdeutungen konstituiert werden, die zur Ausbildung von Ich-Identitäten führen. Delinquente Subkulturen mit relativ stabilen Strukturen und ausgeprägter Werthomogenität dürften dabei relativ selten und nur unter exzeptionellen Bedingungen auftreten. Gleichwohl stellen altershomogene Jugendgruppen ein wichtiges Element in der Kontinuität von Sozialisationsprozessen dar und sind eine Bedingung für die ich-stärkende Bewältigung jugendspezifischer Krisen. Die Verarbeitung solcher Krisen in altershomogenen Gruppen muß allerdings im Zusammenhang mit der historisch-gesellschaftlichen Entwicklung gesehen werden, mit der Entstehung und Stabilisierung von sozialer Herrschaft, die nicht als Herrschaft der Älteren über die Jüngeren, sondern als eine schichtenspezifische Kontrolle über den Zugang von machtrelevanten Positionen und Karrieremustern anzusehen ist, deren Besetzung im Kontext von Zuweisungsprozessen im Jugendalter steht.

4.4 Zusammenfassung

Das Jugendalter wurde als eine Phase des strukturellen Übergangs von dem Kind- zum Erwachsenenstatus beschrieben, der im Vergleich zu dem vorausgegangenen Status eine Reihe von bedeutsamen Veränderungen aufwies (Intensivierung der Peer-group-Beziehungen, Veränderung der Beziehungen zur Herkunftsfamilie, Entwicklung autonomer Vorstellungen und heterosexueller Beziehungen, Vorbereitung auf den Erwachsenenstatus). Mit der Erfahrung neuer Sozialbeziehungen und Deutungsmuster, die gleichzeitig eine konkrete Teilnahme an dem politischen und ökonomischen System, auf das sie zielen, durch die eingeschränkte Handlungskompetenz des Jugendlichen ausschließen, beginnt eine neue Phase der Identitätsentwicklung, die sich als der Versuch einer Ablösung von bestehenden und vorgegebenen Handlungsmustern und der Entwicklung einer Zeitperspektive charakterisieren läßt. Die Merkmale der Identität, die im Jugendalter entwickelt wird, sind auf kognitiver Ebene die Ausprägung eines postkonventionellen Stadiums, das nach *Kohlberg* (1969) die Ausbildung universalistischer Handlungsprinzipien beinhaltet, die zugleich die Fähigkeit des Perspektivenwechsels und einer autonomen Handlungsorientierung implizieren. Die reflektierte Ablösung aus den partikularistischen Familienbeziehungen und der Aufbau eines stabilen Selbstbildes, das eine Balance zwischen individuellen und zugleich variierenden Lebensbedingungen und Rollenhandeln erlaubt, hat eine Reihe von Voraussetzungen, die bereits beschrieben wurden: die ihrerseits von sozialstrukturellen Bedingungen beeinflußte familiale Kommunikation, die Zugehörigkeit zu Peer groups und Subkulturen und die damit zusammenhängende Verinnerlichung von sozialer Herrschaft.

Die Ablösung von tradierten Deutungsmustern durch ihre reflektierte und damit distanzierte Aneignung kann im Zusammenhang mit ihrer Umsetzung in Handlungsbereitschaften und politischen Motivationen gesehen werden, als jugendspezifisches Protestpotential, das sich durch eine besondere Sensibilität gegenüber gesellschaftlichen Widersprüchen auszeichnet; vor allem gegenüber Widersprüchen zwischen gesellschaftlichen Wertvorstellungen und ihren Realisierungsbedingungen. *Cloward* und *Ohlin* machten diese Erfahrung eines Widerspruchs zum Ausgangspunkt ihrer Analyse der delinquenten Subkultur, die sich im Kontext einer „illegitimen Chancenstruktur“ in der Konflikt- und Rauschgift-Subkultur abweichende Lösungen schafft. Die Sensibilität für alternative Lösungsangebote zeigt sich auch bei der Analyse von Jugendbewegungen, etwa der Hippies, Jesus-People, aber auch der Schüler- und Studentenrevolten der ausgehenden sechziger Jahre.

Für die Hippie-Bewegung, die sich fast ausschließlich aus den traditionellen Mittelschichten rekrutierte und die sich als Gegenkultur zu der bestehenden bürgerlichen Gesellschaft verstand, war gerade der empfundene Widerspruch zwischen den nur noch als legitimatorisch wirkenden Wertvorstellungen und dem Alltagshandeln konstitutiv; ihr Ziel bestand konsequenterweise in der Forderung nach einer neuen Sensibilität und dem Aufbau von herrschaftsfreien und affektiven Sozialbeziehungen, die die Hippies in der amerikanischen Partykultur nicht mehr verwirklichen konnten. Konsequente Leistungsverweigerung und Ablehnung bürgerlicher Normen wie Ordnung, geplante Karriere etc. waren das subkulturelle Programm. Hinter der Hippie-Bewegung stand die Suche nach einer sinnvollen, die individuelle Autonomie betonenden Identität und der zumeist anfänglich politisch motivierte Protest gegen einengende und ritualisierte Deutungsmuster. Die Stiftung von identitätsstärkenden Sinnwelten ist auch ein Zeichen der religiös motivierten jugendlichen Subkulturen, ein Versuch, über Formen des Mystifizismus zu herrschaftsfreien und affektiven Solidaritätsbeziehungen zu kommen, die der von *Kreutz* (1976) konstatierten Wertprävalenz der Jugendlichen und ihrer Sensibilität gegenüber Verletzungen von Werten und gegenüber Korruption entgegenstehen.

Die Ablösung aus den partikularistischen Familienbeziehungen und die zumindest als Tendenz empirisch nachgewiesene Vergesellschaftung in Jugendgruppen mit vergleichbaren Identitätsproblemen können in den Protest gegen außerfamiliale, sekundäre Instanzen, gegenüber politischen und bürokratischen Organisationen münden. Dieser Protest gegenüber bürokratischer Herrschaft war ein Kennzeichen der Schüler- und Studentenbewegung der sechziger Jahre, die allerdings einen überwiegend mittelschichtsspezifischen Charakter hatte. *Allerbeck* (1971) verweist auf die weitgehende Homogenität dieser Gruppen und auf ihren gesellschaftlichen Sonderstatus, der sie diskriminier- und isolierbar machte. Im Zusammenhang mit der ausgeprägten Affinität zu politischen Prozessen und aktuellen politischen Krisen in diesen Jahren (Vietnamkrieg) wurde die Politisierung der Studenten als Konsequenz fehlender gesellschaftlicher Integration gesehen, sicher ein Aspekt, der für Subkulturen spezifisch ist. Den Zusammenhang politischer Protestbereitschaft Jugendlicher mit ihren biographischen Merkmalen machte *Keniston* (1968) zum Ausgangspunkt für seine Analyse der „Young Radicals", wie er die politisch aktiven amerikanischen Studentengruppen bezeichnete. Typisch für diese Studenten waren Herkunftsfamilien mit offenen Kommunikationsstrukturen: weitgehend personenorientierte und konsistente emotionale Sozialbeziehungen, die rationale Konfliktlösungen ohne symbiotische Eltern-Kind-Koalitionen praktizierten. Diese Sozialisationspraktiken waren weiter oben als Voraussetzung für die Entwicklung stabiler Ich-Strukturen bezeichnet worden, die für eine flexible Anwendung verinnerlichter Normen und die Bereitschaft, die Intentionen anderer angemessen zu berücksichtigen, konstitutiv sind. Mit dieser Bereitschaft zum Perspektivenwechsel verband sich bei *Keniston*s „Young Radicals" die Sensibilisierung für Widersprüche zwischen Moralvorstellungen und institutionalisierten bürgerlichen Verhaltensstrategien: das politische Engagement wurde zu einem sinnstiftenden Element für die Überwindung widersprüchlicher gesellschaftlicher Erfahrungen. Diesen Zusammenhang zwischen Ich-Identität im Sinne eines moralischen Bewußtseins, der Offenheit in der Kommunikation in der Herkunftsfamilie und entsprechender sozialstruktureller Bedingungen sowie politischer Sensibilität untersuchten *Döbert* und *Nunner-Winkler* (1975) in einer Studie über Wehrdienstverweigerer, die die Ergebnisse von *Keniston* bestätigte.

Die Entwicklung einer auch gegen lebensgeschichtliche Veränderungen sich behauptenden *Ich-Identität kann damit als ein wichtiges Merkmal und als eine Voraussetzung für selbstbestimmte politische Partizipation* angesehen werden, als Protestbereitschaft, die ihre Wurzeln in der erfolgreichen Verarbeitung von Identitätskrisen im Jugendalter hat. Zugleich wird hieran die Kontinuität von primärer und sekundärer Sozialisation und ihrer sozialstrukturellen Einbettung sichtbar: die Privilegierung von Jugendlichen aus liberalen Mittelschichten und die strukturelle Benachteiligung von Kindern aus gesellschaftlichen Randgruppen, die eine Verstärkung ihres marginalen Status durch ihre herkunftsspezifische Unterprivilegierung erfahren. Die von *Erikson* postulierte Ich-Stärkung durch erfolgreiche Krisenbewältigung – ein Spezifikum des Jugendalters – muß im Zusammenhang mit der Reproduktion gesellschaftlicher Ungleichheit gesehen werden, ein Moment, das in der offensichtlich strukturellen Jugendarbeitslosigkeit eine dramatische Bedeutung bekommen hat. Die Kumulierung ungünstiger Erziehungsbedingungen in der Familie, der vorzeitige Abgang von der Schule und fehlende Berufsausbildung sind Merkmale, die bei arbeitslosen Jugendlichen in hohem Maße überrepräsentiert sind, wie eine Erhebung der *Bundesanstalt für Arbeit* (1975) deutlich zeigt. Die Frage, ob arbeitslose Jugendliche aufgrund ihrer Situation ein Protestpotential erzeugen können, das für eine Veränderung ihrer Situation einsetzbar ist, muß dabei vor allem im Zusammenhang mit einer identitätsstärkenden Vergesellschaftung in Subkulturen gestellt werden, die einer drohenden Apathie durch realisierbare politische Handlungsentwürfe entgegenstehen. Die andere Lösung von Adoleszenzkrisen durch die Konstitution einer abweichenden Identität in Drogensubkulturen und kollektiver Delinquenz scheint nach den neuesten Statistiken wahrscheinlicher – vor allem angesichts einer weitgehend konzeptionslosen, auf die Ausbildungsbedürfnisse unterprivilegierter Jugendlicher kaum eingehenden Arbeits- und Sozialpolitik.

Kapitel 5: Minderheiten und gesellschaftlich organisierte Erziehung: ausländische Arbeiterkinder und Kinder aus Obdachlosensiedlungen

Die schulische Vergesellschaftung von Kindern gesellschaftlicher Minderheiten ist kein Randproblem für das Schulsystem. In vielen Gesellschaften und zu allen Zeiten gab es das Problem, die Kinder von ethnischen, kulturellen oder sozialen Minderheiten in das Normalschulwesen zu integrieren. So hat die Einwanderung polnischer Arbeiter in das Ruhrgebiet schulische Folgeprobleme nach sich gezogen, die über Jahrzehnte spürbar waren. Die Wanderung von Arbeitskräften innerhalb Europas wie auch die Einwanderung aus den Entwicklungsländern in die ehemaligen Kolonialländer führen gegenwärtig in allen Ländern Europas zu spezifischen Herausforderungen an das Schulsystem. Für das amerikanische Schulsystem wurde aus guten Gründen behauptet, daß die Integration ethnischer Minderheiten (regional auch Mehrheiten) seit Jahrzehnten das Hauptproblem darstellt. Neben den Folgen der regionalen (horizontalen) Mobilität hat das Schulwesen mit den Folgen sozialer (vertikaler) Mobilität zu tun, wenn Kinder aus deklassierten sozialen Schichten in die Schule eintreten.

Bei der schulischen Versorgung von ethnischen und kulturellen Minderheiten handelt es sich um einen zugespitzten Spezialfall der schulischen Vereinheitlichung und Uniformierung von vorschulisch bedingten Unterschieden und heterogenen Persönlichkeitsentwicklungen. An der schulischen Vergesellschaftung von Kindern aus Minderheiten werden also allgemeine Merkmale des vorschulischen, schulischen und beruflichen Sozialisationsprozesses sichtbar.

Minderheiten – Randgruppen – Randseiter

Die Behandlung der Minderheitenproblematik hat in der Soziologie eine lange Tradition. In deren Verlauf haben sich begriffliche Gewohnheiten eingespielt, die zur Klärung des Sprachgebrauchs dargestellt werden sollen. Solche Definitionen sind selten deckungsgleich und erfassen in der Regel nicht alle Aspekte und Dimensionen des mit einem Begriff gemeinten Inhalts.

Am allgemeinsten ist zunächst die *Randgruppen*definition von *Iben* (1972, S. 19):

„Eine Gruppe von Menschen kann als Randgruppe angesehen werden, wenn ihre Normen sich nicht mit denen der herrschenden Gesellschaft decken und die sozialen Beziehungen in ihr reduziert sind. Randgruppen entstehen vorwiegend in Gesellschaften, die durch starken sozialen Wandel oder durch erhebliche Disparitäten zwischen Anspruchsnormen und der Verteilung der Mittel zur Erreichung dieser Normen gekennzeichnet sind. Arme Bevölkerungsgruppen oder solche mit Anpassungsproblemen sind darum grundsätzlich zu Randgruppendasein prädestiniert, selbst wenn sie zahlenmäßig stark sind".

Diese Definition ist beispielsweise zutreffend für Menschen in Obdachlosensiedlungen und deren Kinder. Für sie gilt der Sachverhalt der materiellen Unterprivilegierung und der sozialen Isolierung in der untersten Schicht innerhalb einer Gesellschaft.

Minderheiten werden dagegen enger definiert (*Rose* 1972, S. 547):

„Minderheiten sind besondere Rassen-, Kultur-, Religions- oder Nationalitätengruppen, die, inmitten anderer Gruppen lebend, doch nicht voll teilhaben an der allgemeinen Kultur, der sie als Teil angehören. Eine nationale Minderheit hat fast immer ihre eigenen Traditionen und manchmal auch eine besondere Religion oder Sprache. Im modernen Nationalstaat sehen Minderheiten ihre Kultur oft von Unterdrückung bedroht. Andere Minderheiten dagegen streben die volle Integration in die Gesamtgesellschaft an, stoßen aber auf deren Widerstand. Die Diskriminierung der Minderheitenkultur durch die herrschende Gruppe und der Widerstand der Minderheitengruppe gegen diese Diskriminierung oder ihr Streben nach gleicher Behandlung machen ein Minderheitenproblem aus."

In diesem Sinne sind die ausländischen Arbeiter in der Bundesrepublik und ihre Familien Minderheiten. Da für sie auch die Bestimmungsstücke der Randgruppendefinition zutreffen, sind sie auch als solche zu bezeichnen. Wenn man den Begriff „Kulturgruppe" in der Minderheitendefinition so erweitert, daß damit auch diskriminierte „Subkulturen" gemeint sind, fallen auch die Bewohner von Obdachlosensiedlungen unter diese Bestimmungen. Beziehen sich die bisher vorgestellten Definitionen auf die Kennzeichnung sozialer Gruppen, so beschäftigt sich eine andere soziologische Tradition mit den Auswirkungen solcher Gruppenzugehörigkeiten auf die Persönlichkeit. *Stonequist* (1971, S. 653) stellt eine Definition von *Park* (1928) vor, die den Randseiter *(marginal man)* folgendermaßen kennzeichnet:

„Ein Mensch, der innig am kulturellen Leben und den Traditionen zweier verschiedener Völker teilhat und darin lebt, niemals ganz bereit – selbst wenn er es könnte und dürfte –, mit der eigenen Vergangenheit und den eigenen Traditionen zu brechen, und in der neuen Gesellschaft, wo er nun heimisch zu werden sucht, wegen der rassischen Vorurteile nur halb geduldet. Ein Mensch am Rande zweier Kulturen und zweier Gesellschaften, die einander niemals ganz durchdrangen und nie verschmolzen."

Kinder aus Obdachlosensiedlungen und ausländische Arbeiterkinder gehören zu sozialen Gruppen, die als Minoritäten durch materielle Unterprivilegierung und soziale Diskriminierung gekennzeichnet sind und als „marginal men" sowohl ihnen eigene subkulturelle Orientierung oder ethnische Tradition besitzen als auch an der sie umgebenden Gesellschaft partizipieren.

5.1 Die Kumulation negativer Erziehungsbedingungen bei Randgruppenkindern

5.1.1 Vergesellschaftung in deklassierten Wohnvierteln

Die Bildung von deklassierten Wohnvierteln ist eine spezifische Form der allgemeinen sozialen Segregation in Städten. Soziale Segregation liegt vor, wenn die Bewohner eines Stadtteils überwiegend aus einer bestimmten sozialen Schicht kommen, sozial verschiedene Bevölkerungsgruppen auch regional getrennt sind. Denselben Sachverhalt beobachtet man bei ethnischer Segregation; im Falle amerikanischer Slums oder deutscher Ausländerwohnviertel fallen soziale und ethnische Segregation zusammen. Der *Prozeß* der Slumbildung wird von *Vascovics* (1976, S. 14f.) folgendermaßen beschrieben:

„1. Der Wohnwert eines Gebietes vermindert sich infolge von Veralterung und/oder städtebaulichen Maßnahmen (zum Beispiel Errichtung einer Durchzugstraße) oder infolge der Errichtung von Objekten für gewerbliche und industrielle Zwecke.
2. Die finanziell besser gestellten Familien verlassen diese Wohnviertel mit sinkendem Wohnwert.
3. Die freigewordenen Wohnungen können nicht an Familien der gleichen sozialen Schicht verkauft beziehungsweise vermietet werden. Sie müssen daher der finanziell schwächeren Bevölkerung angeboten werden. Diese Bevölkerungskategorie ist andererseits auf diese Wohnungen angewiesen, weil sie in Wohngegenden mit teuren Wohnungen keine Chance hatten.
4. Nach dem Eindringen dieser Bevölkerungskategorie (Invasion) erfolgt in relativ kurzer Zeit ein Bevölkerungsaustausch, da die noch verbliebenen Familien der ursprünglichen Wohnbevölkerung mit den neu zugezogenen Familien keine nachbarlichen Kontakte aufnehmen möchten. (Dieser Prozeß wird noch verstärkt, wenn die Zugewanderten ethnische oder rassische Minderheiten darstellen.) Da die Preise beziehungsweise Mieten nicht erheblich gesenkt werden, erfolgt eine Überbelegung der freigewordenen Wohnungen.

5. Infolge des geringeren Profits, oder weil das Gebiet bereits „sanierungsverdächtig“ ist, werden die Häuser und Wohnungen nicht mehr renoviert. Es tritt eine weitere Verschlechterung des Zustandes des Wohnviertels ein.
6. Infrastrukturelle Einrichtungen wandern der finanzkräftigen Bevölkerungsgruppe nach, es tritt eine Unterversorgung des Gebietes ein.
7. Es kommt zur sozialen Abschließung und Isolierung der Bewohner dieses Viertels infolge der negativen Einstellungen der Bevölkerung und im weiteren zur Ausbildung einer Subkultur.
8. Die Subkultur bindet einerseits die Bewohner an dieses Wohngebiet, andererseits zieht sie diejenigen an, die sich mit dieser Subkultur identifizieren.

Hier wirken also die verschiedensten Einflußfaktoren zusammen, die sich gegenseitig ergänzen, kumulativ verstärken und in der zeitlichen Abfolge ablösen.“

Wenn Wohnviertel diesem Prozeß unterworfen sind, bilden sie die für amerikanische Städte typischen Ghettos von Negern und anderen ethnischen Minoritäten; in der Bundesrepublik bilden sie die Schwerpunkte der ausländischen Wohnbevölkerung.

Obdachlose in Notunterkünften

Unter Obdachlosigkeit wird die Unterbringung in Notunterkünften verstanden; diese Unterkünfte sind kommunale Einrichtungen. In der Bundesrepublik leben zwischen 500000 und 1 Million Personen in solchen Unterkünften; da es keine verläßlichen Statistiken gibt, handelt es sich dabei nur um Schätzungen. Daß es keine offiziellen Statistiken gibt, ist der bürokratisch aufzeigbare Nachweis einer strukturellen Vernachlässigung dieser Problematik. Obdachlosigkeit wird in einem gemeinsamen Erlaß verschiedener Ministerien des Landes Nordrhein-Westfalen definiert:
Danach ist obdachlos
„a) wer ohne Unterkunft ist;
b) wem der Verlust seiner ständigen oder vorübergehenden Unterkunft unmittelbar bevorsteht;

c) wessen Unterkunft nach objektiven Anforderungen derart unzureichend ist, daß sie keinen menschenwürdigen Schutz vor den Unbilden der Witterung bietet oder die Benutzung der Unterkunft mit Gefahren verbunden ist, und wer dabei nach seinen Einkommens-, Vermögens-, Familienverhältnissen sowie aus sonstigen Gründen nicht in der Lage ist, sich und seinen engsten Angehörigen, mit denen er gewöhnlich zusammenlebt (Ehegatte, Kinder) aus eigenen Kräften eine Unterkunft zu beschaffen.

Obdachlos ist auch, wer, ohne eine Wohnung zu haben, in der öffentlichen Hand gehörenden, nur der vorübergehenden Unterbringung dienenden (Not-)Unterkünften untergebracht oder aufgrund des § 19 OBG in eine Normalwohnung eingewiesen worden ist." (*Christiansen* 1973, S. 30)

Obwohl Notunterkünfte Übergangswohnheime sein sollen, leben die Obdachlosen sehr viel länger dort. Nach verschiedenen Untersuchungen leben vier Fünftel länger als zwei Jahre, bis zur Hälfte länger als drei Jahre in diesen Notunterkünften. Besonders lange bleiben kinderreiche Familien dort, die Hälfte länger als sieben Jahre. Der Anteil der Kinder ist deshalb in Obdachlosensiedlungen überdurchschnittlich hoch. Doch nicht nur die Verweildauer kinderreicher Familien ist überdurchschnittlich hoch; ihr absoluter Anteil an allen Wohneinheiten liegt im Durchschnitt bei 50 %. Dieser Sachverhalt ergibt sich auch aus den Selektionskriterien für die Einweisung in eine Notunterkunft.

Die Selektion erfolgt nicht zufällig, sondern sie tritt ein bei der Kumulation verschiedener Merkmale: Bei der potentiell von Obdachlosigkeit bedrohten Bevölkerung kommen Merkmale wie niedrige Ausbildung und Berufsposition, niedriges Einkommen und hohe Kinderzahl zusammen. Anlässe für die Obdachlosigkeit sind unter diesen Bedingungen spezifische Situationsfaktoren wie Arbeitslosigkeit, Krankheit, Unvollständigwerden einer Familie, Scheidung, Wohnungsverlust, Mieterhöhung, Stadtsanierung, usw. Solche Situationen können unter der Bedingung kumulativer negativer Vorzeichen aus Mangel an Ressourcen nicht bewältigt werden.

Die *Alters- und Familienstruktur* in Obdachlosensiedlungen ist demnach dadurch gekennzeichnet, daß die Hälfte aller Bewohner Kinder und Jugendliche sind (Bevölkerungsdurchschnitt ca. 30 %); bis zu einem Viertel aller Geburten sind uneheliche Geburten (Bevölkerungsdurchschnitt 5 %), und der Anteil der unvollständigen Familien ist sehr hoch.

Die *Schichtzugehörigkeit* ergibt ein deutlich andereres Bild als bei der Gesamtbevölkerung; während der Anteil der Unterschicht in der Bundesrepublik mit 45 % angesetzt wird, beträgt er in Obdachlosensiedlungen 85 % bis 95 %. Der Anteil der un- oder angelernten Arbeiter schwankt dabei je nach Untersuchung zwischen 40 % und 60 %; außerdem ist die Arbeitslosigkeit bei Erwachsenen verbreiteter als im Bevölkerungsdurchschnitt, bei Jugendlichen ist sie außerordentlich hoch.

Die *Einkommenssituation* ist ebenso von der der übrigen Bevölkerung verschieden; das durchschnittliche Familieneinkommen liegt deutlich unter dem in Arbeiterhaushalten. Gleichzeitig ist eine materielle Absicherung durch regelmäßiges Einkommen relativ unsicher, weil Krankheit und Arbeitslosigkeit ständige Bedrohungen darstellen.

Obdachlosenfamilien sind gesundheitlich in höherem Maße gefährdet als der Durchschnitt der Bevölkerung, die ärztliche Versorgung ist relativ schlechter und unzureichend.

Merkmale der Obdachlosensiedlungen

Die Notunterkünfte, die für viele Obdachlose zu Dauerwohnungen werden, sind in der Regel in einem schlechten *baulichen Zustand*; die Versorgung mit sanitären Anlagen ist unzureichend, es ist nur eine eingeschränkte Hygiene möglich. Die Wohnungen sind oft relativ ungeschützt gegen Lärm und Unruhe, Kälte und Nässe. Die Siedlungen sind – sozialökologisch gesehen – abgetrennt, *isoliert und markiert*. Sie liegen außerhalb geschlossener Wohngebiete, von diesen durch Industrie, Bahnlinien, Verschiebebahnhöfe getrennt, am Rande von Müllkippen und Schrottplätzen. Sie sind fast überall durch abwertende Bezeichnungen markiert, deren Nennung in der Öffentlichkeit alle Assoziationen eines negativen Stereotyps hervorruft.

In den meisten Obdachlosensiedlungen leben zuviele Menschen auf engem Raum zusammen. Während für einen mittelgroßen Hund mindestens sechs Quadratmeter Fläche vorgeschrieben sind (Hessisches Sozialministerium), reichen „zur Aufrechterhaltung der Menschenwürde" nach einem Gerichtsentscheid drei bis vier Quadratmeter für eine Person aus (Oberverwaltungsgericht Münster). Die Überbelegung der Wohnungen hat insbesondere zur Folge, daß immer mehrere Kinder in einem Raum leben.

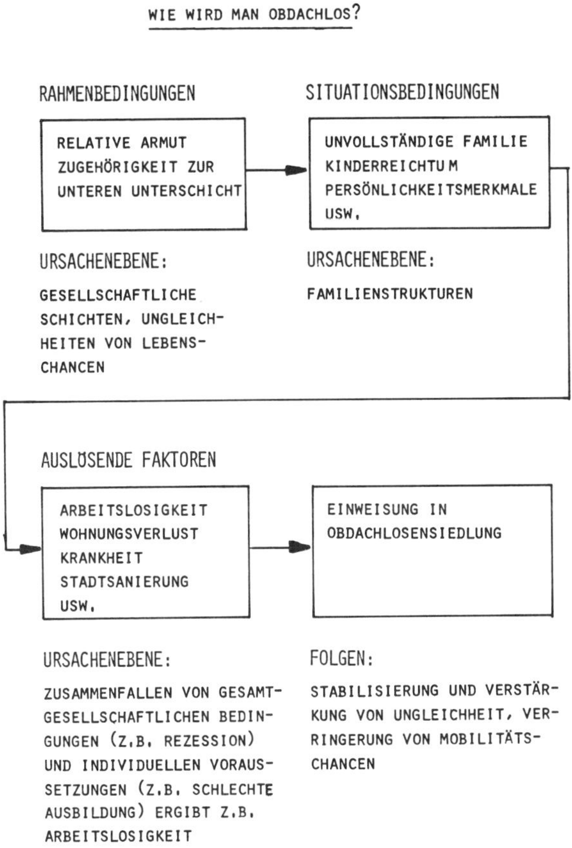

Wohnsituation ausländischer Arbeiterfamilien

In der Bundesrepublik lebten 1976 ungefähr vier Millionen Ausländer, die als Gastarbeiter – teilweise mit ihren Familien – aus den Mittelmeerländern stammen. Sie wurden als Arbeitskräfte angeworben und haben eine zeitweilige oder dauernde Auswanderung in Kauf genommen, da in ihrer Heimat weit verbreitete Arbeitslosigkeit herrscht und die Verdienstchancen in der Bundesrepublik weitaus höher sind. Die Gastarbeiterwanderung von Süden nach Norden ist Ausdruck des ökonomischen Nord-Süd-Gefälles innerhalb Europas. Bezieht man in den Überblick auch die wirtschaftlich schwächeren Regionen des Nordwestens von Europa mit ein, ergibt sich das Bild eines wirtschaftlich starken Zentrums und einer davon abhängigen Peripherie.

Die Anwerbung ausländischer Arbeitskräfte setzte nach dem Bau der Mauer 1961 verstärkt ein, als bei gleichbleibendem Wirtschaftswachstum die Nachfrage nach Arbeitskräften nicht mehr durch Flüchtlinge aus der DDR befriedigt werden konnte. Die ausländischen Arbeitskräfte bilden eine „industrielle Reservearmee", die je nach Konjunkturentwicklung vergrößert oder verkleinert wird. Die Zahl der in der Bundesrepublik beschäftigten Ausländer variierte in den letzten Jahren systematisch mit dem Wirtschaftswachstum; ihre Anwesenheit in der Bundesrepublik wird strukturell abgesichert durch die Koppelung von Arbeitserlaubnis und Aufenthaltserlaubnis. Die weitgefaßten Bestimmungen des Ausländerrechts erlauben eine praktische Konkretisierung nach aktuellen wirtschaftlich-politischen Gesichtspunkten. Die Folge ist eine strukturell begründete Instabilität der materiellen Sicherung und Zukunftsplanung. Auf der Seite der subjektiven Absichten ergibt sich die Instabilität der Lebensplanung aus dem Wandel der Verweilabsichten. Die meisten Ausländer planen bei der Einwanderung einen relativ kurzen Aufenthalt in der Hoffnung, schnell die Mittel für die Existenzsicherung in der Heimat zu haben. Allerdings wird dies nur selten erreicht, so daß die Verweildauer kontinuierlich zunimmt, wenn sie nicht durch Arbeitslosigkeit abgebrochen werden muß.

Die strukturell durch Wirtschaftsentwicklung und Ausländergesetzgebung erzwungene Mobilität wie auch die subjektiven Mobilitätsabsichten wirken sich unmittelbar auf die Wohnverhältnisse aus.

In der Regel emigrieren in der ersten Phase ledige Männer oder Männer ohne ihre Familie. Diese werden in Firmenunterkünften untergebracht, die nur einfachsten baulichen und hygienischen Vorschriften genügen. Diese Wohnsitutation kann als Kasernierung bezeichnet werden, bei der alle Merkmale einer Sammelunterkunft vorliegen: strenge Reglementierung durch Hausordnungen und Vorschriften, Fehlen jeglicher privater Bereiche, erschwerte Kontaktaufnahme zur deutschen Bevölkerung, Reduzierung sozialer Beziehungen auf In-Group-Kontakte.

Diese Form der Ghettoisierung wird verstärkt durch die Lage der Wohnheime; sie sind in der Regel in der Nähe der Industriebetriebe und dadurch von den Wohngebieten getrennt, da in der Stadtstruktur die räumliche Trennung von Arbeitsplatz und Wohnung vollzogen ist. Die ausländischen Arbeiter verbleiben in den Wohnquartieren der Gewerbegebiete, die von deutschen Arbeitern nach der Arbeit verlassen werden. Wenn in einer zweiten Phase des Aufenthalts in der Bundesrepublik ausländische Arbeiter ihre Familien nachholen wollen, ist die Erlaubnis dazu vom Nachweis einer ausreichenden Wohnung abhängig. Die Ausländer müssen die billigen und primitiven Firmenunterkünfte verlassen und sind auf den freien Wohnungsmarkt angewiesen, weil auch der Bezug einer Sozialwohnung faktisch unmöglich ist.

Bei der Wohnungssuche sind Ausländer in aller Regel auf sanierungsbedürftige Altstadtviertel oder industrienahe Arbeiterwohngebiete angewiesen, weil nur dort Wohnungen zur gewünschten und bezahlbaren Miethöhe zu finden sind. Unter diesen Bedingungen sind in der Bundesrepublik gegenwärtig *Ghettoisierungsprozesse* festzustellen, die *H. P. Bahrdt* (1974, S. 176 f.) folgendermaßen beschreibt:

„Gastarbeiterghettos können rasch entstehen, ohne daß von irgendeiner Seite eine bewußte Segregations-Politik verfolgt wird. Zum Beispiel etwa verlassen wirtschaftlich erfolgreiche Einheimische Stadtviertel, deren baulicher Zustand unbefriedigend ist. Die zunächst auf billigste Lebenshaltung angewiesenen Gastarbeiter sickern nach, weil sie anderswo keine billigen Wohnungen bekommen, oder weil eine diffuse Abwehrhaltung gegen Fremde ihnen überhaupt jede Wohnungssuche erschwert. Es kann auch geschehen, daß größere Firmen für ihre Gastarbeiter im großen Stil Wohnungen bauen und hierdurch – weil es so am einfachsten ist – ein geschlossenes Siedlungsgebiet für eine fremde Volksgruppe entstehen lassen. Entwickeln sich dort – was zu erwarten ist – nur ein wenig vom sonstigen Leben abweichende Lebensgewohnheiten, geht es nur ein wenig lauter zu und dringen andere Gerüche aus den Küchen auf die Straße, so werden Äußerlichkeiten dieser Art zum Anlaß der Absonderung. Das neue Wohngebiet wird von den konformistischen Einheimischen gemieden. Wer auf sich hält, zieht dort nicht hin, wo mit Knoblauch gekocht wird, und die Ausländer bleiben für lange Zeit unter sich. Schließlich befestigen sie diesen Zustand selbst: Unliebsame Erfahrungen, Fremdheitserlebnisse und landsmannschaftliche Verbundenheit lassen den Wunsch entstehen, am liebsten unter sich zu bleiben. Da sie aber selbst zunächst auf der untersten Ebene der Sozialpyramide stehen und außerdem an Sprachschwierigkeiten leiden, können sie ihre Interessen in der Gemeinde wie auch im Betrieb nicht gut vertreten. Ihr Wohngebiet, auch wenn es zunächst aus guten Neubauten bestand, wird vernachlässigt und sinkt ab. Dies gibt einen weiteren Grund dafür ab, daß niemand, der auf sich hält, dort eine Wohnung sucht. Nur die Sozial-Schwachen der einheimischen Bevölkerung und Kreise, die an der Grenze der Asozialität stehen, scheuen den Zuzug nicht, wodurch der Ruf des Quartiers noch weiter leidet."

Auch wenn diese Ghettoisierungsprozesse in der Bundesrepublik in der Regel noch nicht so weit fortgeschritten sind wie in den amerikanischen Negerslums, ist die Ghettosituation in einzelnen Wohnblocks und in ganzen Straßenzügen vorhanden. Die von *Bahrdt* beschriebene Entwicklung geht dergestalt weiter, daß Wohnviertel entstehen, die von der wirtschaftlichen Potenz, baulichen Substanz und sozialen Infrastruktur her den anderen Wohngebieten weit unterlegen sind. Damit reproduziert sich *innerhalb* der Bundesrepublik ein strukturelles Gefälle zwischen „arm und reich", wie es als Ursache der Gastarbeiterwanderung zwischen mittel- und südeuropäischen Ländern beschrieben wurde.

Gegenwärtig haben viele Wohnviertel mit einem hohen ausländischen Bevölkerungsanteil noch den Status von „grey belts"; dieser Begriff aus der amerikanischen Stadtsoziologie bezeichnet Wohngebiete, die sich in unmittelbarer Nähe von Slums befinden und in denen ein langsamer Prozeß der „Verslumung" zu beobachten ist.

URSACHEN UND FOLGEN DER GASTARBEITERWANDERUNG

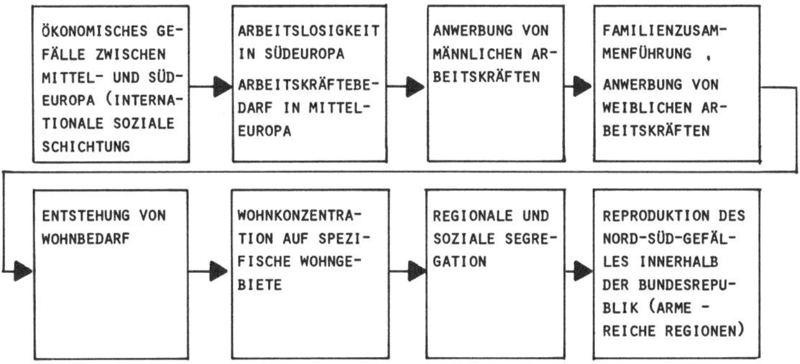

5.1.2 Folgen der räumlichen Segregation und ethnischer Unterschiede

Menschen, die in Obdachlosensiedlungen wohnen, werden von der übrigen Bevölkerung in hohem Maße kategorisiert und diskriminiert. Die Bevölkerungsgruppe der Obdachlosen wird durch bestimmte Merkmale von anderen abgegrenzt, ist an bestimmten Symbolen erkennbar, ihr werden bestimmte Verhaltensweisen zugeschrieben, und der Kontakt zu ihr wird vermieden.

Die Kategorisierung der Obdachlosen läßt sich inhaltlich an den ihnen zugeschriebenen Verhaltensweisen ablesen: sie gelten als laut, arm, asozial, brutal, aggressiv, kriminell, schlampig, primitiv, ordinär. Die Zuschreibung dieser negativen Eigenschaften ergibt sich nun weniger aus der unmittelbaren Erfahrung mit solchen Personen als vielmehr aus der Übertragung von Objektmerkmalen auf Personen. Personen, die aus Obdachlosensiedlungen ausziehen, die sich also der Zuschreibung von Objektmerkmalen entziehen können, werden von anderen nicht mehr diskriminiert und fühlen sich auch subjektiv nicht mehr diskriminiert. Die Zuschreibung von Objektmerkmalen ergibt sich bei Obdachlosen aus dem Zustand ihrer Wohnungen, die eine soziale Symbolbedeutung haben. Wohnungen, Häuser und Wohnquartiere werden einem sozialen Bewertungsmaßstab unterworfen und die den Wohnungen zugeschriebenen Merkmale werden auf Personen übertragen. Die Symbolorientierung in der Wahrnehmung anderer Menschen führt im Falle der Obdachlosen dazu, daß das Wohnen in einer solchen negativ bewerteten Siedlung eine hinreichende Bedingung für die Diskreditierung der Bewohner ist.

Die räumliche Verdichtung negativ bewerteter Wohnungen in Obdachlosensiedlungen und die regionale Isolierung solcher Siedlungen erleichtern die Übertragung von negativen Wohnungsmerkmalen auf eine ganze Bevölkerungsgruppe; die Verschiedenheit der Bewohner spielt dann keine Rolle mehr. Es handelt sich um eine *kollektive Typisierung und Etikettierung*.

Eine Person aus einer solchen Siedlung wird außerhalb dieser in der Regel nicht diskreditiert; sie ist aber diskreditierbar, sobald ihre Herkunft anderen bekannt wird. Personen, die aus Obdachlosensiedlungen ausgezogen sind, sind auch nicht mehr diskreditierbar, weil das Bekanntwerden ihrer Wohnherkunft bei den Interaktionspartnern nicht den Prozeß der Zuschreibung negativ bewerteter Persönlichkeitsmerkmale in Gang setzt.

Die Diskreditierung von Obdachlosen führt auch zu einer verzerrten Wahrnehmung der Wirklichkeit. Objektiv nachprüfbare Sachverhalte wie Kinderreichtum, Arbeitslosigkeit und Straffälligkeit, Wohnverhältnisse und Wohndauer in Obdachlosensiedlungen werden in der „Wirklichkeitskonstruktion" der übrigen Bevölkerung verzerrt wahrgenommen. Während schlechte Wohnverhältnisse und lange Wohndauer unterschätzt werden, werden Kinderreichtum, Straffälligkeit und Arbeitslosigkeit überschätzt. Die Wahrnehmung der Wirklichkeit hängt also stärker von der Zuschreibung negativ bewerteten Verhaltens (faul, unwissend) ab als vom tatsächlichen Verhalten der Obdachlosen.

Etikettierung und Diskriminierung allein sind noch keine hinreichende Bedingung für die Vermeidung sozialer Beziehungen. Bedeutsam dafür ist, welche Eigenschaften als kontakthemmend angesehen werden. Bei Obdachlosen sind die ihnen zugeschriebenen Merkmale mit den Merkmalen identisch, die in der Bevölkerung als interaktionshemmend angesehen werden. Man will mit ordinären, kriminellen, aggressiven, faulen und unordentlichen Menschen nichts zu tun haben; genau die gleichen Eigenschaften werden aber Obdachlosen zugeschrieben. Deshalb führt die Diskriminierung zur sozialen Isolierung. Im Falle der Kinder aus Obdachlosensiedlungen führt die Erwartung negativer Verhaltensweisen zu dem Verbot für die eigenen Kinder, mit jenen zu spielen oder intensiveren Kontakt aufzunehmen. Wenn Eltern ihre diesbezüglichen Verbote mit den diskriminierenden Zuschreibungen rechtfertigen, erwerben gleichzeitig ihre Kinder solche Vorurteile. Diese Vorausurteile hindern die Kinder dann daran, überhaupt Kontakt mit Kindern aus Obdachlosensiedlungen aufzunehmen.

Soziale Isolation der Obdachlosen läßt sich daran ablesen, daß die meisten Bewohner einer solchen Siedlung kaum Kontakt außerhalb der Siedlung haben, und dann in der Regel zu wenigen Bekannten und Verwandten. Besucht werden sie von diesen noch weit seltener. Während sie gleichzeitig das Bedürfnis nach intensiverem Kontakt nach außen haben, sind sie an einem häufigen Besuch durch Bekannte nicht interessiert; denn von solchen Besuchen wird die Bestätigung und Erhöhung der Diskriminierung befürchtet, während von eigenen Besuchen außerhalb der Siedlung die Distanzierung von den negativen Objektmerkmalen der eigenen Wohnung erwartet wird.

Auf die wahrgenommene und vermutete negative Fremdeinschätzung reagieren Obdachlose in unterschiedlicher Weise. Die dabei auftauchenden Handlungsmuster sind Reaktionen auf die *Wahrnehmung relativer Deprivation*. Diese ist definiert als die wahrgenommene relative Benachteiligung gegenüber anderen Personen. Relative Deprivation drückt sich bei Obdachlosen in ihrer Erwartung aus, daß sie von anderen Personen in Bezug auf ihre Stellung in der sozialen Hierarchie schlechter eingeschätzt werden als Personen der gleichen sozialen Schicht, die nicht in Obdachlosensiedlungen wohnen, und schlechter eingeschätzt werden, als sie sich selbst einschätzen.

Auf dieses Gefühl der relativen Deprivation reagieren Obdachlose teilweise mit sozialem Rückzugsverhalten. Ihre Beziehungen zu Personen außerhalb des Wohnquartiers sind gering und nehmen mit der Dauer der Obdachlosigkeit weiter ab. Allerdings wird die Verringerung der Außenbeziehungen nicht gleichermaßen durch

Intensivierung der Innenbeziehungen (innerhalb der Siedlung) kompensiert. Es kann also nicht von der Herausbildung einer selbständigen Subkultur innerhalb einer Obdachlosensiedlung gesprochen werden. Das Kommunikationsfeld der Wohnunterkunft ist für die Mehrheit der Obdachlosen nicht ihr soziales Bezugsfeld, in dem sie sich normativ gesichert fühlen. Die „soziale Zurückgenommenheit" (*Merton*) besteht sowohl in Innen- wie Außenbeziehungen, die als allgemeine Resignation mit der Dauer der Obdachlosigkeit zunimmt.

Betrachtet man diese Problematik auf der Persönlichkeitsebene, wird sie oft mit dem Begriff der „Anomia" bezeichnet. Anomia liegt dann vor, wenn Personen das Gefühl haben, von anderen Menschen, besonders „den Verantwortlichen", alleingelassen zu sein, die sozialen Verhältnisse seien in Unordnung geraten, man sei als Person wertlos und könne keine eigenen Lebensziele mehr verwirklichen. In diesem Sinne nimmt Anomia mit der Dauer der Obdachlosigkeit zu. Dieser Umstand und ein Vergleich mit der Persönlichkeitsveränderung von Personen, die Obdachlosensiedlungen verlassen haben, zeigt, daß Anomia das Ergebnis des Obdachloswerdens ist. Anomia ist also die Folge räumlicher und der damit verbundenen diskriminierenden sozialen Segregation, nicht eine Ursache für das Obdachloswerden.

Eine andere Reaktion auf diskriminierende und relative Deprivation ist abweichendes Verhalten. Engt man abweichendes Verhalten auf kriminelle Handlungen ein, dann sind solche nur bei einem kleinen Teil der Obdachlosenbevölkerung festzustellen. Die Kriminalitätsrate ist aber nur gering höher als bei vergleichbaren anderen Bevölkerungsgruppen und beschränkt sich auf Bagatelldelikte. Die Übernahme abweichender Rollen im Sinne kriminellen Verhaltens ist nur bei einem kleinen Teil der Obdachlosen als Reaktion auf relative Deprivation zu beobachten.

Eine weiter verbreitete Handlungsweise ist die Rationalisierung. Darunter ist die Umbewertung negativer Aspekte einer konkreten Lebenssituation zu verstehen. Eine Person rationalisiert durch Umbewertung die negativen Aspekte ihrer Situation, d.h. sie nimmt sie als solche nicht mehr wahr. Umbewertung geht dabei einher mit dem Sinken des allgemeinen Anspruchsniveaus; die Ansprüche insbesondere auf Wohnungskomfort wurden zurückgenommen. Dieses Handlungsmuster ist mit zunehmender Dauer der Obdachlosigkeit stärker zu beobachten. Rationalisierung ist also verbunden mit Resignation. Bei ausländischen Arbeitern und ihren Familien in der Bundesrepublik sind ebenfalls Prozesse der sozialen Segregation, Diskriminierung und Isolierung mit entsprechenden Handlungskonzequenzen festzustellen.

Die Situation am *Arbeitsplatz* läßt sich als ein geschlossenes System struktureller und personaler Diskriminierung beschreiben. Die betrieblichen Maßnahmen der Hilfe und Betreuung dienen funktional dem Zweck eines optimalen Einsatzes als Arbeitskräfte. Die Koppelung von Arbeits- und Aufenthaltserlaubnis führt in Zeiten konjunktureller Schwankungen zur grundsätzlichen Unsicherheit und Unplanbarkeit der eigenen Zukunft. Diese Koppelung zwingt gleichzeitig zur passiven Hinnahme aller betrieblichen Maßnahmen, weil Arbeitsplatzverlust existenzgefährdend ist. Innerhalb des Betriebes müssen die Ausländer die schlechter bezahlten, gefährlichen, gesundheitsschädlicheren und monotoneren Arbeiten übernehmen. Viele arbeiten unter Bedingungen, die ihrer beruflichen Ausbildung nicht entsprechen. Betriebliche Aufstiegsmöglichkeiten sind praktisch nicht gegeben; von den deutschen Kollegen erfahren sie Vorurteile in Bezug auf ihre berufliche Qualifikation. Kommunikation beschränkt sich auf die notwendige Regelung betrieblicher Arbeitsabläufe; damit wird die Segregation im Wohnbereich auch im Betrieb reproduziert. Die Erfahrung betrieblicher Diskriminierung verhindert den Aufbau von Motivationen zur beruflichen Weiterbildung. Gleichzeitig ist die Interessenvertretung durch Betriebsrat und Gewerkschaft nicht oder nur minimal gegeben. Die Unsicherheiten, Abhängigkeiten und Diskriminierungen übertragen sich subjektiv und objektiv auf Wohn-, Bildungs- und Freizeitsituation. Die erzwungene Übernahme einer restringierten Berufsrolle ist ein Faktor für die soziale Plazierung der ausländischen Arbeiter im System sozialer Schichtung.

Ein zweiter Faktor für die soziale Plazierung ist die Diskriminierung durch *Vorurteile*. Vorurteile als negative Einstellungen sind gegenüber ausländischen Arbeitern in der Bundesrepublik weit verbreitet. Sie basieren auf nationalen Stereotypen gegenüber den Ausländern und schreiben diesen kollektive Eigenschaften zu. Ähnlich wie bei Obdachlosen beziehen sich die zugeschriebenen Eigenschaften auf sozial unerwünschte Verhaltensmuster, die gleichzeitig kommunikationshemmend sind. Vorurteile verhindern so die Aufnahme von intensiveren Interaktionen. Die Nichtaufnahme von Kommunikation und die nur selektive, den Vorurteilen entsprechende und sie bestätigende Wahrnehmung von Verhaltensweisen der Ausländer stabilisiert die vorhandenen Vorurteile. Inhaltlich beziehen sie sich – neben anderen Verhaltensmustern – ebenso wie bei den Obdachlosen auf die vermeintlich höhere Kriminalitätsrate der Ausländer. Die strukturelle Verfestigung der latent und manifest vorhandenen Vorurteile läßt sich an der öffentlichen Berichterstattung der Massenmedien über die Ausländerproblematik nachweisen.

Der Rechtsstatus der Ausländer in der Bundesrepublik verweist als dritter Aspekt auf die institutionell abgesicherte Diskriminierung und soziale Benachteiligung. Die von den Ausländern selbst als diskriminierend wahrgenommenen aufenthaltsrechtlichen Restriktionen bestätigen ihren sozial ungesicherten Status als „Bürger zweiter Ordnung". Die ausländerrechtlichen Beschränkungen verhindern eine uneigeschränkte Interessenvertretung und Persönlichkeitsentfaltung. Die wirtschaftliche und berufliche Unsicherheit wird rechtlich bestätigt und abgesichert. Deshalb ist auch der Aufbau längerer Zeitperspektiven und Lebensplanungen unmöglich. Dies wirkt sich unmittelbar auf die Erziehung der Kinder und die Einstellung zu deren schulischer und beruflicher Ausbildung aus.

Die beschriebenen Merkmale der Diskriminierung ausländischer Arbeiter und ihrer Familien weisen sozialstrukturell auf eine *Unterschichtung* der deutschen Gesellschaft hin. Diese Unterschichtung läßt sich insbesondere für die erste Phase der Ausländerbeschäftigung nachweisen. Festzumachen ist sie an der Zuweisung der – im Vergleich zu deutschen Arbeitern im ganzen nicht oder nur wenig beruflich minderqualifizierteren – Ausländer auf die untergeordneten Berufspositionen. Die allgemein geltenden und universalistischen Zuweisungskriterien (z.B. Leistung) treten hinter das ethnische Kriterium zurück. Deshalb kann man von einer neofeudalen Unterschichtung sprechen. Insofern für den Prozeß sozialer Plazierung

Zuweisungskriterien gelten, die für vorindustrielle Gesellschaften typisch sind, ist dieser Prozeß als Kastenbildung anzusehen.

Im soziologischen Sinn können die Ausländer deshalb als Parias der Gesellschaft bezeichnet werden, die auch im Falle großer individueller Leistung – beispielsweise im Beruf – nach dem Merkmal ethnischer Zugehörigkeit sozial plaziert werden. Die Unterschichtung der deutschen Gesellschaft war so lange relativ unproblematisch, wie die Ausländer sie akzeptierten und der deutschen Unterschicht einen kollektiven sozialen Aufstieg ermöglichten. Mit dem Geltendmachen von Aufstiegsforderungen der Ausländer und der Gefährdung des Berufsstatus eines Teils der deutschen Arbeiter durch Wirtschaftskrise, innerbetrieblichen Abstieg in der Folge von Rationalisierung und Arbeitslosigkeit verstärkte sich die neofeudale Absetzung von oben; Medium und Rechtfertigung dieser Herabsetzung der Ausländer sind die Vorurteile gegen sie. Die von den Ausländern wahrgenommene verschärfte Diskriminierung verstärkt ihren Rückzug in die Beziehungen innerhalb der eigenen Ethnie. Die Isolation gegenüber der deutschen Bevölkerung vergrößert sich durch diesen Prozeß von beiden Seiten her; gleichzeitig verfestigen sich die nationalen Subkulturen, die sich, wenn nicht in Slums, so doch in sozialen Ghettos lokalisieren. Die soziale Segregation stabilisiert in der Folge die räumliche Segregation.

Für die Beziehungen zur deutschen Bevölkerung hat die räumliche Segregation gravierende Folgen: Objektmerkmale der Gastarbeiterwohnungen werden – wie beim Diskriminierungsprozeß gegenüber Obdachlosen – als kollektive Merkmale den Ausländern als Personen zugeschrieben. Diese Zuschreibung wird durch die bereits vorhandenen Vorurteile erleichtert, und die Vorurteile werden zirkulär stabilisiert.

Neben dem resignativen Rückzug in die minoritäre ethnische Subkultur der Ausländer hat dies eine Blockierung für Integrations- und Aufstiegsprozesse zur Folge. Diese wirkt sich auf die Ebene des Betriebs, der Wohnsituation, der Freizeit und der Schulsituation der Ausländerkinder aus.

5.1.3. Auswirkungen auf das Erziehungsverhalten der Eltern und die Situation der Kinder

Der Diskriminierungsdruck, der auf den Bewohnern von *Obdachlosensiedlungen* lastet, wird in den internen Beziehungen „verarbeitet", indem er weitergegeben wird. Die Zuschreibung negativer Eigenschaften als Fremdzuschreibung wird von den Bewohnern übernommen und als Selbstzuschreibung von negativen Eigenschaften auf die Mitbewohner übertragen. Der Diskriminierungsdruck wird als nicht solidarisch-kollektiv abgewehrt.

Gleichzeitig wird die externe Schuldzuschreibung verinnerlicht. Die Diskriminierung von Obdachlosen beinhaltet nämlich auch das Vorurteil, daß sie an dieser Situation selbst schuld sind. Indem diese Zuschreibung übernommen wird, entwickeln Obdachlose das Gefühl, daß ihre Situation selbstverschuldet sei; daraus resultieren Minderwertigkeitsgefühle, die auf der emotionalen Ebene oft durch Aggressionen kompensiert werden.

Deshalb sind die internen Beziehungen, zwischen den Bewohnern und innerhalb der Familien, durch Abneigung, Unsicherheit, Inkonsistenz, Aggression und nur punktuelle Solidarisierung gekennzeichnet. Das Zusammenleben auf engem Raum innerhalb der Familie ist eine weitere Bedingung für störungsanfällige Interaktionen; die Beziehungen untereinander finden in einer gereizten Atmosphäre statt und werden von momentanen Emotionen und zufälligen Situationsbedingungen strukturiert. Deshalb ist das Erziehungsverhalten der Eltern gegenüber ihren Kindern insgesamt durch den ungeplanten und für die Kinder kaum durchschaubaren Wechsel von Verhaltensweisen gekennzeichnet. Im einzelnen lassen sich folgende Verhaltensmuster beobachten:

– Was die von den Eltern artikulierten Erziehungsziele betrifft, werden Reinlichkeit, Verträglichkeit, Zuverlässigkeit und Ehrlichkeit hochbewertet, während Selbstständigkeit, Wissensdrang, Durchsetzungsvermögen und Anpassungsfähigkeit als weniger wichtig gelten. Schon in der Selbstbewertung werden also Verhaltensweisen vernachlässigt, die für einen Schulerfolg wichtig sind.

- Die Eltern tragen an ihre Kinder hohe Gehorsamserwartungen heran. Dies läßt sich als Weitergabe des auf den Eltern selbst lastenden Anpassungsdrucks interpretieren. Das durch Minderwertigkeitsgefühle belastete Selbstbewußtsein der Eltern verträgt keinen Widerspruch; deshalb ist Individualität und Selbstbestimmung des Kindes kein erwünschtes Verhaltensmuster. Gleichzeitig hoffen die Eltern, eine gesellschaftliche Integration der Kinder durch Anpassungsleistungen erreichen zu können. Da es sich nicht um eine selbstregulierte und -gesteuerte Anpassungsfähigkeit handelt, wird nur eine äußere, d.h. in konkreten Situationen Strafen vermeidende Anpassung erreicht.
- Das Erziehungsverhalten ist inkonsistent, d.h. es schwankt zwichen Vernachlässigung und Verwöhnung. Auf Phasen der Strenge oder Interesselosigkeit der Eltern folgen Phasen der Verwöhnung, die durch Schuldgefühle ausgelöst werden. In der Wahrnehmung des Kindes sind die Elternreaktionen auf sein eigenes Verhalten nicht planbar, weil diese mehr von der momentanen psychischen Verfassung der Eltern als von seinem Verhalten und seinen Intentionen abhängig sind. Deshalb kann das Kind kaum die Einsicht in den geregelten Zusammenhang zwischen eigenem Verhalten und den Reaktionen anderer erwerben. Es kann nicht das eigene Verhalten nach gleichbleibenden Regeln organisieren und planen, es bleibt situationsgebunden. Der Erwerb der für die Zeit der ersten Lebensjahre wichtigen Altersrolle durch die Übernahme relativ stabiler Interaktionsregeln wird dadurch behindert.
- Die Inkonsistenz des Erziehungsverhaltens hängt nicht nur vom psychischen und sozialen Druck ab, unter dem die Eltern stehen, sondern auch von dem Fehlen längerer Zeitperspektiven und Planungsstrategien. Die in Obdachlosensiedlungen oft vorhandene Instabilität der materiellen Sicherheit und das häufig unregelmäßige Familieneinkommen (Arbeitslosigkeit, Gelegenheitsarbeit u.s.w.) erlauben keinen langfristig geplanten Einsatz finanzieller Mittel. Von der Ebene der materiellen Sicherung und der finanziellen Planung wird dieses Verhaltensmuster auf andere Dimensionen übertragen. Auch in anderen Situationen findet eine Verkürzung der Zeitperspektiven statt, d.h., die jeweilige

Vergangenheit und Zukunft einer konkreten Situtation wird verkürzt wahrgenommen. Wenn gleichzeitig das Erziehungsverhalten inkonsistent ist, kann das Kind keine überdauernden Maßstäbe und Kriterien zur Bewertung konkreter Situationen erwerben. Solche Maßstäbe sind aber wichtig, um beurteilen zu lernen, welche Ziele man erreichen kann; das Fehlen der Auseinandersetzung mit einem solchen Gütemaßstab erschwert die Heranbildung von Leistungsmotivation (wie sie in Kapitel 3 definiert wurde). Das Fehlen einer stabilen Leistungsmotivation ist eine zweite ungünstige Voraussetzung für die Bewältigung schulischer Leistungsanforderungen.

– Die ungünstigen Ausgangsbedingungen werden dadurch verfestigt, daß Eltern in der Schule kein Mittel für den sozialen Aufstieg ihrer eigenen Kinder sehen. Sie nehmen zwar die Bedeutung schulischer Ausbildung wahr, ihr Anspruchsniveau für die Ausbildung der eigenen Kinder bleibt jedoch niedrig. Die Distanz zur Schule wird gleichzeitig gestützt durch die überwiegend negativen eigenen Schulerfahrungen der Eltern. Schulischer Mißerfolg wird bei den eigenen Kindern mit fehlender Begabung erklärt, bei anderen Kindern wird auf das Desinteresse und die mangelnde Unterstützung durch deren Eltern verwiesen. Bei der Erklärung der Verhaltensweisen anderer wird auf den Mechanismus der Zuschreibung persönlicher Schuld zurückgegriffen, für die Begründung des eigenen Verhaltens werden dagegen scheinbar unveränderliche Gründe herangezogen.
Es handelt sich bei Anspruchsniveau, Leistungsorientierung oder Mißerfolgsorientierung nicht um unveränderliche Persönlichkeitsmerkmale; mit zunehmender Wohndauer in Obdachlosensiedlungen nimmt die Mißerfolgsorientierung deutlich zu, während sie bei dauerhaftem Verlassen dieser Siedlungen zurückgeht. Gleichzeitig ist von Bedeutung, ob sich eine Familie innerhalb der Obdachlosensiedlung normativ verankert fühlt, ob die Siedlung also ihr Bezugsfeld ist. Wenn dies der Fall ist, dann ist die Mißerfolgsorientierung deutlich größer und das allgemeine Anspruchsniveau niedriger.

– Als Verhaltensreaktion auf relative Deprivation wird häufig – auch in anderen sozialen Gruppen – eine diffuse Aggression beobachtet; „diffus“ deshalb, weil sie sich nicht gegen die Ursache der Deprivation oder einer Bedrohung richtet.

Wenn schon das Erziehungsverhalten in Bezug auf die Dimension „Kontrolle“ in der Unterschicht allgemein stärker ausgeprägt ist als in der Mittelschicht, so werden entsprechende Verhaltensweisen bei Eltern in Obdachlosensiedlungen besonders deutlich. Sie erziehen ihre Kinder weitaus häufiger durch Anwendung und Androhung von körperlichen Strafen als Eltern aus vergleichbaren sozialen Gruppen, die nicht in einer solchen Siedlung wohnen. In der Untersuchung von *Iben* (1971, S. 99) wird dies anschaulich beschrieben:

„In der Reaktion der Mutter auf eine verbotene Handlung ihres Kindes wird ein wesentlicher Unterschied im Erziehungsstil der Eltern zwischen Randgruppen und Normalgruppen deutlich. Während in der Randgruppe darauf mit Schläge, Schimpfen, Androhungen von Repressalien und Entzug von Vergünstigungen reagiert wird und sich hierin die Reaktionsskala praktisch erschöpft (85 %), fallen unter diesen Bereich nur etwa 15 % der Normalgruppen. An erster Stelle treten hier nochmaliges Aussprechen des Verbots, Eingehen auf die Motive des Kindes oder sachadäquate Bestrafungen, z.B. Schmutz selbst beseitigen, Entzug von Süßigkeiten bzw. Änderungen der Situation, damit solche Verfehlungen nicht wieder vorkommen können.“

Neben diesen für die Gesamtgruppe der Obdachlosen tendenziell zutreffenden Zusammenhängen ist ein autoritärer Erziehungsstil um so verbreiteter, je schlechter und überbelegter die Wohnung und je größer die Familie ist. Obdachlosenkinder sind aufgrund dieser Bedingungen – wobei die Probleme der unzureichenden medizinischen Versorgung, der hygienischen Zustände und gesundheitlichen Entwicklung zu ergänzen sind – „retarded“ und „disadvanteged“, „zurückgeblieben“ im Vergleich zu den Gleichaltrigen aufgrund sozialer Benachteiligung und Diskriminierung. Auf der Ebene persönlicher Fähigkeiten beschreiben *Passow/Elliott* (1967, S. 28; nach *Kunert*, S. 73) das Ergebnis folgendermaßen: „Zusammenfassend kann gesagt werden, daß benachteiligte Kinder als Gruppe durch folgende Merkmale charakterisiert werden können: a) Sprachmängel ..., b) Wahrnehmungsschwächen, Probleme beim visuellen und auditiven Unterscheiden und beim räumlichen Anordnen; c) eine Ausdrucksform, die mehr am Motorischen und Konkreten orientiert ist als an Begriffen und Symbolen; d) eine Lebensausrichtung, die eher die unmittelbare Belohnung sucht als deren Verzögerung für einen zukünftigen Vorteil; e) eine niedrige Selbsteinschätzung, die die Möglichkeiten persönlicher und schulischer Art heruntersetzt; f) zu geringe Erwartungen und Motivationen in Bezug auf schulische Ziele und Prozesse; g) begrenzte Fähigkeiten für das Rollenverhalten und h) unangemessene oder ungeeignete Vorbilder bei den Erwachsenen."

Indem die Kinder solche Merkmale aus der Zuschreibung anderer übernehmen und sich die Schuld für das Versagen selbst zuschreiben, entwickeln sie ein negatives Selbstbild. Dieses negative „Autostereotyp" ist die wichtigste und folgenreichste Voraussetzung für ihren Zugang zur Schule. Bei *ausländischen Familien* und ihren Kindern lassen sich teilweise ähnliche Prozesse beobachten, die durch spezifische Bedingungen modifiziert werden.

Die ausländische Familie ist durch die Wanderung spezifischen Belastungen ausgesetzt. Die Familien sind in der Regel längere Zeit getrennt; normalerweise wandert der Vater allein und holt erst nach einigen Jahren die Familie nach. Im Falle der Familienzusammenführung muß sich die innerfamiliale Kommunikation erst einmal wieder stabilisieren. Dies wird durch die unterschiedlich lange Aufenthaltsdauer der Familienmitglieder in der Bundesrepublik und den damit verbundenen Einstellungswandel erschwert.

Ein weiterer Faktor der Änderung in der Familie ist die Berufstätigkeit der Mutter, die in der Bundesrepublik weitaus höher als in der Heimat ist.

Durch die Berufstätigkeit der Frau ergeben sich – vor allem für Familien aus Griechenland und der Türkei, wo das patriarchalische Familienprinzip noch am stärksten entwickelt ist – Veränderungen der familialen Positions- und Rollenverteilung. Dies ist vor allem dort der Fall, wo die Mutter als erste auswanderte, weil sie eher als der Vater eine Arbeits- und Aufenthaltsgenehmigung erhalten hat.

Während von einem Übergang von einer Groß- zu einer Kleinfamilie nicht die Rede sein kann, weil auch für die Herkunftsländer die Kleinfamilie typisch ist, werden die sozialen Absicherungen durch das Verwandtschaftssystem verringert. Gleichzeitig gibt die Familie einige Reproduktionsfunktionen wie Alters- und Krankenversorgung und Kleinkindererziehung ab. Eine Verunsicherung und Belastung der Familie ergibt sich auch durch den abrupten Übergang in industrielle Arbeitsbedingungen, die für die Eltern neue physische und psychische Belastungen mit sich bringen. Ausländische Familien haben also zwei Probleme gleichzeitig zu verarbeiten: Sie müssen sich in der neuen Umwelt zurechtfinden und das innerfamiliale Zusammenleben neu aufbauen und stabilisieren. Die Lösung dieser Aufgaben wird durch die Probleme der Kindererziehung zusätzlich erschwert. Die ausländischen Eltern orientieren sich in ihren Erziehungsvorstellungen an den von ihnen selbst in ihrer Kindheit erworbenen Normen und Werten ihrer Herkunftsgesellschaft. Die Eltern behalten auch bei längerem Aufenthalt die von ihrer Heimatkultur geprägte „Grundpersönlichkeit" (*Claessens*) und identifizieren sich mit dem Heimatland. Die Kinder stehen dagegen mit der deutschen Kultur in weitaus stärkerem Kontakt, finden diese überwiegend attraktiver als die Heimatkultur und identifizieren sich nur teilweise mit der Kultur des Heimatlandes. Sie wachsen in einer „Mischkultur" auf. Symptomatisch für diese Situtation ist, daß die Eltern untereinander und die Kinder mit ihren Eltern generell die Heimatsprache sprechen, die Hälfte der Kinder untereinander – auch mit ihren Geschwistern – aber deutsch sprechen. Die innerfamiliale Kommunikation repräsentiert bereits die Mischkultur. Für das Verhältnis zwischen Eltern und Kindern ergeben sich weitere Probleme daraus, daß die Kinder häufig aufgrund ihrer oft besseren Sprachkenntnisse die Beziehungen zur deutschen Umwelt herstellen und tragen. Für das Selbstbewußtsein der Eltern bedeutet dies eine Belastung, insofern sie sich von ihren Kindern abhängig fühlen, was ihrem erworbenen Rollenverständnis widerspricht. Das Erziehungsverhältnis kehrt sich teilweise um, da die Kinder über die Sprache versuchen, ihren Eltern die kulturellen Normen der deutschen Gesellschaft nahezubringen.

Während die Kinder die deutsche Kultur oft als der eigenen Heimatkultur überlegen wahrnehmen und sich mit ihr identifizieren, findet bei den Eltern in der Regel ein gegenläufiger Prozeß statt. Nach einer ersten Phase der Offenheit und Integrationsbereitschaft gegenüber dem „Gastland" wandelt sich diese Einstellung durch die erfahrenen Diskriminierungen und das Scheitern von Kontaktversuchen. Gleichzeitig wird die teilweise Akkulturation der Kinder an die deutsche Kultur als bedrohlich wahrgenommen, da eine Entfremdung der Kinder befürchetet wird. Als Reaktion darauf ist der verstärkte Wunsch anzusehen, die Kinder in einer nationalen Schule erziehen und unterrichten zu lassen. Unterstützt wird dieser Wunsch durch die – oft vagen – Rückkehrabsichten der Eltern. Der Rückzug in die nationale Minderheitensubkultur, in das soziale Ghetto also, verstärkt wiederum diese Beschulungswünsche der Eltern. Aus dem Akkulturationsgefälle zwischen Eltern und Kindern ergibt sich also die Grundproblematik des Eltern-Kind-Verhältnisses.

Die Differenz zwischen Heimatkultur und der neuen Umwelt läßt sich konkret an den *Erziehungszielen* festmachen, die freilich je nach Nationalität sehr unterschiedlich sind. Am deutlichsten sind die Diskrepanzen bei Griechen und Türken, während bei Jugoslawen, Italienern und Spaniern die Übereinstimmung mit den Vorstellungen deutscher Eltern größer sind.

- Die Erziehung zu „Lernen und Leistung" ist weniger als individualistisch verstandene Entwicklung einer Lern-, Leistungs- und Aufstiegsmotivation zu verstehen, vielmehr als Übernahme von betrieblichen Leistungs- und Anpassungsanforderungen. Dies entspricht den Elternerfahrungen am Arbeitsplatz.
- Sehr hoch wird das Erziehungsziel „Gehorsam und Ordnung" eingeschätzt. Die Gründe hierfür liegen auf mehreren Dimensionen; die Herkunftskultur ist stärker als die deutsche durch autoritär-patriarchalische Tendenzen gekennzeichnet, was sich bis vor kurzem auch am politischen System der Herkunftsländer zeigte. Fast alle ausländischen Eltern wurden in autoritären politischen Herrschaftssystemen sozialisiert. Gehorsam und Ordnung als Erziehungsziele finden weiterhin ihre Begründung in den Erfahrungen der Eltern am Arbeitsplatz, wie sie auch für deutsche Arbeiter typisch sind; in deren Erziehungszielen spielt Gehorsam und Ordnung deshalb auch eine größere Rolle als in der Mittelschicht. Schließlich wird Gehorsam und Ordnung als Erziehungsziel normativ abgesichert durch die große Be-

deutung der Religion, die in den Herkunftsländern der ausländischen Arbeiter eine vergleichsweise größere soziale Rolle spielt als in der deutschen Gesellschaft. (Der Vergleich mit der deutschen Gesellschaft ist insofern nur global, als innerhalb der deutschen Gesellschaft bei diesem und den folgenden Vergleichen Differenzierungen nicht berücksichtigt werden.)

- Selbständigkeit und Verantwortung, Erziehungsziele, die bei der deutschen Bevölkerung durchschnittlich am wenigsten gelten, sind auch bei den ausländischen Eltern untergeordnete Erziehungsziele.
- Die Autoritätsverteilung zwischen Vater und Mutter, die Familienrolle in Bezug auf Strafen des Kindes, ist bei Griechen und Türken sehr verschieden von anderen Nationen. Bei den durch eine größere kulturelle Distanz zur Bundesrepublik gekennzeichneten Nationen spielt der Vater auch in der innerfamilialen Autoritätsverteilung die dominante Rolle. Hier erfahren die Kinder die am stärksten differierenden Rollenvorbilder im Vergleich zur deutschen Umwelt.

Die innerhalb der Minderheitensubkultur auf die Kinder einwirkenden Erziehungsweisen und Handlungsmuster stehen in Diskrepanz zu ihrer außerfamilialen Erfahrungswelt. Dies erschwert grundsätzlich den Erwerb einer kulturell einheitlichen „Grundpersönlichkeit“. Die für die Kinder typische höhere Akkulturation bringt sie in Distanz zu den Eltern; gleichzeitig können sie sich allerdings nicht vollständig mit der deutschen Kultur und Umwelt identifizieren, da sie räumlich und sozial weiterhin zur ethnischen Minderheit gehören und dieser zugerechnet werden. Der Erwerb eines kulturellen Selbstverständnisses als Deutsche ist aber so lange unmöglich, wie sie von ihrer deutschen Umwelt als Ausländer diskriminiert und benachteiligt werden. *Schrader, Nikles* und *Griese* (1976, S. 109f.) beschreiben die Folgen für die ausländischen Kinder: „Die Orientierung des Kindes an der neuen Außenwelt können auch Elemente einer frühzeitigen Herauslösung aus der Herkunftsfamilie anzeigen. Tatsächlich deutet das Verhalten der Kinder darauf hin, daß sie sich von der Heimatkultur und der Minderheitensubkultur der Eltern entfernen bzw. daß sie selbst die Minderheitensubkultur immer stärker mit Elementen der Fremdkultur durchsetzen helfen. Zu dem sozusagen „natürlichen“ Unterschied der Generationen kommt ein „Kulturkampf“, d.h. die Auseinandersetzung mit der Fremdkultur hinzu. Während sich die Kinder sehr bereitwillig auf die Verhaltensanforderungen und Wertorientierungen der Fremdkultur einstellen, versuchen die Eltern sehr häufig, gegenhaltende Einflüsse auszunützen. Anders als deutsche Kinder, und zwar auch anders als deutsche Arbeiterkinder, erfahren die ausländischen Kinder keine Unterstützung durch die gesamtgesellschaftlichen Wertorientierungen. Wie in vielen anderen historischen Beispielen von Wanderungen ist es den Kindern der Einwanderer aufgetragen, die größten Schritte in Richtung auf die neue Kultur und Gesellschaft selbst zu tun; die eigene Familie ist ihnen oft mehr Hindernis als Unterstützung bei dieser sehr schweren Aufgabe.“

5.2 Die Verfestigung der negativen Effekte durch die organisierte Erziehung

Die Voraussetzungen für Schulerfolg sind schichtspezifisch unterschiedlich; im Durchschnitt sind sie bei Mittelschichtkindern günstiger als bei Unterschichtkindern. Für die Kinder aus Obdachlosensiedlungen und für ausländische Arbeiterkinder kumulieren die negativen vorschulischen Lebensbedingungen. Die schlechtere Ausgangslage läßt sich vor allem an den Dimensionen „Leistungsmotivation“, „Selbstbewußtsein“ und „Sprachverhalten“ festmachen. Es zeigt sich, daß die familialen und minderheitenspezifischen Sozialisationsbedingungen die Wahrscheinlichkeit der schulischen Karriere weitgehend festlegen und in negativer Weise weiterwirken. Gleichzeitig stellt die Schule als Organisation keine Instrumente zur Verfügung, die den Zirkel von vorschulischer und schulischer Benachteiligung aufbrechen könnten. Dies ist weder auf der Ebene der Unterrichtsorganisation noch in der Dimension der in der Schule relevanten Sozialbeziehungen möglich. Die in Schule organisierte Erziehung hebt die vorschulischen Deprivationen nicht auf, sondern verfestigt sie.

5.2.1 Divergenzen zwischen schulischer und familialer bzw. subkultureller Umwelt

Beim Übergang vom familialen ins schulische System werden insbesondere Verhaltensmuster bedeutsam, die auf den Dimensionen des Sprachverhaltens, der Leistungsmotivation sowie des Planungsverhaltens und der Zukunftsorientierung liegen. Darüber hinaus sind die Faktoren der institutionalisierten Vorschulerziehung und der Eltern-Schule-Interaktion einflußreich. Die Dimension der Leistungsmotivation und der Zukunftsorientierung wurden bei der familialen Sozialisation bereits dargestellt.

Obdachlosenkinder haben vor dem Schuleintritt kaum Kontakt mit Kindern aus anderen Wohnbereichen. Kindergärten, Spielstuben oder Kindertagesstätten werden für sie gesondert errichtet, auch wenn die Sozialbehörden theoretisch die vorschulische Integration für richtig halten. Die vorschulische Segregation unterstützt die Tendenzen zur sozialen Isolation. Versuche einer Integration in sozial gemischten vorschulischen Einrichtungen scheitern auch am Widerstand der Eltern aus anderen Wohngebieten, die ihre Kinder nicht in gemeinsame Einrichtungen mit Obdachlosenkindern schikken wollen. Das interaktionsvermeidende Verhalten der Eltern wird so schon auf Kinder im Vorschulalter übertragen. Für die Obdachlosenkinder bedeutet dies, daß sie auch in Einrichtungen der vorschulischen Erziehung in ihrer sozial homogenen Umwelt verbleiben.

Bei den *Ausländerkindern* ist die Situation durch vorschulische Unterversorgung gekennzeichnet. Auch wenn in den Kindergartengesetzen der Bundesländer die Förderung von Kindern aus sozial und wirtschaftlich benachteiligten Bevölkerungsgruppen besonders postuliert wird, ist dies in der Realität nicht gewährleistet. Die vorliegenden Untersuchungen zeigen, daß ausländische Kinder weit weniger als die deutschen Kindergärten besuchen. Im Bereich der Kindergruppen und Kindertagesstätten ist ihre Versorgung im Vergleich zu deutschen Kindern noch geringer. Dies wirkt sich auf die Startchancen in der Schule hemmend aus, denn es konnte nachgewiesen werden, daß ausländische Kinder, die einen Kindergarten besucht haben, weniger Sprachprobleme beim Schuleintritt haben. Die vorschulisch nicht versorgten Kinder werden häufig von Großeltern und Nachbarn der gleichen Nationalität oder von Geschwistern betreut, wenn auch die Mutter berufstätig ist. Sie bleiben also in einer sozial und – was hier besonders wichtig ist – sprachlich homogenen Umwelt, die sie nicht – wie der Besuch des Kindergartens – auf den Eintritt in die deutsche Schule vorbereiten kann.

Deshalb sind die Chancen für einen erfolgreichen Schulbesuch auch dann nicht automatisch besser, wenn ausländische Kinder schon in der Bundesrepublik geboren werden und von Anfang an hier aufwachsen. Die vorschulische Unterversorgung läßt sich als strukturelle Diskriminierung der Ausländerkinder bezeichnen.

Auf der Dimension des *Sprachverhaltens* haben Obdachlosenkinder und ausländische Arbeiterkinder mit spezifischen Problemen zu tun.

Sprache ist Vermittler und Ausdruck sozialen Handelns; sie ist das Medium, über das kulturelle Werte und Normen verinnerlicht werden. Der Sozialisationsprozeß wird in hohem Maße durch die Kommunikationsstruktur der unmittelbaren Umwelt in Familie und im Wohnbereich bestimmt. Der Spracherwerb des Kindes ist eng verknüpft mit den Sozialbeziehungen, in denen das Kind lebt und aufwächst. Umwelterfahrung wird über Sprache vermittelt und beeinflußt die kognitive Entwicklung des Kindes; die im Spracherwerb gegebenen Formen der Umweltwahrnehmung wirken dann auf die Persönlichkeitsentwicklung des Kindes zurück. Das Sprachverhalten der Obdachlosenkinder ist eine spezifische Variante des allgemeinen Sprachstils von Unterschichtkindern, die im Bezug auf das in der Schule geforderte Sprachverhalten im Vergleich zu Mittelschichtkindern benachteiligt sind. Die Sozialisationsbedingungen in der Obdachlosenfamilie führen zu einem Sprachverhalten, das *Kunert* (1976, S. 114ff.) folgendermaßen beschreibt (nach *Jensen* 1973 und *Iben* 1972):

„1. Kulturell benachteiligte Kinder verstehen mehr Sprache als sie verwenden ... ,
2. ... sie können sehr viele Wörter mit Präzision benutzen, aber diese Begriffe sind nicht repräsentativ für die schulische Welt ...
3. ... sind häufig in der sprachlichen Entwicklung benachteiligt, weil sie nicht über die Vorstellung verfügen, daß Dinge Namen haben und daß dieselben Dinge verschiedene Namen haben können.

4. Kulturell benachteiligte Vorschulkinder verwenden weniger Wörter mit weniger Variation, um sich auszudrücken, als dies Vorschulkinder mit höherem sozioökonomischen Status tun.
5. Kulturell benachteiligte Kinder verwenden einen geringeren Anteil komplexer Satzstrukturen wie zusammengesetzte ... Satzkonstruktionen ...
6. ... lernen weniger von dem, was sie hören, als Kinder der Mittelschicht ...
7. ... können weniger die symbolischen und begrifflichen Aspekte ihrer Umgebung wahrnehmen; die sprachlichen Mittel des Abstrahierens und Analysierens sind relativ unterentwickelt.
8. ... beenden häufig die Lesegewohnheit, bevor sie richtig begonnen hat ...".

„(a) Die Obdachlosenkinder nannten bei Bildbeschreibungen nur 50 % der Wörter des MS-Kinder.
(b) Die Wortleistung pro Minute war nur halb so hoch.
(c) In allen Wortarten war der Gebrauch geringer.
(d) Die Obdachlosenkinder bildeten weniger vollständige Sätze und besaßen in geringerem Maße die Fähigkeit, das Wesentliche eines Bildes zu erfassen und auszudrücken.
(e) Die festgestellten Unterschiede wurden bei den Berichten bestätigt.
(f) Beim Aufzähl-Test ergaben sich kaum Differenzen (lediglich beim höheren Gebrauch von Wiederholungen und beim niedrigeren Gebrauch von Pluralbildungen).
(g) Beim Wortschatztest ergaben sich erheblich niedrigere Werte für die Obdachlosenkinder."

Ein solches Sprachverhalten ist nicht als allgemeines *Defizit* gegenüber dem Sprachverhalten der Mittelschicht zu interpretieren. Bei einer solchen Interpretation würde die Mittelschichtnorm unreflektiert als allgemeine, gesellschaftlich verbindliche Norm verstanden werden, der sich andere Sprachweisen anzupassen hätten. Wichtig ist nur, daß das Sprachverhalten der Unterschichtkinder, speziell derer aus Obdachlosensiedlungen, nicht dem in der Schule geforderten entspricht.

Für ihre gewohnte soziale Umgebung ist ihr Sprachverhalten eher angemessen und zur Pflege erfolgreicher Sozialbeziehungen hinreichend und funktional.

Beim Übergang zur Schule werden sie allerdings nicht nur mit den für alle Schulkinder verbindlichen Lernanforderungen konfrontiert; sie sollen gleichzeitig auch ein für sie neues, der schulischen Situation angemessenes Sprachverhalten erwerben. Für alle Schulkinder taucht beim Schuleintritt die Problematik auf, formelle und affektiv neutralere Rollenbeziehungen zu Lehrer und Mitschüler aufnehmen zu müssen, die sich von den affektiven und persönlichen Beziehungsmustern der Familie unterscheiden. Bei Obdachlosenkindern verdoppelt sich die damit gegebene Belastung durch den Zwang, ein neues situationsangemessenes Sprachverhalten zu lernen.

Bezogen auf die Unterrichtsinhalte führt dies zum Schulversagen, das in Lese- und Rechtschreibschwächen diagnostiziert wird. Weil Schulerfolg von den Unterrichtszielen der Grundschule her in erster Linie vom Erwerb der Lese- und Schreibkenntnisse abhängt, sind die ersten Schuljahre für Obdachlosenkinder so folgenreich.

Die gleiche Problematik zeigt sich bei Ausländerkindern in anderer Weise. Je nach dem, in welchem Stadium der Entwicklung und des Spracherwerbs sich das Kind zum Zeitpunkt der Konfrontation mit der Fremdkultur befindet, ergeben sich verschiedene – hier typisierte – Konstellationen, wie sie von *Schrader*, *Nikles* und *Griese* herausgearbeitet wurden.

Wächst ein Kind von Anfang an in der Bundesrepublik auf oder kommt es als „*Kleinstkind*" hierher, wirkt zunächst die Kommunikationsstruktur der Familie auf den Spracherwerb ein. Schon früh findet gleichzeitig (z.B. Fernsehen) die Konfrontation mit der deutschen Kultur und deren Sprache statt; deren Einfluß wird größer, sobald der Kontakt mit gleichaltrigen Deutschen aufgenommen wird. Nach den vorliegenden Untersuchungen stellen Spielkameraden im Vorschulalter die wichtigsten Einflußinstanzen des Spracherwerbs dar; Kinder lernen beispielsweise Akzente und Dialekte, die ihre Eltern nicht sprechen. Ein in der Bundesrepublik aufwachsendes Kind ist im sprachlichen Verhalten nicht so festgelegt wie ein Kind, das in der geschlossenen Heimatkultur einkulturiert worden ist. Es kann viele Bedeutungen der deutschen Sprache und die damit verbundenen Werte und Normen verinnerlichen. Ist der Rückzug der Eltern in die Minderheitensubkultur nicht vorherrschend und wird es in die deutsche Schule eingeschult, haben die Zeichen und Inhalte der Heimatsprache nur ergänzende Bedeutung. Das mit deutschen Kindern geteilte Wissen um Bedeutungen von Symbolen und Begriffen fördert die interethnischen Beziehungen und ermöglicht eher Schulerfolg. Die mit der Sprache erworbene Identifikation mit der deutschen Kultur kann aber zu Konflikten mit den Eltern und innerfamilialer Entfremdung führen. Im Entfremdungsfall lehnt das Kind seine Eltern, Geschwister und die Verwandten ganz ab und übernimmt aufgrund einer Überidentifikation mit der deutschen Kultur auch deren Vorurteile gegen die eigene Ethnie. Wenn ein Kind die eigene Sprache und Kultur bereits relativ stabil erworben hat, also eine ethnisch geprägte „Basispersönlichkeit“ erworben hat und als *Vorschulkind* mit der deutschen Kultur in Kontakt kommt, wird es im außerfamilialen Bereich mit neuen Situationen konfrontiert. Durch die bald erfolgende Einschulung wird es mit ungewohnten Begriffen, Symbolen und Bedeutungen belastet. Wenn es auf die neue Situation durch eine Umorientierung reagiert und die Bedeutungen der neuen Sprache lernt, kann es keine der beiden Sprachen richtig sprechen. Denn die Erstsprache wird noch nicht ausreichend beherrscht, die Zweitsprache ist notwendig aufgesetzt und kann ohne Umstände nicht mehr zur Erstsprache werden. Es existieren zwei Mengen von Bedeutungen nebeneinander, die zu einem psychischen Konflikt führen, sofern mit den Sprachen zwei Kulturen nebeneinander stehen. In beiden Sprachen kann das Kind sich nicht differenziert äußern. Sein Schulerfolg ist von Anfang an eingeschränkt. Reagiert das Kind gegenüber der Fremdkultur ablehnend und wird dies durch das Elternhaus unterstützt, indem es nur in der Muttersprache unterrichtet werden soll, so ist ein Abschluß der deutschen Schule ganz unwahrscheinlich. Orientiert das Kind sich ganz auf die deutsche Sprache und Kultur um, kommt es zu den beschriebenen Konflikten mit den Eltern.

Kommt ein *Kind im Schulalter* in die Bundesrepublik, ist der Zugang zur deutschen Sprache und Schule am schwierigsten. Die Sprachschwierigkeiten verhindern die volle Integration in die deutsche Schule. Die als Integrationsvorbereitung angebotenen

„Vorbereitungsklassen“ erreichen ihre Ziele nicht. Die Kinder verbleiben weithin sehr lange in ihnen; sie sind dabei mit Kindern der eigenen Nationalität zusammen und haben am Ende der Vorbereitungsklasse oft weniger deutsche Sprachkenntnisse als am Anfang. Dies ist vor allem dann der Fall, wenn sie von ausländischen Lehreren ohne ausreichende deutsche Sprachkenntnisse unterrichtet werden und/oder wenn ihre Eltern einen Verbleib in der Vorbereitungsklasse wünschen. Eltern wünschen dies, wenn sie aufgrund von Diskriminierungserfahrungen ihre Integrationsbereitschaft zurückgenommen haben, oder aus der begründeten Befürchtung, daß ihre Kinder in der deutschen Schule diskriminiert werden und keinen Abschluß erreichen können.

Die wirtschaftlichen und ausländerrechtlichen Bedingungen der erschwerten Familienzusammenführung bedingen also unmittelbar die Probleme des Spracherwerbs der Kinder und tragen zur Verringerung ihrer Chancen auf schulischen Erfolg bei.

Die *Eltern-Schule-Interaktion* ist eine weitere Bedingung für die Schulkarriere der Minderheitenkinder. Eltern aus Obdachlosensiedlungen und ausländische Eltern zeichnen sich in der Regel durch ein distanziertes Verhältnis zur Schule aus. Obdachlose assoziieren mit Schule oft eigene negative Erfahrungen und Versagungsgefühle, da sie selbst nur geringen Schulerfolg gehabt haben. Zwar schätzen sie schulischen Erfolg als Norm für ihre Kinder hoch ein, realisieren aber kaum diese Norm durch positiv-verstärkendes Verhalten.

Äußerliche Unterordnung unter die schulischen Leistungsanforderungen erscheint ihnen als das angemessene Verhalten; deshalb reagieren sie eher strafend auf Ordnungsverstöße ihrer Kinder. Beziehungen zu Lehrern werden in der Regel nur bei solchen Anlässen und auf Verlangen der Lehrer aufgenommen. Da sie in solchen Interaktionen mit dem Lehrer fast nur mit dem schulischen Versagen ihrer Kinder konfrontiert werden, bedeuten solche Interaktionen eine Belastung des Selbstwertgefühls. Deshalb meiden sie solche Interaktionen. Von den Lehrern wird dies wiederum als Desinteresse interpretiert.

Ausländische Eltern können sich oft sprachlich nicht dem Lehrer verständigen. Die Eltern-Lehrer-Interaktion ist deshalb für sie mit der Erfahrung verbunden, daß sie wenig für den Schulerfolg ihrer Kinder tun können. Diese Erfahrung machen sie auch bei der Hilfe bei den Hausaufgaben. Sprachschwierigkeiten und fehlendes Wissen über das deutsche Schulsystem führen zum Gefühl der Inkompetenz. Deshalb vermeiden sie Interaktionen zur deutschen Schule. Ihre eigenen Schulerfahrungen sind in der Regel unter Bedingungen obrigkeitsstaatlicher Schulsysteme und -ordnungen erworben. Äußere Unterordnung unter die Autoritätsbefugnisse des Lehrers erscheint ihnen auch für ihre Kinder als wünschenswert. Auf schulische Schwierigkeiten ihrer Kinder reagieren sie deshalb wie Obdachloseneltern mit Anpassungsforderungen oder aber mit dem Rückzug in die ethnische Subkultur; dies bedeutet, daß sie für ihre Kinder nur den Besuch nationaler Klassen und Schulen wünschen.

Die Untersuchungen über die Folgen des Elternverhaltens für den Lernerfolg in der Schule haben nun folgende wichtige Zusammenhänge herausgearbeitet:

- Unterstützendes und verstärkendes Verhalten der Eltern wirkt sich günstig darauf aus, daß die Kinder die schulischen *Lernanreize* aufnehmen. Gleichgültigkeit der Eltern wirkt sich dagegen negativ aus. Ein hohes Anspruchsniveau der Eltern wirkt sich so aus, daß die selbstbildbezogenen Lernanreize bereitwillig aufgenommen werden; Lern- und Leistungsanforderungen gehören dabei als persönliches Wertsystem zum Selbstbild des Kindes, und es reagiert aus diesem Grund positiv auf schulische Lernanforderungen.
- Unabhängig von der jeweiligen Schulform führen hohes elterliches Schulengagement und ein helfendes und unterstützendes Verhalten zu einer höheren *Lernmoral* der Kinder. Ein hohes Anspruchsniveau der Eltern erleichtert die Übernahme des schulischen Normsystems.
- Hohes abweichendes Verhalten in der Schule dagegen (vom Mogeln bis zum Schulschwänzen) geht einher mit niedrigem elterlichen Anspruchsniveau, geringerem Engagement der Eltern für die Schule und primär strafenden Reaktionen auf schulische Leistungen bzw. Leistungsversagen. Die Übernahme schulischer Leistungs- und Konformitätserwartungen hängt stärker von den vorschulischen und außerschulischen Sozialisationsbedingungen ab als von den Erfahrungen in der Schule.

Unter dem Gesichtspunkt dieser allgemeinen Zusammenhänge zwischen Elternhaus und Schule sind die Chancen der Minderheitenkinder für schulischen Erfolg überdurchschnittlich gering. Diese Chancen sind nicht „notwendig“ beschränkt, sondern werden durch die Art und Weise der schulischen Organisation von Lernprozessen restringiert.

5.2.2 Die soziale Deklassierung von Minoritätenkindern im Interaktionssystem der Schule

Die Schulkarriere eines Kindes ist nicht nur von der Erfüllung der Lernanforderungen abhängig, sondern ebenso vom Gelingen bzw. Mißlingen der sozialen Interaktionen im Sozialsystem Schule. Die relevanten Dimensionen der Sozialbeziehungen sind die Schüler-Schüler-Interaktion und die Lehrer-Schüler-Interaktion.

Auf der Ebene der Persönlichkeitsstruktur besteht ein Zusammenhang zwischen Begabungsselbstbild (wie ein Kind seine Lernfähigkeit einschätzt) und Erfolgszuversicht (wie ein Kind auf Situationen mit Leistungs- und Lernanreizen reagiert). Ein negatives Begabungsselbstbild hängt eng zusammen mit hoher Schulangst, d.h., ein Kind befürchtet Mißerfolg, wenn es in eine Situation mit leistungsthematischem Gehalt kommt.

Schulangst bzw. Erfolgszuversicht sind nun ihrerseits eng mit dem Ausmaß an sozialer Anerkennung von seiten des Lehrers und der Mitschüler verbunden. Geringe soziale Anerkennung wirkt sich am stärksten auf Schulangst aus. Es gibt einen wechselseitig sich verstärkenden Prozeß: ein niedriges Begabungsselbstbild steigert Schulangst und beeinträchtig die Sozialbeziehungen zu Lehrern und Mitschülern und umgekehrt. Wer in diesem Zirkel steckt, hat kaum Chancen, aus ihm herauszukommen. Für Obdachlosen- und Gastarbeiterkinder besteht kaum Aussicht, an einem für diesen Zusammenhang wichtigen Punkt aus dem Zirkel auszubrechen: weder der Abbau von Schulangst durch positive Lernerfolge noch die Verbesserung der Sozialbeziehungen sind aussichtsreiche Ansatzpunkte einer Veränderung.

Die außerschulischen sozialen Positionen der Minoritätenkinder werden sowohl auf der Dimension der Lehrer-Schüler-Interaktion als auch auf der Dimension der Schüler-Schüler-Interaktion reproduziert. *Die Sozialbeziehungen innerhalb der Institution 'organisierter Erziehung stellen deshalb einen sozialen Deklassierungsprozeß dar.*

Rahmenbedingung für die Einstellung des Lehrers zu Minoritätenkindern ist seine Stellung innerhalb der Institution Schule. Die in Kapitel 2 aufgezeigte Rollenproblematik verschärft sich bei der Konfrontation mit Obdachlosen- und Ausländerkindern in der Klasse. Seine Stellung in der Statushierarchie verlangt, daß er Erfolge nach oben melden muß. Mißerfolgsmeldungen in Bezug auf den Lernerfolg seiner Klasse werden von den übergeordneten Positionen auch seiner persönlichen Fähigkeit zugeschrieben. Gleichzeitig ist sein professionelles Selbstverständnis von den Lernfortschritten der Schüler abhängig. Dies zwingt ihn, Verhaltensstrategien zu entwickeln, die den Lernfortschritt wenn nicht aller, so doch des größten Teils der Schüler garantieren. *Zentrales Problem bei der Entwicklung solcher Verhaltensstrategien ist die Behandlung der Kinder, die hinter dem durchschnittlichen Lernfortschritt zurückbleiben.* Versucht er, sich mit der Problemsituation dieser Kinder zu identifizieren und entsprechend das Lerntempo der ganzen Klasse zu mindern, gerät er mit anderen Erwartungen an seine Tätigkeit in einen (Intrarollen-)Konflikt. Die übergeordneten Positionen der Schulhierarchie und die Eltern der anderen Kinder reagieren mit negativen Sanktionen, gleichzeitig wird sein professionelles Selbstbewußtsein tangiert, denn er kann offensichtlich nicht gleichzeitig alle pädagogischen Postulate erfüllen. Er orientiert sich deshalb in der Regel an den besseren und durchschnittlichen Schülern bei der Organisation und Planung seines Unterrichts, weil dies das höchste Maß an positiven Sanktionen verspricht – innerhalb der Schulhierarchie und im Verhältnis zu der Mehrheit der Eltern. Widerstand von den Eltern der zurückbleibenden Schüler hat er aufgrund deren Distanz zur Schule kaum zu erwarten.

Darüber hinaus ist der Lehrer zur Absicherung seines labilen professionellen Selbstverständnisses auf Interpretationsmuster angewiesen, die die Ursache für das Lernversagen der Minoritätenkinder diesen selbst und nicht seinem eigenen Verhalten zuschreiben. Dieses Verhalten ist unter den Bedingungen hoher Klassenfrequenzen, fehlender Beratungseinrichtungen und dem Fehlen spezifischer Ausbildung, die die besondere Situation von Obdachlosen- und Ausländerkindern berücksichtigt, mit hoher Wahrscheinlichkeit zu erwarten.

Funktional für diese Konfliktsituation des Lehrers ist der Rückgriff auf Begabungstheorien, Vorurteile und Stereotypen. Das Schulversagen wird zurückgeführt auf mangelnde Begabung der zurückbleibenden Kinder; Gründe, die in Lehrerverhalten und der schulischen Organisation liegen, werden dadurch rationalisiert. Äußeres Erscheinen und die Verhaltensweisen der Kinder werden interpretiert als relativ unveränderliche Persönlichkeitsmerkmale, nicht als Folge der für die Kinder ungewohnten Schulsituation. Das Lehrerverhalten wird geleitet von impliziten Theorien über die Persönlichkeit der Schüler. Typisch für solche Theorien ist das Stereotyp vom schlechten Schüler. Dem schlechten Schüler werden Eigenschaften wie faul, frech, unaufmerksam, unordentlich, unangepaßt, unerzogen u.ä. zugeschrieben. In einer Gegenüberstellung von den Obdachlosen (segregierten Unterschichtsfamilien) und schlechten Schülern zugeschriebenen Eigenschaften wird deutlich, daß Obdachlosenkinder genau in das Stereotyp des schlechten Schülers passen.

zu Schaubild 1

Eigenschaften bezüglich	
äußere Erscheinung:	ungepflegt – gepflegt, laut – leise, unordentlich – ordentlich
Ordnungs- und Leistungsnormen:	schlampig – gewissenhaft, faul – fleißig, gleichgültig – strebsam finiert – einfältig
Erwartungssicherheit (Vertrauen):	hinterhältig – aufrichtig, unzuverlässig – zuverlässig, unhöflich – lich, ordinär – anständig
Kontakt- und Interaktionsverhalten:	primitiv – zivilisiert, egoistisch – hilfsbereit, brutal – sanft, aggres beherrscht
Anpassung:	kriminell – unbescholten
Stellung in der Gesellschaft, Schuldhaftigkeit:	asozial – guter Bürger, ungebildet – gebildet, arm – reich, benacht – bevorzugt, hilfsbedürftig – nicht hilfsbedürftig

(aus: *Vascovics*, S. 135)

Zuschreibung von Eigenschaften zu segregierten und disgregierten Unterschichtfamilien

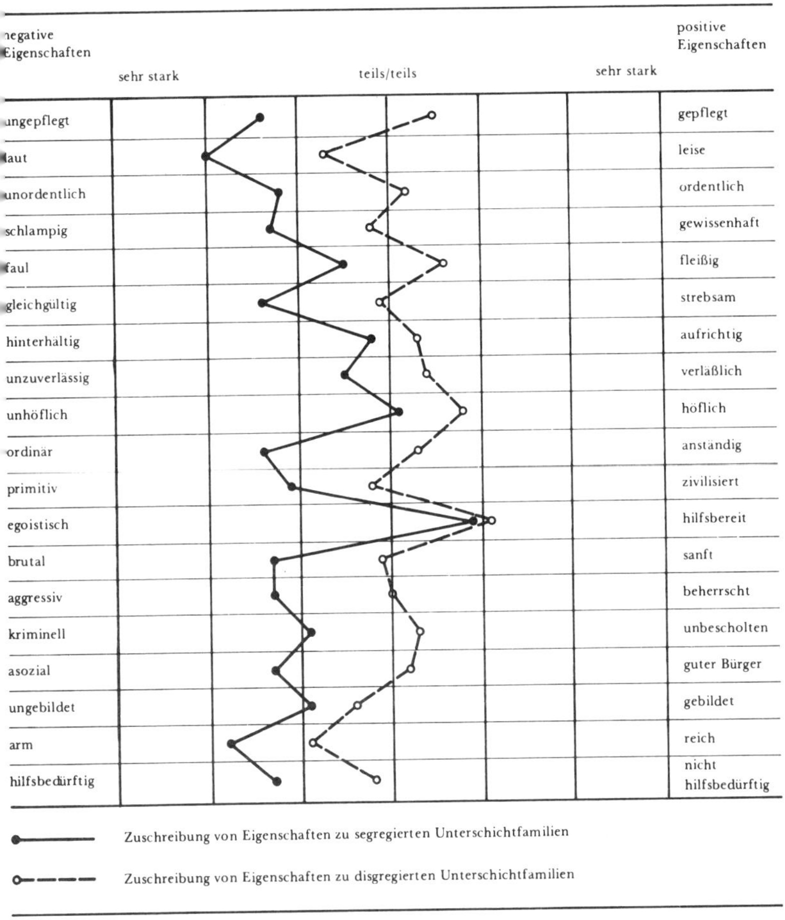

Polaritätsprofil des schlechten Schülers (Medianwerte)

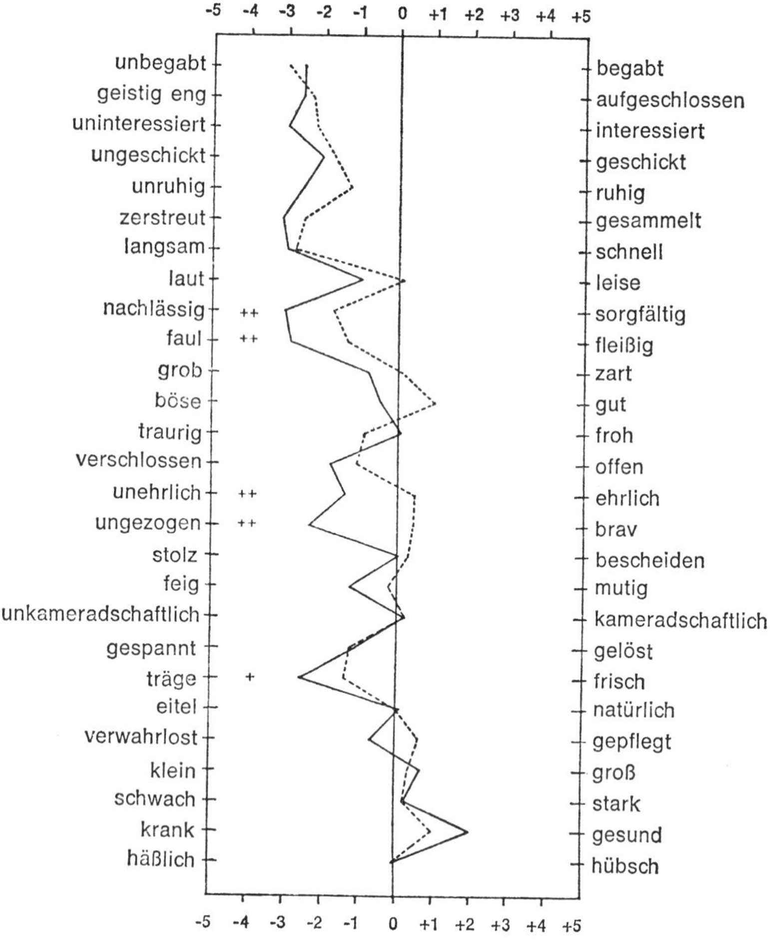

Polaritätsprofil des schlechten Schülers
Medianwerte
——— Der schlechte Schüler
- - - - Die schlechte Schülerin
+ $p < 5\,\%$
+ + $p < 1\,\%$

(aus: *Höhn*, S. 99)

Bei Ausländerkindern führen Lehrer das Schulversagen eher auf „objektivere" Faktoren wie Sprachschwierigkeiten, die Doppelbelastung durch den Unterricht in der Muttersprache, weniger auf mangelnde Begabung und Angepaßtheit zurück. Da aber deren Lernprobleme nicht gleichzeitig mit denen der deutschen Kinder gelöst werden können, ergibt sich als Verhaltensreaktion auch die Nichtberücksichtigung im Unterricht oder der Versuch, sie in die Sonderschule zu überweisen.

Die Lehrereinstellung bzw. -voreinstellung und die daraus resultierende geringere oder stärkere Zuwendung zu den verschiedenen Schülern wirkt sich als wichtige Variable für deren Schulerfolg aus. Im Falle der Minoritätenkinder ergibt sich ein *Prozeß der „self-fulfilling prophecy"*: der Lehrer trägt negative Erwartungen an das Kind heran; dieses übernimmt diese negativen Erwartungen, was durch das vorhandene negative Selbstbild erleichtert wird; das Kind verhält sich den negativen Erwartungen entsprechend; sein Verhalten verstärkt wiederum die negativen Erwartungen des Lehrers; dessen Stereotyp wird stabilisiert. Dieser Prozeß wird von *Iben* (1972, S. 30) anschaulich beschrieben:

„Da Obdachlosenkinder häufig die pädagogischen Fähigkeiten des Lehrers durch ihre Unruhe, Aggressivität und ihr abweichendes Sprach-, Sozial- und Leistungsverhalten erschüttern, flüchtet sich der Lehrer zur Rettung seines Ichs in das gängige Vorurteil über die ‚Asozialen'. Diese Selbstberuhigung des Lehrers verhindert, daß er pädagogische Möglichkeiten zur Änderung des Schülerverhaltens in Erwägung zieht. Vielmehr sinnt er auf Aussonderung dieser Kinder. So erklärt sich der extrem hohe Prozentsatz von Überweisungen der Siedlungskinder zur Sonderschule.

Da die Obdachlosenkinder durch die Art ihrer vorausgegangenen Erziehung völlig auf engen persönlichen Kontakt angewiesen sind, wenn in ihnen Lerneifer und Leistungsmotivationen geweckt werden sollen, der Lehrer aber andererseits, von ihrem Verhalten erschreckt, sich mit dem Panzer des Vorurteils umgibt, haben diese Kinder fast keine Chance, zu einer angemessenen Schulleistung zu gelangen. Die abwehrende Haltung des Lehrers fördert statt dessen die Randstellung der Kinder. Die Interaktion zwischen beiden beschränkt sich auf die Verstärkung negativer Haltungen und Erwartungen.

Dieser einmal in Gang gesetzte Kreisprozeß ist für das Randgruppenkind kaum zu durchbrechen, da die negativen Erwartungen keine gegenteiligen Möglichkeiten zulassen."

Die Sozialbeziehungen innerhalb einer Schulklasse werden in der Regel durch soziometrische Tests gemessen. Diese fragen nach der Beliebtheit der einzelnen Schüler bzw. Unbeliebtheit der einzelnen Schüler bei ihren Mitschülern und stellen Beliebtheitsgrade und soziale Positionen in der nach positiver Wahl oder Ablehnung strukturierten Sozialhierarchie einer Schulklasse fest.

In bezug auf die Situationen der Obdachlosen- und Ausländerkinder ergeben die bisherigen Untersuchungen übereinstimmend:

- Minoritätenkinder werden seltener als alle anderen positiv gewählt; ihr Beliebtheitsgrad ist überdurchschnittlich gering.
- Minoritätenkinder werden seltener als alle anderen gewählt; sie befinden sich in einer Situation der Isolation. Auch werden ihre positiven Wahlen zu anderen Kindern seltener beantwortet; ihre Integration auch in Subgruppen der Klasse ist gering.
- Minoritätenkinder werden häufiger als alle anderen Kinder abgelehnt; betrachtet man die Klasse als Statushierarchie, stehen sie immer am unteren Ende der Skala, nur in Ausnahmefällen kommen sie aus dem unteren Drittel der Beliebtheitsskala heraus.

Die Interaktionsvermeidung, die für den Wohn-, Arbeits- und Freizeitbereich festgestellt wurde, wiederholt sich also auch im System der sozialen Beziehungen der Schule. Zur Erklärung dieser Ergebnisse sind verschiedene Faktoren heranzuziehen:

- Das Lehrerverhalten wirkt sich auf die Beziehungen der Schüler untereinander aus; je stärker der Lehrer die Leistungsanforderungen hervorhebt und durchsetzt, desto größer wird die Konkurrenzsituation in der Klasse. Die leistungsschwächeren Schüler werden dann in eine untergeordnete Position gedrängt. Der Erziehungsstil des Lehrers wirkt sich dahingehend aus, daß ein strenges und autoritäres Verhalten zu höheren Aggressionen zwischen den Schülern führt. Objekt solcher Aggressionen sind vor allem Minoritätenkinder, insbesondere wenn Verzögerungen in der Leistungserfüllung auf sie bezogen werden. In Grundschulklassen lernen Kinder noch überwiegend dem Lehrer zuliebe, da dieser insbesondere beim Schulanfang die wichtigste Bezugsperson darstellt. Sein Verhalten gegenüber Minoritätenkindern wird auf dem Wege des Imitationslernens von den Schülern erworben; sie übernehmen die Ablehnung durch den Lehrer.

– Es besteht ein deutlicher Zusammenhang zwischen Schulleistung und Beliebtheit. Die sozialen Außenseiter befinden sich regelmäßig auf den untersten Stufen der Leistungsskala. Da die in Noten ausgedrückte Leistung vom Normsystem der Schule her das höchste Ziel darstellt und Schüler mit der Übernahme ihrer Schülerrolle auch diese Normen anerkennen, führt das Leistungsversagen der Minoritätenkinder zur Minderung ihrer sozialen Anerkennung. Fehlende soziale Anerkennung ist gleichzeitig Bedingung für geringere Schulleistung.
– Soziale Anerkennung und Beliebtheit werden jedoch nicht erst in der Schulklasse und durch Schulerfolg erworben. Durch die familiale Sozialisation haben Kinder schon Vorurteile gegenüber Minoritätenkindern erworben, die sich als interaktionshemmendes Verhalten in der Schulklasse auswirken. Das außerschulische Sozialprestige wirkt sich auf die Strukturierung der innerschulischen Sozialhierarchie aus.

Minoritätenkinder haben wenig Möglichkeiten, auf die erfahrene Diskriminierung so zu reagieren, daß sie ihre zugeschriebenen Positionen in den Sozialbeziehungen der Klasse verlassen könnten.

– Versuchen sie, Anerkennung von seiten ihrer Mitschüler zu gewinnen, so sind sie auf erhöhte Anpassungsleistungen und unterwürfige Verhaltensweisen angewiesen. Dies beeinträchtigt jedoch ihr ohnehin schwächeres Selbstbewußtsein. Werden ihre Anerkennungsbemühungen frustriert, reagieren sie mit Resignation und Ablehnung; die erfahrene Frustration dient als Rechtfertigung für ihr ablehnendes oder resignatives Verhalten. Dadurch wird aber ihre Außenseiterposition weiter gefestigt und die Ablehnung durch die anderen Mitschüler verstärkt.
– Untereinander nehmen Minoritätenkinder kaum positive Beziehungen auf; sie müssen durch die Aufnahme solcher Beziehungen die verstärkte Ablehnung durch die beliebten Schüler befürchten. Mit dem Versuch, sich mit den beliebten Mitschülern

zu identifizieren, ist oft die Übernahme der Vorurteile gegenüber der eigenen Gruppe verbunden. Minoritätenkinder entwickeln untereinander kaum Solidarität, vielmehr geben sie die erfahrenen Diskriminierungen und Aggressionen innerhalb der eigenen diskriminierten Minderheit weiter.

– Die Verminderung der Interaktionen mit den eher beliebten Schülern der Klasse führt dazu, daß die Minoritätenkinder immer weniger am informellen Normsystem der Klasse teilnehmen. Dieses Normsystem, das die Vergabe von sozialer Anerkennung und Zuwendung reguliert, wird in hohem Maße von den beliebtesten Schülern einer Klasse bestimmt. Die Abkoppelung der Außenseiter vom Kommunikationsprozeß der Schulklasse macht in der Folge die Rückkehr der Minoritätenkinder in diesen Kommunikationsprozeß immer unwahrscheinlicher; ihre Außenseiterposition wird festgeschrieben.
– Für die Stabilität der Sozialbeziehungen in einer Klasse übernehmen Außenseiter eine positive Funktion. Schulklassen sind „Zwangsaggregate", die nicht durch freiwillige Wahl zusammenkommen. Die Nicht-Außenseiter können sich bei punktuellem Leistungsversagen oder negativer Sanktion durch den Lehrer damit trösten, daß sie nicht so schlecht sind wie die Außenseiter; durch die Abgrenzung von Außenseitern kann sich das Selbstwertgefühl der anderen Schüler stabilisieren. Der Verweis auf die negative Situation der Leistungsschwachen und sozialen Außenseiter ist für den Lehrer ein Mittel, seine Lernanforderungen durchzusetzen; die negative Situation der Außenseiter dient als Abschreckung, die zur Anpassung an das Normsystem der Schule motiviert.

Die aufgrund dieser Bedingungen fortschreitende Segregation der Minoritätenkinder auch im Interaktionssystem der Schule stellt einen sozialen Abstiegsprozeß dar. Minoritätenkinder reagieren darauf mit dem Abbau ihres Selbstwertgefühls; ihre Mißerfolgsorientierung wird durch die soziale Deklassierung verstärkt, und ihre Chancen vermindern sich, durch Teilnahme am schulischen Interaktionssystem die für schulischen und beruflichen Erfolg notwendigen Normen und Qualifikationen zu erwerben.

5.2.3 Schulische Bedingungen für das Leistungsversagen von Minoritätenkindern

Sind die Voraussetzungen beim Schuleintritt der Minoritätenkinder das Ergebnis sozialer Deprivation, so stellt die Schule für sie eine Institution der „Erziehungsdeprivation" dar. Die soziale Deprivation wirkt über die Eltern-Schule-Interaktion in der Schule weiter. In der Dimension der Sozialbeziehungen der Schule orientieren sich Minoritätenkinder an den an sie herangetragenen Fremddefinitionen und übernehmen sie. Die Übernahme der Erwartungen von Lehrer und Mitschüler führt sie in den Kreisprozeß von Ablehnung und Resignation.

Die beim Schuleintritt vorhandene Ungleichheit wird durch die „Gleichheit" in der Schule verfestigt. Dieser paradox erscheinende Sachverhalt kann allgemein damit erklärt werden, daß die formale und institutionelle Behandlung aller Schüler die unterschiedlichen Zugangsvoraussetzungen außer acht läßt. Erst durch spezifische kompensatorische Maßnahmen der institutionalisierten Erziehung wäre es möglich, die Zugangsvoraussetzungen zu egalisieren. Eine sich daran anschließende Gleichbehandlung aller Schüler könnte die Mechanismen der Verstärkung von Ungleichheit vermeiden.

Die Schule als soziale Institution zeichnet sich nun aber dadurch aus, daß die Mitgliedsrollen einheitlich normiert sind; sie können so von beliebigen Individuen übernommen werden.

Beim Schuleintritt muß das Kind seine bisherige Biographie insofern abbrechen, als die bisherigen Erfahrungsinhalte und Orientierungsmuster für die Übernahme der Schülerrolle unwichtig sind. Für die Mitgliedschaft in der Schule ist nur die Übernahme der mit der Schülerrolle verbundenen Erwartungen relevant. Abweichungen von der formalisierten Schülerrolle werden nicht als – unter Umständen plausible und sinnvolle – Fortsetzung der vorschulischen Biographie definiert, sondern als Regelverstöße gegen die schulischen Normen, die mit den institutionell vorgeschriebenen Disziplinierungsmitteln sanktioniert werden. Für die Übernahme der Schülerrolle werden von der Schule Verhaltensmuster vorausgesetzt, die bei Minoritätenkindern gerade nicht oder kaum gegeben sind. Eine

Gegenüberstellung von Ausgangsbedingungen und schulischen Erwartungen illustriert diesen Sachverhalt (*Homfeldt* 1974, S. 46f.):
,,Das randständige Kind:

1. Es wächst in einer Umwelt heran, in der die erwachsenen Bezugspersonen nur einen geringen Schulerfolg aufweisen, so daß das Kind von den Eltern kaum auf den Schulbesuch vorbereitet werden kann.
2. Die Eltern bilden im Sinne des Lehrers keine antizipierenden Identifikationsfiguren. Der Vater ist häufig als ein kaum für die materielle Sicherung der Familie aufkommender Gast in ihr zu betrachten, in der die Mutter bzw. nicht selten die Großmutter die Erziehungsfunktion wahrzunehmen haben.
   Das Erziehungsverhalten in der Familie ist häufig nur eine Reproduktion der Arbeitsplatzerfahrungen.
3. Dem Kind aus Randgruppen fehlt es an psychomotorischen Fähigkeiten und Fertigkeiten, Sprach- und Wahrnehmungsvermögen als Voraussetzung für einen erfolgreichen Schulbesuch.
4. Häufig ist durch mangelnde affektive Zuwendung, mangelnde Befriedigung seiner libidinösen Bedürfnisse, durch Diskriminierungen und Statusinkonsistenz das Selbstwertgefühl des Kindes bereits in seiner frühen Kindheit erheblich beeinträchtigt. Ist sein Vertrauen in Erwachsene erschüttert, so wird es schwer sein, erfolgreich mit dem Lehrer zu interagieren.

Die Schule:

1. Sie erzieht nicht zur Begabung, zum Fleiß, zur Aufmerksamkeit und Motivation, sondern setzt jene Tugenden als Lernergebnisse der Primärsozialisation und in ihrem Sinne voraus.
2. Primäres Lernziel der Schule ist die Vermittlung kognitiver Fertigkeiten. Die Inhalte entstammen überwiegend der affirmativen Kultur. Affektives Lernen ist für die Schule nur funktional im Sinne der Lernziele des kognitiven Bereiches. Die Schule setzt voraus, daß alle Kinder in ähnlicher Weise auf bestimmte von ihr ausgewählte und dargebotene Stimuli regieren. Der nach Konkurrenz und Wettbewerbsprinzipien aufgebaute Unterricht begünstigt die beschleunigte Entwicklung bereits prädisponierter Verhaltens- und Einstellungsgegensätze der Schüler untereinander.

3. Schulerfolg ist gegenwärtig nur dann gewährleistet, wenn der Schüler den Anforderungen in den Zivilisationstechniken Lesen, Rechtschreiben und Rechnen genügt."

Sowohl auf der Dimension der inhaltlichen Lernanforderungen als auch der Form schulisch erwünschter Sozialbeziehungen stehen vorschulische und schulische Bedingungen im Widerspruch.

Die im Schulsystem zur Verfügung stehende institutionell abgesicherte Maßnahme zur Behandlung des als Lernversagen oder Lernschwäche definierten abweichenden Verhaltens ist die Überweisung in die Sonderschule (für Lernbehinderte). Der Anteil der Obdachlosenkinder, die die Sonderschule besuchen, beträgt je nach empirischer Untersuchung bis zu 80 %. Die Sonderschule kann als Fortsetzung der Armenschule des vergangenen Jahrhunderts betrachtet werden; unter dem Gesichtspunkt ihrer sozialen Zusammensetzung kann sie heute als „Spezialschule für Randgruppenkinder" definiert werden. Unter diesem Gesichtspunkt ist die Einrichtung der Sonderschule eine soziale Lösung pädagogischer Probleme. Pädagogisch wird die Überweisung zur Sonderschule mit dem Hinweis auf deren Möglichkeiten einer individualisierenden Förderung begründet. Als sozialer Prozeß ist die Umschulung jedoch eine Fortsetzung der Segregation von Minoritätenkindern. Voraussetzung dafür ist, daß die Lern- und Leistungsprobleme grundsätzlich als individuelles Versagen definiert werden, die ihren Grund in der defizitären Persönlichkeitsstruktur des Sonderschülers haben. Würde die Definition des Schulversagens auch die Dimensionen der Schul- und Unterrichtsorganisation der Regelschule und deren Defizite berücksichtigen, verlöre die Segregation in der Sonderschule ihre Legitimation. Durch die Umschulung wird die Diskreditierung des Minoritätenkindes institutionell abgesichert und praktisch irreversibel. Da die Sonderschule *als Institution* gesellschaftlich diskriminiert ist, überträgt sich diese Diskriminierung auch auf die Schülermitgliedsrolle. Sonderschüler sind bereits durch ihren Status allein sozial definiert.

Bei *Ausländerkindern* sind die schulischen Bedingungen für ihr Lernversagen in der unzureichenden organisatorischen Reaktion auf ihre Anwesenheit im deutschen Schulwesen festzumachen. Die in Vereinbarungen der Kultusministerkonferenz und einer

Reihe von Ländererlassen festgelegten Beschulungsgrundsätze zielen nach der bekundeten Absicht auf die Integration in die deutsche Schule ab. Dieses Ziel soll durch Maßnahmen erreicht werden, die selbst einer Strategie der Segregation entsprechen. Unterrichtsorganisatorisch sind es weniger Maßnahmen der Binnendifferenzierung in einer Klasse oder einem Schülerjahrgang, sondern sind Maßnahmen, die als „Streaming" bezeichnet werden, d.h. als Zuordnung zu zeitlich überdauernder und in allen Fächern durchgeführter Segregation.

Die *Vorbereitungsklassen*, in denen die Ausländerkinder Sprachkenntnisse erwerben sollen, um dem deutschen Unterricht folgen zu können, erreichen ihr Klassenziel nicht. Die Sprachkenntnisse gehen teilweise zurück, besonders wenn die Vorbereitungsklassen ethnisch homogen sind, die Kinder also untereinander ihre Heimatsprache sprechen; oder wenn der unterrichtende ausländische Lehrer selbst über geringe Sprachkenntnisse verfügt. Die Vorbereitungsklassen entwickeln sich zu nationalen Zwergschulen, in denen die Kinder weitaus länger als die offiziell vorgesehene Vorbereitungszeit von einem oder zwei Jahren verbleiben; dies wird teilweise unterstützt von den Eltern und mit deren Rückkehrabsichten begründet. Da die Rückkehr *im Durchschnitt* in der Regel immer wieder hinausgeschoben wird, schließt ein Teil der ausländischen Kinder die Schule auch in der „Vorbereitungs"-Klasse ab – ohne jeden Schulabschluß. Vorbereitungsklassen zeichnen sich darüber hinaus durch eine hohe Fluktuation, hohe Klassengrößen, fehlendes Unterrichtsmaterial, fehlende spezifische Ausbildung ihrer Lehrer und soziale Isolation ihrer Schüler aus. Vorbereitungsklassen sind nur für ein Drittel aller ausländischen Schüler eingerichtet, und wenn diese Deutschkenntnisse erwerben, reichen sie in der Regel nicht für den Besuch der altersgemäßen deutschen Regelklassen. Ähnliche Bedingungen gelten für den von der Schulverwaltung vorgesehenen Förderunterricht in Deutsch. In Vorbereitungsklassen, Förderunterricht oder der direkten Einschulung in deutsche Regelklassen sollen Ausländerkinder ihr erstes Lernziel erreichen: Integration in die deutsche Schule. Ihr zweites Lernziel: Beibehaltung der muttersprachlichen Kenntnisse und Bindung an die Heimat sollen sie im muttersprachlichen Unterricht erreichen. Dieser wird auf der Grundlage der Lehrpläne des Heimatlandes von ausländischen Lehrern unterrichtet. Teilweise ist dieser Unterricht so umfangreich wie der deutsche Normalunterricht. Auch wenn dies nicht der Fall ist, sind Ausländerkinder grundsätzlich einer Doppelbelastung ausgesetzt. Unabhängig von dieser Doppelbelastung kann der Heimatunterricht die offiziell gesetzten Ziele nicht erreichen: weder sichert er die normative Bindung an die Heimatkultur, solange die Kinder einer entgegengesetzten außerschulischen Kultur konfrontiert sind, noch garantiert er den Anschluß an das heimatliche Bildungssystem. Im Falle der Remigration können die Kinder insbesondere nicht die schulischen Aufstiegswünsche der Eltern erfüllen. Die *Doppelstrategie der Schulversorgung* von Ausländerkindern erreicht keines der ihr gesetzten Ziele: zwei Drittel von denen, die die Schule überhaupt besuchen, erreichen keinen Hauptschulabschluß; den Anschluß an das heimatliche Bildungssystem können sie ebenfalls nicht erreichen. In zunehmendem Maße werden Ausländerkinder in Sonderschulen für Lernbehinderte überwiesen; für die deutschen Regelklassen und ihre Lehrer werden so die Probleme am leichtesten „gelöst". Mit dem Sonderschulabschluß oder dem fehlenden Hauptschulabschluß oder keinem Schulbesuch ist die weitere Biographie der Ausländerkinder wie die der Obdachlosenkinder festgelegt: sie können keinen Lehrvertrag abschließen und erhalten keine berufliche Ausbildung. Ihre Berufsrolle können sie nur im untersten Teil des Beschäftigungssystems übernehmen.

Ein Teil der Ausländerkinder (ein Drittel bis zur Hälfte) besucht die Schule überhaupt nicht. Die fehlende Durchsetzung der Schulpflicht ist Ausdruck einer strukturellen Diskriminierung. Aus der Sicht der Ausländerkinder kann Schuleschwänzen ein funktionales Verhalten sein, insofern dadurch die Stigmatisierung durch eine schulische Versagensbiographie vermieden wird.

5.3 Organisierte Erziehung und Stigmatisierung von Minoritätenkindern

Mit dem Begriff Stigmatisierung werden hier zusammenfassend jene Prozesse bezeichnet, denen Minoritätenkinder im Verlaufe vorschulischer und schulischer Sozialisation unterworfen sind. „Stigmatisierung" erfasst sowohl die Verhaltensweisen derjenigen Personen und Institutionen, von denen stigmatisiert wird, als auch die Reaktionen der Betroffenen.

Unter Stigma werden Merkmale eines Individuums verstanden, das ganz oder teilweise von sozialer Anerkennung ausgeschlossen ist. Voraussetzung der Stigmatisierung ist Kategorisierung, die Einordnung einer Person in bestimmte soziale Gruppen oder die Zuordnung ihres wahrgenommenen Verhaltens zu bestimmten Typen von Verhaltensweisen. Stigmatisierend ist die Kategorisierung dann, wenn die Kategorie der Personen oder Verhaltensweisen, der jemand zugeordnet wird, als sozial unerwünscht, von der „Normalität" abweichend oder allgemein als negativ bewertet wird. Stigmatisierung bezieht sich also immer auf Merkmale oder Verhaltensweisen, die in einer bestimmten Gesellschaft nicht dem als „normal" Definierten entsprechen, die diskriminiert werden.

Die Personen, die stigmatisiert werden können, sind danach zu unterscheiden, ob sie diskreditiert oder diskreditierbar sind. Diskreditiert ist eine Person, wenn sie davon ausgeht, daß ihr „Anderssein" anderen bekannt ist. Diskreditierbar ist eine Person, die davon ausgeht, daß ihr „Anderssein" den Interaktionspartnern nicht bekannt ist und nicht unmittelbar wahrgenommen werden kann. Stigmatisierung kann einsetzen bei Personen, die durch körperliche Anomalien, individuelle Charakterfehler oder der Zugehörigkeit zu diskreditierten Rassen, Nationen, Religionen u.ä. ausgezeichnet sind. Zur ideologischen Absicherung von Diskriminierungen gegenüber Stigmatisierten werden in der Regel Stigma-Theorien entwickelt, die deren Minderwertigkeit „erklären". *Stigmatisierung als Prozeß* beinhaltet in der Regel auch, daß den aufgrund eines Merkmals stigmatisierten Personen weitere diskriminierende Eigenschaften zugeschrieben werden; punktuelle Stigmatisierung kann sich zu einer umfassenden Herabsetzung der gesamten Persönlichkeit ausweiten. Die Folge von Stigmatisierung ist eine weitgehende Einschränkung von Interaktionsmöglichkeiten. Bei den Stigmatisierenden verfestigen sich Vorurteile und Stereotypen, die die Wahrnehmung von Verhaltensweisen, die nicht in das Stereotyp passen, erschweren, und zunehmend resignative, interaktionsvermeidende oder defensive Verhaltensmuster. Stigmatisierte haben in der Regel keine Chance, Interaktionen so zu beeinflußen, daß sie sich in ihrem Sinne darstellen können; denn Stigmatisierte verfügen in der Regel nicht über Sanktionen gegenüber den Stigmatisierenden, mit denen sie ihre Definitionen von Situationen durchsetzen können. Dies können sie insbesondere dann nicht, wenn sie in einem Rollensystem handeln, in dem die Rolle ihres Interaktionspartners mit Macht ausgestattet ist.

Im Rollensystem der institutionalisierten Erziehung trifft genau dieser Sachverhalt zu. Die Lehrerrolle ist gegenüber der Schülerrolle mit Sanktionsgewalt ausgestattet. Der Lehrer bestimmt darüber, wie die Verhaltensweisen des Schülers zu interpretieren und definieren sind. Die Kriterien, nach denen Schülerverhalten zu definieren ist, werden aus den Normen des Schulsystems und den in ihm geltenden Zielen abgeleitet.

Ein Schüler kann beispielsweise durch auffälliges Verhalten signalisieren wollen, daß er sich um persönliche Zuwendung des Lehrers bemüht. Nach den Regeln der Schule interpretiert der Lehrer dieses Verhalten als „Störung des Unterrichts" und wendet die ihm möglichen Sanktionen an. Der Schüler reagiert auf dieses Lehrerverhalten mit der Wiederholung seines ursprünglichen Verhaltens, weil er keine anderen Verhaltensmuster gelernt hat, sich bemerkbar zu machen. Der Lehrer versteht die Schülerreaktion als eine Bestätigung seiner vorhergehenden Interpretation und verhält sich entsprechend. Folgen solche Verhaltenssequenzen aufeinander, ergibt sich bei beiden Interaktionspartnern ein bestimmtes Bild des jeweils anderen. Der Lehrer hält den Schüler beispielsweise für aggressiv oder lernunwillig; er verändert seine Erwartungen gegenüber dem Schüler entsprechend dieser Interpretation. Der Schüler hält den Lehrer für abweisend und verständnislos und zieht sich resignativ zurück oder verstärkt sein auffallendes Verhalten, weil der Lehrer „es nicht anders verdient habe". In diesem Interaktionsprozeß werden die Toleranzspielräume der Interaktionspartner gegeneinander immer geringer. Überschreitet der Schüler die für den Lehrer und die Schule bestehende Toleranzschwelle, wird eine gravierende Maßnahme eingeleitet, beispielsweise die Überweisung zur Sonderschule. Spätestens dann übernimmt der Schüler das Fremdbild der ihm gegenüber mächtigen Institution und wird stigmatisiert. Die im vorangehenden Kapitel dargelegte Gegenüberstellung der Situation des Obdachlosenkindes beim Schulbeginn und den Anforderungen der Schule läßt vermuten, daß bereits am Schulanfang gravierende Verständigungsschwierigkeiten bestehen. Mit dem Schuleintritt beginnt die Versagensbiographie des Obdachlosen- und des Ausländerkindes. Die Leistungsschwäche wird über das Lehrerurteil und das Selbstbild der „versagenden" Kinder stabilisiert; Obdachlosen- und Ausländerkinder sind als Schulversager stigmatisiert. Sie können die Position des sozialen Außenseiters nicht mehr verlassen. In der Folge baut sich die Selbstkonzeption des Außenseiters ab, er übernimmt die ihm in den Interaktionen angetragene Stigmatisierung. Die Schule wird so zur *stigmatisierenden Institution,* indem Abweichungen von der standardisierten Schülerrolle als defizient definiert und sanktioniert werden und in der Folge der beschriebenen Interaktionsprozesse zur Stigmatisierung von Minoritätenkindern führen.

Stigmatisierte reagieren in der Regel auf die wahrgenommene Stigmatisierung mit ganz bestimmten Reaktionsmustern:

– Ein erstes Verhaltensmuster ist die direkte Korrektur; der Stigmatisierte versucht, den Anlaß seiner Stigmatisierung direkt zu beseitigen. Im Falle der Schulsituation von Minoritätenkindern könnte dieses Verhalten als Überanpassung an die schulischen Leistungsnormen vermutet werden. Dies wäre nur am Schulanfang möglich, wenn die Versagensbiographie noch nicht fortgeschritten ist. Jedoch ist aufgrund der Divergenzen zwischen vorschulischer und schulischer Umwelt ein solches *erfolgreiches* Verhalten nicht zu erwarten. Hat aber der schulische Interaktionsprozeß die Position des Minoritätenkindes als Außenseiterposition verfestigt, werden die Chancen einer direkten Korrektur immer geringer.

- Ein zweites reaktives Verhaltensmuster ist die indirekte Korrektur. Dabei versucht der Stigmatisierte, in den Lebensbereichen besondere Leistungen zu erbringen, in denen ihm dies nicht zugetraut wird. Für Minoritätenkinder kann das bedeuten, daß sie wenigsten in einem Schulfach, Sport beispielsweise, besondere Leistungen erbringen. Oder aber sie versuchen, sich durch besondere Anstrengungen eine günstige Position in den Sozialbeziehungen der Schüler untereinander zu erreichen. Da sie dabei oft Mittel einsetzen, die dem Normsystem der Schule nicht entsprechen, bleiben auch solche Versuche erfolglos.
- Ein drittes Reaktionsmuster ist die Neudefinition des Normalen; der Stigmatisierte bewertet die negativen Aspekte seiner Situation für sich um. Stigmatisierte Minoritätenkinder interpretieren in diesem Fall ihr Verhalten gegenüber der Schule als „normal" und betrachten ein Verhalten, das sich den Leistungsanforderungen unterwirft, als nicht erstrebenswert. Mit dieser Umbewertung lehnen sie gleichzeitig die schulischen Lernnormen ab, was gleichzeitig ihre Versagerrolle verfestigt.
- Ein viertes Reaktionsmuster ist das Rückzugsverhalten; der Stigmatisierte versucht die Situation zu vermeiden, in denen er diskreditiert wird. Dieses Verhaltensmuster erklärt den hohen Anteil der Schulschwänzer bei Minoritätenkindern. Die Schule definiert dieses Verhalten jedoch nicht als Abwehr gegen Stigmatisierung, sondern als erneuten Regelverstoß und verstärkt die negativen Sanktionen.
- Zusammenschluß der Stigmatisierten und Täuschung durch Verheimlichung des Stigmas sind weitere Reaktionsmuster, zu denen Minoritätenkinder innerhalb der Schule allerdings wenig Zugang haben. Die Schule ist insofern ein System lückenloser sozialer Kontrolle, die durch die genaue Festlegung der Schüler-Mitgliedsrolle alle Verhaltensweisen der Schüler registriert und normiert.
- Als Reaktionsmuster auf relative Deprivation war bereits diffuse Aggression im Erziehungsverhalten der Eltern konstatiert worden. Als Reaktion auf Stigmatisierung wird analog dazu der Rückzug in „unsoziale Subkulturen", die Übernahme abweichenden Verhaltens also, beobachtet. Minoritätenkinder richten ihre in

schulischer Diskriminierung entstandene Aggression gegen die Schule, was beispielsweise in zielloser Sachbeschädigung manifest werden kann. Da man ihnen als Stigmatisierte dies ohnehin „zutraut", übernehmen sie damit auch die an sie herangetragenen Erwartungen (self-fulfilling prophecy). Abweichendes Verhalten ruft jedoch die Sanktionen der sozialen Kontrollinstitution Schule hervor. Andere Institutionen sozialer Kontrolle, z.B. Jugendamt, werden eingeschaltet; der Fall wird „aktenkundig", womit eine kriminelle Karriere eingeleitet werden kann.

Ausländische Arbeiter sind in der Bundesrepublik „phylogenetisch" stigmatisiert, d.h. ihre Zugehörigkeit zu einer anderen Ethnie und Kultur ist Grundlage ihrer Diskriminierung. Durch Anpassung (Kleidung, Konsumgewohnheiten) – d.h. Täuschen im Sinne der Regeln des Stigma-Managements – und Informationskontrolle (Rückzug auf ethnisch homogene Sozialbeziehungen) können sie versuchen, die mit dem Stigma verbundene Diskriminierung zu vermindern. Die Situation der Ausländerkinder ist je nach Sozialisationsgeschichte unterschiedlich:

– Kinder, die nach abgeschlossener Primärsozialisation als *Schulkinder* in die Bundesrepublik kommen, erfahren die Diskriminierung als plötzliche individuelle Stigmatisierung. Das Kind muß eine neue Rolle erwerben, die des Außenseiters. In den Interaktionen innerhalb der Schule und mit der übrigen deutschen Umwelt wird es mit einem Bild von ihm konfrontiert, das seiner bisherigen Selbstauffassung widerspricht. Um diesen „Realitätsschock" zu verarbeiten, werden Techniken des Umgangs mit der neuen Umwelt erworben, die auf Reaktionsmuster des Rückzugs und der äußeren Anpassung zurückgreifen. Insbesondere durch den Rückzug auf die Gruppe der Altersgleichen der eigenen Nationalität kann das Stigma „latent" gehalten werden. Solche Kinder können in der Regel nur defensiv reagieren und sich mit ihrer Rolle als Außenseiter in einer fremden Kultur identifizieren. Unter diesen Bedingungen kann keine Motivationsbasis für den Besuch der deutschen Schule entstehen; um dem Manifestwerden des Stigmas zu entgehen, ist das Fernbleiben von der Schule für das Kind funktional. Das Fehlen des Schulabschlusses determiniert die späteren Berufschancen.

– Das im *Vorschulalter* in die Bundesrepublik eingereiste Kind zeichnet sich dadurch aus, daß seine Sozialisation und kulturelle Persönlichkeitsentwicklung noch unabgeschlossen ist. Es wird mit einer Fremdkultur und mit einer Minderheitenkultur konfrontiert, wobei diese ihm als Mischkultur begegnet, sofern die Eltern Teile der Fremdkultur assimiliert haben. Die Persönlichkeitsentwicklung wird unter diesen Bedingungen verunsichert; die in ethnisch gemischten Interaktionen erfahren Reaktionen der Interaktionspartner sind widersprüchlich und kaum planbar. Für die Entwicklung der Identität ist aber gerade eine Interaktionsstruktur erforderlich, innerhalb der sich das Kind ein konsistentes soziales Selbstbild aufbauen kann. Orientiert sich das Kind unter diesen Bedingungen eher am Interaktionsfeld der Familie und der Minderheitensubkultur, erwirbt es die Identität des Fremden mit den damit verbundenen Techniken des Stigmamanagements. Orientiert sich das Kind eher an der deutschen Umwelt und wird diese Orientierung durch Schulbesuch und deutsche Freunde verstärkt, identifiziert es sich eher mit der deutschen Kultur und versteht sich selbst als „Deutscher". Da aber auch diese Kinder Diskriminierungs- und Stigmatisierungserfahrungen ausgesetzt sind, entwickeln sie andere Techniken der Stigmabewältigung; sie versuchen, ihr äußeres Erscheinungsbild zu ändern und kulturelle Eigenschaften zu verleugnen. Die Technik des Täuschens steht im Vordergrund, um der Stigmatisierung zu entgehen.
– Diese Entwicklung ist auch bei *Kleinstkindern* zu erwarten, die in der Bundesrepublik geboren werden oder als Noch-nicht-Sozialisierte in die Bundesrepublik kommen. Sie wachsen in zwei Kulturen gleichzeitig auf und haben prinzipiell Schwierigkeiten, eine kulturell konsistente Basispersönlichkeit aufzubauen. Ist die Identifikation mit der deutschen Umwelt sehr hoch, erwerben sie nicht nur Techniken des Täuschens, sondern übernehmen im Interaktionsprozeß auch in hohem Maße Vorurteile und Ablehnung der deutschen Umwelt gegenüber der eigenen Ethnie. Dies bringt sie in Konflikt mit der Familie und Herkunftskultur. Im Jugendalter kann dieser Konflikt sich sogar so zuspitzen, daß sie als „Dissidenten" in der Minderheiten-

subkultur stigmatisiert werden. Dies tritt insbesondere aber im Falle der Rückkehr ins Heimatland ein.

Stigmatisierung von Minoritätenkindern ist die Folge von Zuschreibung, Diskreditierung und Diskriminierung. Es handelt sich nicht um physisch bedingte Stigmata, sie werden vielmehr in Interaktionsprozessen hervorgebracht. *Als sozialer Prozeß hat Stigmatisierung gesellschaftliche Funktion und Folgen.* Die schulische Stigmatisierung hat unmittelbar zur Folge, daß Minoritätenkinder die an Schulabschlüsse gebundenen Berechtigungen für das Beschäftigungssystem nicht oder nur minimal erwerben können. Da mindestens ein erfolgreicher Hauptschulabschluß zur Aufnahme einer formellen Berufsausbildung erforderlich ist, verbleiben Minoritätenkinder auf dem für unsere Gesellschaft niedrigsten Ausbildungsniveau. Verbleiben sie allerdings, was für einen Teil der Ausländerkinder zutrifft, auf dem Status des Analphabeten, steigen sie sozial unter das Niveau der institutionalisierten Minimalausbildung ab. Ihre beruflichen Chancen sind auf die untersten Ränge der Beschäftigungshierarchie verwiesen; sozial werden sie in der unteren Unterschicht plaziert. Die schulische Stigmatisierung hat die Reproduktion dieser Schicht zur Folge.

Insofern Schulabschlüsse soziale Chancen vermitteln, handelt es sich um einen *objektiven* Plazierungsprozeß. Insofern das Selbstwertgefühl von Minoritätenkindern zerstört wird, vollzieht sich die Plazierung auch in ihrem *subjektiven* Bewußtsein.

Bei Ausländerkindern ist die soziale Plazierung nach dem Standard der deutschen Gesellschaft Reproduktion auf dem gleichen sozialen Niveau; die Ausländerkinder können im Durchschnitt nur die Berufsposition ihrer Eltern erreichen. Gemessen am Standard ihrer Heimatländer handelt es sich um Deklassierung, insofern sie im Durchschnitt nicht das Ausbildungsniveau der Elterngeneration erreichen. Während durchschnittlich fast die Hälfte der Eltern im Heimatland eine Berufsausbildung abgeschlossen hat, liegt der Anteil der Ausländerkinder mit einem formellen Berufsausbildungsvertrag unter 5 %.

Prozesse der Stigmatisierung sind verbunden mit der Entwicklung von Stigma-Theorien, die der Legitimation von Zuschreibungsprozessen dienen. Im Kern enthalten solche Theorien Aussagen über die Gründe für Diskriminierung. Diese Aussagen zeichnen sich dadurch aus, daß sie auch die „Schuld" für Verhalten, das als Versagen definiert wird, den Stigmatisierten zuschreiben. Stigma-Theorien rechtfertigen gleichzeitig die institutionellen Maßnahmen sozialer Kontrolle gegenüber Stigmatisierten. Im Schulsystem sind diese Maßnahmen insbesondere Strategien der Segregation, sei es in die Sonderschule, sei es in ein ethnisches Ghetto. Die Reaktion von Minoritätenkindern auf die schulischen Anforderungen wird als Leistungsversagen definiert, dessen Ursachen im betroffenen Individuum liegen. Unter dem Gesichtspunkt der damit verknüpften Folgen haben Stigma-Theorien die Funktion, die schulische Reproduktion sozialer Ungleichheit zu rechtfertigen.

Kapitel 6: Zielsetzungen und Funktionen einer wissenschaftlichen Pädagogik

Soziologische Analysen der Erziehungswissenschaft sind bisher kaum systematisch ausgearbeitet worden. Eine solche Analyse ist hier nur in Skizzierungen möglich und geht von zwei soziologischen Ansätzen aus: Von der Wissenssoziologie her ist eine Analyse der von der Erziehungswissenschaft produzierten Wissens- und Theoriesysteme und deren Funktion innerhalb der Pädagogik und für die erzieherische Praxis möglich. Von der Wissenschaftssoziologie her wird nach den internen und externen Bedingungen, Entwicklungsprozessen und Strukturen der Pädagogik als wissenschaftlicher Disziplin gefragt. Beide Ansätze können auch miteinander kombiniert werden, indem die Analyse von Wissensstrukturen mit der Analyse der sozialen und institutionellen Bedingungen ihrer Produkte verbunden wird.

Mit diesem Ansatz versuchen *Berger* und *Luckmann* die *Beziehungen zwischen struktureller Wirklichkeit und menschlicher Konstruktion von Wirklichkeit zu analysieren.* Allgemeine Voraussetzung ist, daß der Mensch sich durch Tätigkeit in Erzeugnissen objektivieren und Objektivationen wiederum verinnerlichen kann. Solche Objektivationen in Gegenständen oder Aussagen sind Bestandteile konkreter Lebenswelten, die den sozialen Rahmen menschlichen Lebens abgeben. Was als „Wissen" in einer Gesellschaft bezeichnet wird, ist eine Wirklichkeitsbestimmung, die Geltung besitzt. „Wissen" ist das Ergebnis gesellschaftlicher Definition. Wissenssoziologie untersucht die Gründe dafür, daß eine bestimmte Menge von Wissensinhalten den Status gesellschaftlich etablierter und als gültig anerkannter „Wirklichkeit" erreicht.

In komplexen Gesellschaften, die sich durch ein hohes Maß an Arbeitsteilung, Spezialisierung, Rollendifferenzierung und Institutionalisierung auszeichnen, werden Legitimationen notwendig, die in Wissenssystemen die Sinnhaftigkeit disparater Erfahrungen herstellen. Auf einer bestimmten Ebene der Legitimierung entstehen Legitimationstheorien, die einen konkreten Ausschnitt institutionalisierten Handelns in einem mehr oder weniger geschlossenen Bezugssystem rechtfertigen. Beispiel dafür ist die „Berufskunde" des Lehrens, die als Wissenssystem die institutionalisierte Rolle des Lehrers legitimiert. Pädagogische Theorien sind dann „Legitimationen zweiten Grades", die als „Stützkonzeptionen" das im System institutionalisierter Erziehung vorhandene Wissen auf einer höheren Ebenen systematisieren. Für die Pädagogik trifft dies unmittelbar zu, da sie sich selbst als Theorie einer Praxis oder als Theorie für eine Praxis versteht.

Theoretisches Wissen und Wirklichkeitsbestimmungen, die in der Regel sowohl kognitive als auch normative Elemente enthalten, sind wissenssoziologisch immer zu beziehen auf Erfahrungen, Rollen, Institutionen und gesellschaftliche Machtverhältnisse. Theorien sind nicht isoliert von ihrem praktischen Handlungszusammenhang zu betrachten. So ist das Entstehen einer Erziehungswissenschaft überhaupt damit zu erklären, daß ein bestimmter Bereich gesellschaftlichen Handelns einen Legitimationsbedarf hervorbringt. In dem Maße, wie sich das gesellschaftliche Erziehungshandeln, beispielsweise in der Rolle des Lehrers, nicht mehr durch eine für alle unmittelbar einleuchtende Evidenz legitimiert, bedarf es der pädagogischen Theorie als einer Stützkonzeption.

Nach dem Selbstverständis der Erziehungswissenschaft haben sich Hauptströmungen und Positionen herausgebildet, die teils als miteinander vereinbar, teils als sich gegenseitig ausschließend verstanden werden. Diese Positionen werden als *normative* Pädagogik, *geisteswissenschaftliche* Pädagogik, *wertfreie* Erziehungswissenschaft auf der Grundlage des „Kritischen Rationalismus" und als *emanzipatorische* Pädagogik auf der Basis der „Kritischen Theorie" der „Frankfurter Schule" bezeichnet. Die in diesen Theorien formulierten Aussagen unterscheiden sich in ihren wissenschafts- und erkenntnistheoretischen Begründungen, den Kriterien des Wissenschaftsbegriffs, in den Aussagen zum Theorie-Praxis-Problem, der Definition des Verhältnisses von Erziehung und Gesellschaft und in anderen Bereichen. Zur exemplarischen Vorstellung der drei letztgenannten Theorietypen, die von größeren Gruppen von Wissenschaftlern heute vertreten werden, sollen die von ihnen formulierten Aussagen zur Rolle des Lehrers dargestellt werden.

6.1 Die Mystifikation der Erziehung in der geisteswissenschaftlichen Pädagogik

Der Typus der geisteswissenschaftlichen Pädagogik war in der ersten Hälfte dieses Jahrhunderts in der Universitätspädagogik vorherrschend. Auch wenn unter diesem Typ punktuell differenzierende Konzeptionen zusammengefaßt werden, so war das gemeinsame praktische Paradigma das Lehrer-Zögling-Verhältnis, das theoretische Paradigma die hermeneutisch-sinnauslegende Bearbeitung von Erziehungssituationen und pädagogischen Texten.

Für die Rolle des Lehrers hat *Spranger* exemplarische Aussagen formuliert (1958, S. 32f., 36f., 43f., 78f.):

„Allgemein gilt: Der geborene Lehrer und Erzieher ist unablässig darauf bedacht, die verwirrende Fülle geistig geformter Weltgehalte auf einfache und der jeweiligen seelischen Entwicklungsstufe des Werdenden zugängliche Modelle zurückzuführen. Die wegen ihres Bildungswertes ausgelesenen ‚Stoffe' können so leichter angeeignet werden, und es strahlt von den Grundphänomenen auch ein Licht auf strukturverwandte Gegenstände hinüber. Die Kunst der Verwandlung von Kulturgütern in Bildungsgüter und die didaktische Durchgliederung der Bildungsgüter ist somit eine zweite Grundrichtung, die die Geistesart des Menschenbildners auszeichnet ...

Der echte Erzieher stellt derartige philosophische Reflexionen kaum an. Er besitzt ein ursprüngliches Organ für die Bahnen, in denen der durch ihn hindurchwirkende Geist weht. Dieser Geist hat in Gemeinschaften, zu denen wesensmäßig ‚das Erzieherische' gehört, wie etwa in Familie und Schule, seine eigentliche Heimat. In andere wird der geborene Pädagoge ihn hineintragen; ja er wird immer den Drang empfinden, eine Jüngerschaft um sich zu versammeln, gleichsam eine Sekte im Dienst der Menschenveredlung ... Zusammenfassend könnte man mit bewußter Überteibung sagen:

Der echte Menschenbildner wird immer die Neigung haben, nichtpädagogische Lebensgemeinschaften mit pädagogischem Geist zu erfüllen, die entschieden erziehlich gerichteten aber zu entpädagogisieren. Das letztere bedeutet: er wird das Apparathafte seines Berufes möglichst verbergen, wie ein bildender Künstler seine Hilfskonstruktionen nicht sehen läßt. Der Grund liegt nicht nur darin, daß die Absicht, wenn man sie merkt, verstimmen könnte. Wichtiger ist: je mehr sich der Erzieher als voller, reifer Mensch unter den ihm anvertrauten bewegt, um so freier wird sich in seinem Kreise das Menschliche ausbreiten, das als letztes Ziel gemeint ist. Anders ausgedrückt: Man kann nur Vorbild sein, wenn man nicht Vorbild sein will.

Der echte Erzieher wird immer von neuem das Ideal prüfen, in dessen Dienst er sich mit seiner Arbeit stellt. Dem Klassischen wird er seine Pietät nicht versagen, sondern alle Mühe darauf verwenden, den zeitüberwölbenden Kern darin wieder zu einer belebenden Kraft werden zu lassen. Ganz gewiß aber ist es seine Pflicht, auch für die Herausarbeitung neuer sittlich wertvoller Lebensgestalten zu sorgen, die zwar noch nicht ‚bewiesen und bewährt' sind, aber schon als Bildungsforderungen deutlich hervortreten. So – auf der Schwelle der Gegenwart mit wachem Gewissen stehend – wird er Gehalte der Vergangenheit, die noch von Wert sind, verbinden mit dem Werdenden, das als neues Glied dem alten Geistesbestande hinzugefügt werden soll. Das ist ja überhaupt die Haltung, in der der sittlich verantwortliche Mensch seine Auseinandersetzung mit der Geschichte durchführt."

Von ihrem Anspruch her zielte die geisteswissenschaftliche Pädagogik auf die Aufklärung der Erziehungspraxis. Sie verliert sich dabei jedoch in der irrationalen Spekulation nach dem „eigentlichen Pädagogischen". Die Realität des Erzieherberufes wird entmaterialisiert, die Begründung des praktischen Lehrerhandelns aus der idealen Lehrerpersönlichkeit abgeleitet. Diese Begründungen entziehen sich damit einer empirischen Kontrolle, sie werden durch Formalisierung gegen Kritik immunisiert. Für den praktisch handelnden Lehrer ist diese Pädagogik funktional, insofern er mit ihrer Hilfe jedwede konkrete Lern- und Verhaltensforderung legitimieren kann. Indem konkrete Anforderungen an den Schüler nicht auf der Ebene empirischer Argumentation ihre Richtigkeit nachweisen, sondern aus höheren Idealen abgeleitet werden, wird die Lehrer-Schüler-Beziehung mystifiziert. Mit diesem Begriff bezeichnet *Laing* eine Technik, mit der soziale Konflikte nicht auf der Ebene ihrer Ursachen, sondern auf einer fiktiven Ebene behandelt werden. Die gegenseitige Wahrnehmung ist gestört, durch die Mystifikation wird die Beziehung jedoch weiter pathologisiert. Betrachtet man nun die Lehrer-Schüler-Beziehung unter dem soziologischen Gesichtspunkt, daß in ihr durch Rollenfestlegung Herrschaftsbeziehungen institutionalisiert sind, wird die Funktion der geisteswissenschaftlichen Lehrer-Theorie deutlich: sie mystifiziert die Begründung des Lehrerhandelns und verschleiert das Machtgefälle zwischen Lehrer- und Schülerrolle. Hat der Lehrer die geisteswissenschaftliche Legitimation seiner Rolle als handlungsbegründend verinnerlicht, wird er die Lehrer-Schüler-Beziehung nicht mehr als Herrschaftsbeziehung wahrnehmen können.

6.2 Wissenschaftliche Pädagogik als Steuerungs- und Ausbildungswissenschaft

Innerhalb der Pädagogik hat der Theorietyp der empirisch-analytischen Forschung zwar eine lange Tradition, expandierte jedoch erst seit zwei Jahrzehnten, sowohl was die Zahl der Vertreter als auch den Umfang wissenschaftlicher Publikationen betrifft. Die Ursachen dafür sind in den veränderten Anforderungen an das Bildungssystem zu sehen, die auf eine quantitiv wie qualitativ höhere Effektivität des Bildungssystems abzielen. Diese veränderten Anforderungen können ihrerseits mit Qualifikations- und Legitimationskrisen der Funktion des Bildungswesens begründet werden. Während die Expansion dieses Theorietyps im Zusammenhang bildungspolitischer Prozesse gesehen wird, geht die wissenschaftsinterne Entwicklung auf die Rezeption der empirischen Sozialforschung und ihrer methodologischen Begründung in Positivismus und kritischem Rationalismus zurück. Auch wenn in diesem Theorietyp unterschiedliche Konzeptionen zusammengefaßt werden, ist ihnen gemeinsam das forschungspraktische Paradigma des empirischen Vorgehens und das wissenschaftstheoretische Paradigma der analytischen Wissenschaftstheorie. Für den Unterricht und die Tätigkeit des Lehrers ist die zweckrationale Konstruktion von Lehrtechniken, deren Perfektionierung und optimaler Einsatz die praktische Konsequenz. Der Einsatz von Unterrichtstechnologie basiert auf der Orientierung an zweckrationalem Handeln, bei dem bei gegebenen (vom Lehrer gesetzten oder von anderen vorgeschriebenen) Lernzielen die Mittel zur optimalen Zielerreichung ausgewählt und angewandt werden. *Peters* (1976, S. 45) definiert diesen Begriff der Unterrichtstechnologie folgendermaßen:

„Unterrichtstechnologie ist ein Verfahren, mit dem der gesamte Lehr- und Lernprozeß systematisch geplant, evaluiert und revidiert wird, um den unter den jeweils angegebenen Bedingungen bestmöglichen Unterrichtserfolg zu erzielen. Das Verfahren bedient sich unter anderem eigens entwickelter Techniken der Bestimmung spezifizierter Lernziele, der Entscheidungsfindung und der Erfolgskontrolle, stützt sich dabei auf Methoden und Befunde der empirischen Verhaltenswissenschaften, nutzt die Möglichkeiten, die sich aus der Objektivierung von Lehrfunktionen mit Hilfe nichtpersonaler Medien ergeben, wendet das Prinzip der Arbeitsteilung an und organisiert sich nach dem Prinzip des ‚system approach'."

Für die Lehrer-Schüler-Beziehung formuliert *von Cube* (1976, S. 131ff) die Konsequenzen:

„Für den Adressaten bedeutet ein streng lernzielorientierter Unterricht, daß sein spontanes, kreatives und originelles Verhalten eingeschränkt wird. Für automatische Ausbildungssysteme gilt diese Einschränkung zwangsläufig: Es können ja nur ganz bestimmte Äußerungen einprogrammiert bzw. zugelassen werden. Grundsätzlich gilt diese Einschränkung jedoch auch für den lernzielorientierten Lehrerunterricht: Äußerungen, die nicht zum Ziel führen, hemmen den Unterrichtsablauf, sie verzögern die Erreichung des Lernziels, sie ‚gehören nicht zum Thema' etc. Gewiß – der Ausbilder kann und muß Fehler und Mißverständnisse korrigieren, er kann darüber hinaus unterschiedliche Fragen und Antworten der Adressaten aufgreifen, letztlich muß er aber doch das vorgeschriebene Ziel ansteuern und erreichen.

Wenn also die Lernziele exakt fomuliert sind und der Ausbilder diese Ziele in optimaler Weise anzusteuern hat, so bleibt ihm nur die Rolle des Steuernden und dem Adressaten nur die des Gesteuerten ...

Unter lernzielorientierter Kommunikation verstehe ich eine solche, bei der die Rollen der Kommunikation durch das Verhältnis Ausbilder und Adressat vorgegeben sind. Der Ausbilder hat die Aufgabe oder die Verpflichtung, den Adressaten zu einem bestimmten Ziel zu steuern; die Kommunikation ist daher zwangsläufig asymmetrisch und (von ihrer Funktion her) irreversibel ...

Die Tatsache, daß sich lernzielorientierte Ausbildung und freie Kommunikation ausschließen, liegt im Begriff der Ausbildung als Steuerung von Menschen. Daß die scharfe Trennung der Begriffe in der Praxis bisher nicht so deutlich geworden ist, liegt an dem relativ großen Spielraum, den der Ausbilder bisher in bezug auf die Setzung und die Erreichung von Lernzielen hatte. Der Lehrer konnte sozusagen eine Doppelrolle spielen: die Rolle des Steuernden und die Rolle des Kommunikators und Gesprächspartners. Das war aber nur deswegen möglich, weil die Lernziele nicht exakt vorgegeben waren. Dadurch konnte der Lehrer einmal stärker lernzielorientiert arbeiten, er konnte aber auch Phasen einer freien Kommunikation einschalten. Dabei hatte er die Möglichkeit, seinen Schwerpunkt auf die eine oder andere Rolle zu legen. Gelegentlich wurden diese Schwerpunkte auch als ‚autoritär' bzw. ‚demokratisch' mißverstanden. Als autoritär wurde der Lehrer bezeichnet, der streng lernzielorientiert vorging und die Adressaten in entsprechender Weise steuerte. Der Lehrer, der seinen Schwerpunkt im Bereich der freien Kommunikation sah, konnte leicht „demokratisch" sein, es kam ihm ja nicht so sehr auf die Erreichung eines bestimmten Lernziels in einer gegebenen Zeit an, sondern auf Aktivität und Kommunikation als solche.

Die Entwicklung exakter Curricula führt also zunächst einmal zum Verlust der Partnerrolle: Der in das Curriculum eingespannte Lehrer kann es sich nicht mehr leisten, freie Kommunikation auszuüben; er muß die exakt angegebenen Lernziele in optimaler Weise erreichen."

Das für eine solche Lehrtätigkeit zu vermittelnde Wissen besteht in Aussagen über Wirkungszusammenhänge zwischen auszuwendenden Methoden und Veränderungen beim Adressaten. Diese Aussagen werden aufgrund empirischer Bestätigung von Wenn-dann-Hypothesen gefunden. Dieses pädagogische Wissen bezieht seine Legitimation aus dem technischen Erfolg; eine praktische Verständigung über die Berechtigung eines solchen Unterrichts wird überflüssig, insoweit seine Effizienz hinreichend legitimiert. Das vom Lehrer zu erwerbende Wissen ist Herrschaftswissen, insofern es ihm die Steuerung des Schülers unabhängig von oder gegen dessen Handlungsintentionen erlaubt. Das von der Unterrichtstechnologie bereitgestellte Wissen reproduziert so das in der Rollenstruktur der Schule institutionalisierte Herrschaftsverhältnis. Unterrichtstechnologie bildet auf der Ebene der Wissenschaft die soziale Herrschaftsstruktur ab.

6.3 Pädagogische Theoriebildung als kritisches Legitimationsverfahren

Seit Mitte der 60er Jahre gibt es auch in der Erziehungswissenschaft Ansätze und Positionen, die an die Traditionen frühbürgerlicher Aufklärung, bürgerlicher Emanzipationstheorien oder marxistischer Theorien anzuknüpfen versuchen. Theoretisch wurden diese Ansätze bestimmt von der Rezeption des symbolischen Interaktionismus und der kritischen Theorie der Frankfurter Schule (*Adorno, Horkheimer, Habermas*), praktisch wurden sie durch die Studentenbewegung der 60er Jahre vorangetrieben. Auf allgemeinste Weise werden sie als „emanzipatorische“ bezeichnet. Bei allen Unterschieden haben sie gemeinsam als theoretisches Paradigma die Orientierung an einer sozialwissenschaftlich fundierten Gesellschaftskritik, als praktisches Paradigma das Modell eines reflexiven emanzipatorischen Erziehungshandelns.

Bezogen auf die Lehrertätigkeit bestimmt *Mollenhauer* (1972, S. 42f, 67f, 120f) das Erzieherhandeln als kommunikatives, auf Verständigung zielendes Handeln, dessen Ziel und die Bedingungen, unter denen es stattfindet.

„Für Erziehungshandeln muß unterstellt werden, daß es kommunikatives Handeln ist. ‚Kommunikatives Handeln' nennen wir solches Handeln, das seine Zwecke in den daran beteiligten Subjekten selbst hat; das nicht auf Naturbeherrschung direkt aus ist (also auch nicht ‚Produktion' ist), sondern Verständigung über Sinn-Orientierungen und Handlungsziele erreichen will. Das pädagogische Handeln ist von dieser Art. Der Heranwachsende, der Educandus, soll im Erziehungsvorgang hervorgebracht werden als ein Subjekt, das zur Beteiligung am gemeinschaftlichen Leben fähig ist, und zwar nicht nur im Sinne von Erkenntnisfähigkeit. Für die Ebene alltäglicher Kommunikation heißt das, daß der Educandus hervorgebracht werden soll als ein Subjekt, das sich in gegebene Sinnzusammenhänge einfügen, die in diesen Zusammenhängen eingespielten Standards problematisieren, auf der Basis solcher Problematisierung zu neuem Konsensus und neuem Handeln fähig sein soll ...

Erziehung muß verstanden werden als ein kommunikatives Handeln, dessen Ziel darin liegt, eine Kommunikationsstruktur zu etablieren, die den Erwerb von Fähigkeiten zum Diskurs ermöglicht. Unter konkreten, die Realisierungschancen dieses Postulats historisch einschränkenden Bedingungen kann das nichts anderes heißen als: Erwerb von Fähigkeiten einer kritischen Beteiligung am ‚praktischen Fortschritt', des Kampfes gegen Diskurs-einschränkende Bedingungen. Kein pädagogischer Akt kann unabhängig von diesem Legitimationskontext wahrhaft gerechtfertigt werden ...

Aber gerade dies ist für pädagogische Situationen charakteristisch: daß einer der Partner, derjenige nämlich, der sich in der Rolle des „Pädagogen" definiert, für sich in Anspruch nimmt, Situationen zu strukturieren, und zwar so, daß seine Chance der Einflußnahme in der Situation größer ist als die der anderen Partner. Er nimmt sogar – noch weitergehend – für sich in Anspruch, daß ihm selbst, wenn nicht ein Monopol, so doch ein entschiedenes Übergewicht institutionell gesichert wird, um Situationen überhaupt vorweg und nicht erst in der Situation selbst zu strukturieren. Das macht das spezifische Herrschaftsgefälle aus, das wir in der Erziehungswirklichkeit antreffen."

Soll nach dieser Konzeption das Ziel „Diskursfähigkeit des Schülers" – verstanden als die Fähigkeit, über die Angemessenheit und Legitimation von Normen und Zielen diskutieren und bestimmen zu können – erreicht werden, richtet sich diese Konzeption gegen das im Lehrer-Schüler-Verhältnis institutionalisierte Herrschaftsgefälle. Solange die Chancen, die Lehrer-Schüler-Interaktion beeinflussen zu können, ungleich verteilt sind, ist es dem Schüler nicht möglich, seine Auffassung der Situation uneingeschränkt darzustellen. Das in dieser pädagogischen Theorie vermittelte Wissen will also die in der Schule institutionalisierte Rollenbeziehung insofern aufheben, als die Chancen, Einfluß auf den Interaktionspartner zu nehmen, egalisiert werden sollen. Eine andere Frage ist allerdings, ob solches Erzieherhandeln unter den Bedingungen institutionalisierter Rollen möglich ist. Die Realisierung des Anspruchs würde nämlich eine umfassende Neudefinition der Lehrer-Schüler-Rollen erfordern. Die Neudefinition würde freilich die zentralen Organisationsprinzipien der Institution Schule aufheben wollen. Soziologisch gesehen ist dies voluntaristisch – d.h. nur durch den subjektiven Willen – kaum möglich, da die Aufhebung der schulischen Rollen alle der Schule zur Verfügung stehenden Sanktionsmechanismen in Gang setzt. Es ist deshalb folgerichtig, wenn Ansprüche dieses pädagogischen Theorietyps entweder partiell zurückgenommen oder aber die Veränderungspostulate auf die Struktur der Schule als Institution selbst gerichtet werden.

Die exemplarische und auf die Frage der Lehrertätigkeit bezogene Darstellung der wichtigsten pädagogischen Theorietypen zeigt, daß sie einen ganz verschiedenen praktischen Sinn haben. Als Wissenssysteme haben sie alle den Zweck, pädagogische Praxis zu legitimieren. Durch Mystifikation entzieht die geisteswissenschaftliche Pädagogik das Erzieherhandeln dem empirischen Zugang, der Kritik und der Veränderung. Pädagogik als Steuerungswissenschaft verdoppelt die im Erziehungsverhältnis institutionalisierte Macht und legitimiert sie durch technische Effizienz. „Emanzipatorische" Pädagogik intendiert die Aufhebung des Machtverhältnisses, das von ihr produzierte Wissen legitimiert die Kritik an den „herrschenden" Erziehungsverhältnissen und deckt gleichzeitig die Grenzen der Pädagogik und der Erziehung auf.

Literatur

Einführungen, Sammelbände, ausgewählte Monographien

Altvater, E./Huisken, F. (Hrsg.): Materialien zur politischen Ökonomie des Ausbildungssektors, Erlangen 1971

Ashley, B.J./Cohen, H./Slatter, R.: An Introduction to the Sociology of Education, 2. Aufl. London/Basingstoke 1971

Banks, O.: Soziologie der Erziehung, Düsseldorf 1975

Beck, J. u.a.: Erziehung in der Klassengesellschaft. Einführung in die Soziologie der Erziehung, München 1970

Becker, E./Jungblut, G.: Strategien der Bildungsproduktion, Frankfurt a. Main 1972

Bell, R./Stub, H.: The Sociology of Education: A Sourcebook, 2. Aufl. Homewood 1968

Bernstein, B. u.a.: Lernen und soziale Struktur, Amsterdam 1970

Bernstein, B.: Beiträge zu einer Theorie des pädagogischen Prozesses, Frankfurt a. Main 1977

Bertram, H./Bertram, B.: Soziale Ungleichheit, Denkstrukturen und Rollenhandeln, Weinheim/Basel 1974

Bourdieu, P./Passeron, J.-C.: Die Illusion der Chancengleichheit, Stuttgart 1971

Brim, O. G.: Soziologie des Erziehungswesens, Heidelberg 1963

Brookover, W.B./Gottlieb, D.: A Sociology of Education, New York 1964

Brown, R. (Ed.): Knowledge, Education and Cultural Change. Papers in the Sociology of Education, London 1973

Cosin, B.R. u.a.: School and Society. A Sociological Reader, London 1971

Dieckmann, J.: Pädagogische Soziologie, Heidelberg 1970

Durkheim, E.: Erziehung und Soziologie, Düsseldorf 1972

Eder, A.: Bildung und Gesellschaft, Wien/München 1965

Endlich, S. u.a.: Sozioökonomische Analyse des allgemeinbildenden Schulwesens in der BRD, Berlin 1973

Faulstich, H./Faulstich, P.: Bildungsplanung und Sozialisation, Braunschweig 1975

Fend, H.: Sozialisierung und Erziehung, Weinheim/Basel 1969

Fend, H.: Soziologie der Schule, Band 1: Gesellschaftliche Bedingungen schulischer Sozialisation, Weinheim/Basel 1974

Fend, H. u.a.: Sozialisationseffekte der Schule, Soziologie der Schule Band 2, Weinheim/Basel 1976

Floud, J. E.: Social Class and Educational Opportunity, London 1958

Girschner-Woldt, I. u.a.: Soziologie für Pädagogen, Stuttgart 1975

Götz, B./Kaltschmid, J. (Hrsg.): Erziehungswissenschaft und Soziologie, Darmstadt 1977

Goslin, D. A. (Ed.): Handbook of Socialization Theory and Research, Chicago 1969

Gross, E.: Einführung in die Bildungssoziologie, Band 1, Bad Heilbrunn 1975

Hammerich, K.: Aspekte einer Soziologie der Schule, Düsseldorf 1975

Hartfield, G./Holm, K. (Hrsg.): Bildung und Erziehung in der Industriegesellschaft, Opladen 1973

Heinrich, R.: Zur politischen Ökonomie der Schulreform, Frankfurt a. Main 1973

Hopper, E.: Soziologische Theorie und Erziehungssysteme, Düsseldorf 1975

Hurrelmann, K.: Unterrichtsorganisation und schulische Sozialisation, Weinheim/Basel 1971

Hurrelmann, K. (Hrsg.): Soziologie der Erziehung, Weinheim/Basel 1974

Hurrelmann, K.: Erziehungssystem und Gesellschaft, Reinbek 1975

Hurrelmann, K. (Hrsg.): Sozialisation und Lebenslauf, Reinbek 1976

Jensen, S.: Bildungsplanung als Systemtheorie, Bielefeld 1970

Kippert, K. (Hrsg.): Einführung in die Soziologie der Erziehung, Freiburg/Basel/Wien 1970

Kob, J.: Erziehung in Elternhaus und Schule, Stuttgart 1963

Kob, J.: Soziologische Theorie der Erziehung, Stuttgart 1976

Kurzreiter, J.: Pädagogische Soziologie, Wien 1971

Laqueur, M./Mosse, G. L. (Ed.): Education and Social Structure in the Twentieth Century, New York/Evanston 1967

Lemberg, E. u.a.: Schule und Gesellschaft, Forschungsprobleme und Forschungsergebnisse zur Soziologie des Bildungswesens, Darmstadt 1971

Mannheim, K./Stewart, W. A. C.: Einführung in die Soziologie der Erziehung, Düsseldorf 1973

Masuch, M.: Politische Ökonomie der Ausbildung, Reinbek 1972

Morrish, I.: The Sociology of Education. An Introduction, London 1972

Musgrave, E. W.: The Sociology of Education, London 1965

Musgrave, P. W. (Ed.): Sociology, History and Education, London 1970

Preuss, O.: Soziale Herkunft und die Ungleichheit der Bildungschancen, Weinheim/Berlin/Basel 1970

Raths, J./Grambs, J.D.: Society and Education – Readings, Englewood Cliffs 1965

Roeder, P.M.: Erziehung und Gesellschaft, Weinheim/Berlin 1968

Röhrs, H. (Hrsg.): Der Aufgabenkreis der Pädagogischen Soziologie, Frankfurt a. Main 1971

Rolff, H.-G.: Sozialisation und Auslese durch die Schule, Heidelberg 1967

Scharmann, T. (Hrsg.): Schule und Beruf als Sozialisationsfaktoren, Stuttgart 1966

Shipman, M.D.: The Sociology of the School, London 1968

Strzelewicz, W,/Raapke, H.D./Schulenberg, W.: Bildung und gesellschaftliches Bewußtsein, Stuttgart 1966

Swift, D. F.: The Sociology of Education, London 1962

Tillmann, K.J.: Unterricht als soziales Erfahrungsfeld, Frankfurt a. Main 1976

Ulich, K.: Sozialisation in der Schule. Elemente einer sozialpsychologischen Theorie, München 1976

Vogel, M. R.: Erziehung im Gesellschaftssystem, München 1974

Werder, L.v.: Erziehung und gesellschaftlicher Fortschritt. Einführung in eine soziologische Erziehungswissenschaft, Frankfurt a. Main/Berlin/Wien 1976

Weber, N.: Privilegien durch Bildung. Über die Ungleichheit der Bildungschancen in der Bundesrepublik, Frankfurt a. Main 1973

Weinberg, C.: Education and Social Problems, New York/London 1971

Weiss, C.: Abriß der pädagogischen Soziologie, 2 Bände, Bad Heilbrunn 1958
Young, M.F.D. (Ed.): Knowledge and Control. New Directions for the Sociology of Education, London 1971

Literatur zum 1. Kapitel

J. E. Bergmann: Die Theorie des sozialen Systems bei Talcott Parsons. Frankfurt/M. 1967
R. Biermann (Hrsg.): Schulische Selektion in der Diskussion. Bad Heilbrunn/Obb. 1976
B.S. Bloom: Stabilität und Veränderung menschlicher Merkmale. Weinheim 1971
U. Bronfenbrenner: Ökologische Sozialisationsforschung. Stuttgart 1976
H. Daheim: Der Beruf in der modernen Gesellschaft. Köln und Berlin, 2. Aufl. 1970
R. Dahrendorf: Über den Ursprung der Ungleichheit unter den Menschen. Tübingen 1961
K.W. Döring: Lehrerverhalten und Lehrerberuf. Zur Professionalisierung erzieherischen Verhaltens. Weinheim, 5. Aufl. 1973
E. Durkheim: Erziehung und Soziologie, Düsseldorf 1972
J.H. Flavell u.a.: The development of role-taking and communication skills in children. New York 1968
D. Fröhlich und *St. Wellek*: Der begrifflich-theoretische Hintergrund der Sozialisationsforschung. In: *C.F. Graumann* (Hrsg.): Sozialpsychologie. Handbuch der Psychologie. Bd. 7/2. Göttingen 1972
D. Geulen: Thesen zur Metatheorie der Sozialisation. In: *H. Walter* (Hrsg.): Sozialisationsforschung I. Stuttgart 1973
D.A. Goslin (Hrsg.): Handbook of socialization theory and research. Chicago 1969
J. Habermas: Kultur und Kritik. Frankfurt/M. 1973
H. Heckhausen: Entwicklung, psychologisch betrachtet. In: *F.E. Weinert* u.a.: Funkkolleg Pädagogische Psychologie, Bd. 1, Frankfurt/M. 1974
H. Hielscher (Hrsg.): Die Schule als Ort sozialer Selektion. Heidelberg 1972
K. Hurrelmann: Erziehungssystem und Gesellschaft. Reinbek bei Hamburg 1975
M. Keller, F.E. Weinert, D. Zebergs: Kognitive Sozialisation. Probleme einer allgemeinen Theorie der kognitiven Sozialisation. In: *F. Neidhardt* (Hrsg.): Frühkindliche Sozialisation. Stuttgart 1975
D. Krause-Vilmar: Bildung in der bürgerlichen Gesellschaft. Neuere Aufsätze zur Sozialgeschichte der Erziehung. Kronberg/Ts. 1976
S. Kudera: Arbeit und Beruf. Zur Bedeutung der Erwerbstätigkeit für Individuum und Gesellschaft. München 1967
A. Leschinsky, P.M. Roeder: Schule im historischen Prozeß – zum Wechselverhältnis von institutioneller Erziehung und gesellschaftlicher Entwicklung. Stuttgart 1976
R. Linton: The study of man. New York 1936

Th. Luckmann und *W.M. Sprondel* (Hrsg.): Berufssoziologie. Köln 1972
R. Meyer: Das Berechtigungswesen in seiner Bedeutung für Schule und Gesellschaft im 19. Jahrhundert. In: Zeitsch. f.d. ges. Staatswiss., 124, 1968, S. 763–776
R. K. Merton: Social theory and social structure. Glencoe, Ill. 1957
G.P. Murdock: Social structure. New York. 9. Aufl. 1963
R.K. Silbereisen, P. Heinrich, H.-J. Trosiener: Untersuchung zur Rollenübernahme: Die Bedeutung von Erziehungsstil, Selbstverantwortlichkeit und sozioökonomischer Struktur. In: Zeitschrift f. Soziol., H. 6, 1975
G.A. Straka, M. Fromm: Analysen zum Verhältnis Erziehungswesen und Gesellschaft. In: Die deutsche Schule, H. 2, 1976, 70–85
H.-E. Tenorth: Professionen und Professionalisierung, In: *M. Heinemann* (Hrsg.): Der Lehrer und seine Organisation. Stuttgart 1977
H. Titze: Die Politisierung der Erziehung, Frankfurt/M. 1973
M. Weber: Wirtschaft und Gesellschaft. Köln und Berlin 1964

Literatur zum 2. Kapitel

M. Baethge: Ausbildung und Herrschaft. Frankfurt/M. 1970
W. Brinkmann: Der Beruf des Lehrers. Bad Heilbrunn/Obb. 1976
J.E. Brophy und *T.L. Good*: Die Schüler-Lehrer-Interaktion. München 1976
B. Calvert: Die Schülerrolle. Erwartungen und Beziehungen. Ravensburg 1976
A. Combe: Kritik der Lehrerrolle. München 1971
H.-P. Dreitzel: Die gesellschaftlichen Leiden und das Leiden an der Gesellschaft. Stuttgart 1972
J. Feldhoff: Probleme einer organisationssoziologischen Analyse der Schule. In: *K. Hurrelmann* (Hrsg.): Soziologie der Erziehung. Weinheim 1974
H. Fend u.a.: Sozialisationseffekte der Schule. Weinheim 1976
W. Fischer: Der Volksschullehrer. Zur Sozialgeschichte eines Berufsstandes. In: Soziale Welt, 12, 1961, 37–47
H.W. Frech: Berufsvorbereitung und Fachsozialisation von Gymnasiallehrern. Studien und Berichte (34 A) des Max-Planck-Instituts für Bildungsforschung, Berlin 1976
P. Fürstenau: Zur Psychoanalyse der Schule als Institution. In: *P. Fürstenau* u.a.: Zur Theorie der Schule. Weinheim 1969
J. Gerstenmaier: Urteile von Schülern über Lehrer. Weinheim 1975
H. Gerth und *C.W. Mills*: Person und Gesellschaft. Frankfurt/M. 1970
G.R. Grace: Der Lehrer in Rollenkonflikt. Düsseldorf 1973
Ch. Händle: Zur politischen Sozialisation von Lehrern. In: Gesamtschule, 5/1975
D. Hänsel: Die Anpassung des Lehrers. Weinheim 1975
W. Hammer: Untersuchungen zum Erziehungsverständnis von Grund- und Hauptschullehrern. München 1975
E. Höhn: Der schlechte Schüler. München 1967
M. Hofer: Die Validität der impliziten Persönlichkeitstheorie von Lehrern. In: Unterrichtswissenschaft, 2/1975
A. Hopf: Lehrerbewußtsein im Wandel. Düsseldorf 1974

M. Irle: Lehrbuch der Sozialpsychologie. Göttingen 1975
J. Kob: Die Rollenproblematik des Lehrerberufs. In: *P. Heintz* (Hrsg.): Soziologie der Schule. Köln und Opladen, 4. Aufl. 1966
J.-J. Koch: Lehrer-Studium und Beruf. Ulm 1972
B. Lehmann: Arbeitswelt und Lehrerbewußtsein, Neuwied/Rh. 1974
N. Luhmann: Vertrauen – Ein Mechanismus zur Reduktion sozialer Komplexität. Stuttgart, 2. erw. Aufl. 1973
R. Mayntz (Hrsg.): Bürokratische Organisation. Köln und Berlin 1968
F. Meyer: Schule der Untertanen. Lehrer und Politik in Preußen 1848–1900. Hamburg 1976
W. Nöth: Zur Theorie beruflicher Sozialisation dargestellt am Beruf des Grund- und Hauptschullehrers. Kronberg/Ts. 1976
F. Nyssen: Schule im Kapitalismus. Köln 1969
H. Popitz: Der Begriff der sozialen Rolle als Ement der soziologischen Theorie. Tübingen 1967
C. R. Rogers: Die klientenbezogene Gesprächstherapie. München 1973
R. Rosenthal und *L. Jacobson*: Pygmalion im Unterricht, Weinheim 1971
H. Susteck: Lehrer zwischen Tradition und Fortschritt. Braunschweig 1975
R. und *A. Tausch*: Erziehungspsychologie. Göttingen, 6. Aufl. 1971
H.C. Triandis: Einstellungen und Einstellungsänderungen. Weinheim 1975
M. Weber: Wirtschaft und Gesellschaft. Köln und Berlin 1964
F. Wellendorf: Schulische Sozialisation und Identität. Weinheim 1973
F. Wellendorf: Soziale Konflikte in der Schule. In: Lehrgang Pädagogische Psychologie, hg. v. *F.E. Weinert* u.a., Weinheim 1976
J. Zinnecker (Hrsg.): Der heimliche Lehrplan. Weinheim 1975

Literatur zum 3. Kapitel

F. F. Abrahams und *I. N. Sommerkorn*: Arbeitswelt, Familienstruktur und Sozialisation. In: *K. Hurrelmann* (Hrsg.): Sozialisation und Lebenslauf. Reinbek b. Hamburg 1976
F. Achtenhagen: Berufsausbildung. In: *J. Speck, G. Wehle* (Hrsg.): Handbuch pädagogischer Grundbegriffe. Bd. 1, München 1970, 82–112
M. Baethge: Ausbildung und Herrschaft. Frankfurt/M. 1970
M. Baethge: Die Integration von Berufsbildung und Allgemeinbildung als Forschungskonzept für die Berufsbildungsforschung. In: *H. Roth* und *D. Friedrich* (Hrsg.): Bildungsforschung, Probleme-Perspektiven-Prioritäten. Stuttgart 1975, 256–302 (Deutscher Bildungsrat. Gutachten und Studien der Bildungskommission, Bd. 50)
M. Baethge u.a.: Produktion und Qualifikation. Schriften zur Berufsbildungsforschung, Bd. 14. Hannover 1976
G. Bateson, D. Jackson u.a.: Schizophrenie und Familie. Frankfurt/M. 1969
P.L. Berger, Th. Luckmann: Die gesellschaftliche Konstruktion der Wirklichkeit. Frankfurt/M. 1970
B. Bernstein: Studien zur sprachlichen Sozialisation. Düsseldorf 1972
B. Bernstein u.a.: Soziale Struktur, Sozialisation und Sprachverhalten. Amsterdam 1970

H. Bertram: Probleme einer sozialstrukturell orientierten Sozialisationsforschung. In: Zeitschr. f. Soziol., H. 2, 1976

G. Brandt u.a.: Berufliche Sozialisation und gesellschaftliches Bewußtsein jugendlicher Erwerbstätiger. Frankfurt/M. 1973

D. Claessens und *F.W. Menne*: Zur Dynamik der bürgerlichen Familie und ihrer möglichen Alternativen. In: *D. Claessens* und *P. Milhoffer* (Hrsg.): Familiensoziologie. Ein Reader als Einführung. Frankfurt/M., 2. Aufl. 1974

W. Einsiedler: Schule und soziale Mobilität. In: Pädagogische Rundschau, 5. 1976, 277–295

H.S. Erlanger: Social class and corporal punishment in child-rearing. A reassessment. In: American sociol. review, 39, 1974

H. Fend: Gesellschaftliche Bedingungen schulischer Sozialisation. Weinheim 1974

K. Frey: Theorien des Curriculums. Weinheim 1971

P. Fürstenau: Zur Psychoanalyse der Schule als Institution. In: *P. Fürstenau* u.a.: Zur Theorie der Schule. Weinheim 1969

C.F. Graumann: Sprache im sozialen Kontext. In: *F.E. Weinert* u.a.: Funkkolleg Pädagogische Psychologie. Bd. 1. Frankfurt/M. 1974

W.-D. Greinert: Schule als Instrument sozialer Kontrolle und Objekt privater Interessen. Hannover 1975

J. Habermas: Pädagogischer „Optimismus" vor Gericht einer pessimistischen Anthropologie, In: Neue Sammlung, 1961

J. Habermas: Kultur und Kritik. Frankfurt/M. 1973

H. Heckhausen: Die Interaktion der Sozialisationsvariablen in der Genese des Leistungsmotivs. In: *C.F. Graumann* (Hrsg.): Sozialpsychologie. Handbuch der Psychologie, Bd. 7/2. Göttingen 1972

A. Hegelheimer: Bildungs- und Arbeitskräfteplanung. München 1970

K. Horn u.a.: Produktion, Arbeit, Sozialisation. Frankfurt/M. 1976

A. Jaeger: Jugendliche in der Berufsentscheidung. Weinheim 1973

H. Kern und *M. Schumann*: Industriearbeit und Arbeiterbewußtsein. Frankfurt/M. 1970

G. Kleining: Struktur- und Prestigemobilität in der Bundesrepublik Deutschland. In: Kölner Zeitschr. f. Soziol. u. Sozialpsychol., H. 1, 1971

W. Lempert: Leistungsprinzip und Emanzipation. Frankfurt/M. 1971

W. Lempert und *R. Franzke*: Die Berufserziehung. München 1976

G. Lenhardt: Berufliche Weiterbildung und Arbeitsteilung in der Industrieproduktion. Frankfurt/M. 1974

B. Lutz und *W.D. Winterhager*: Zur Situation der Lehrlingsausbildung. Stuttgart 1970 (Deutscher Bildungsrat. Gutachten und Studien der Bildungskommission, Bd. 11)

M. Markefka: Übergang in die Berufswelt. Neuwied/Rh. 1970

D.G. McKinley: Social class and family life. New York 1964

C.W. Mills: The power elite. New York 1956

W. Müller: Familie-Schule-Beruf. Opladen 1975

W. Müller und *K.U. Mayer*: Chancengleichheit durch Bildung? Stuttgart 1976 (Deutscher Bildungsrat. Gutachten und Studien der Bildungskommission, Bd. 42)

F. Neidhardt: Strukturbedingungen und Probleme familialer Sozialisation. In: *D. Claessens* und *P. Milhoffer* (Hrsg.): Familiensoziologie. Ein Reader als Einführung. Frankfurt/M., 2. Aufl. 1974
F. Neidhardt: Systemtheoretische Analysen zur Sozialisationsfähigkeit der Familie. In: *F. Neidhardt* (Hrsg.): Frühkindliche Sozialisation. Stuttgart 1975
F. Nyssen: Schule im Kapitalismus. Köln 1969
R. Oerter: Moderne Entwicklungspsychologie. Donauwörth, 12. Aufl. 1973
U. Oevermann u.a.: Die sozialstrukturelle Einbettung von Sozialisationsprozessen: empirische Ergebnisse zur Ausdifferenzierung des globalen Zusammenhangs von Schichtzugehörigkeit und gemessener Intelligenz sowie Schulerfolg. In: Zeitschr. f. Soziol., H. 2, 1976
C. Offe: Leistungsprinzip und industrielle Arbeit. Frankfurt/M. 1970
C. Offe: Berufsbildungsreform. Eine Fallstudie über Reformpolitik. Frankfurt/M. 1975
M. Ort: Sprachverhalten und Schulerfolg. Weinheim 1976
T. Parsons: The social system. Glencoe, Ill. 1951
K. Plake: Familie und Schulanpassung. Düsseldorf 1974
H.E. Richter: Patient Familie. München 1975
S.B. Sarason u.a.: Angst bei Schulkindern. Stuttgart 1971
H. Schelsky: Schule und Erziehung in der industriellen Gesellschaft. Würzburg 1957
H. Schranz (Hrsg.): Beiträge zur Berufs- und Wirtschaftspädagogik. 3. Bde. Stuttgart 1974
H. Simons: Intelligenz- und Schulleistungen bei Arbeiter- und Akademikerkindern auf der Unterstufe des Gymnasiums. In: *H. Nickel* und *E. Langhorst* (Hrsg.): Brennpunkte der pädagogischen Psychologie. Bern und Stuttgart 1973
U. Teichler, D. Hartung und *R. Nuthmann*: Hochschulexpansion und Bedarf der Gesellschaft. Stuttgart 1976
W. Voigt: Einführung in die Berufs- und Wirtschaftspädagogik. München 1975
Zweiter Familienbericht. Hg. v. Bundesministerium für Jugend, Familie und Gesundheit. Bonn-Bad Godesberg 1975

Literatur zum 4. Kapitel

K. Allerbeck: Eine sozialstrukturelle Erklärung von Studentenbewegungen in hochentwickelten Industriegesellschaften. In: *K. Allerbeck* und *L. Rosenmayr* (Hrsg.): Aufstand der Jugend? München 1971
G. Amendt: Haschisch und Sexualität. Stuttgart 1974
D.P. Ausubel: Das Jugendalter. München 1968
D. Baacke: Die 13- bis 18jährigen. München 1976
H. S. Becker: Außenseiter. Zur Soziologie abweichenden Verhaltens. Frankfurt/M. 1973
M. Brusten: Prozesse der Kriminalisierung – Ergebnisse einer Analyse von Jugendamtsakten. In: *H.-U. Otto* und *S. Schneider* (Hrsg.): Gesellschaftliche Perspektiven der Sozialarbeit. 2. Halbbd. Neuwied/Rh. 1973

R. A. Cloward und *L. E. Ohlin*: Delinquency and opportunity. New York 1960
A. Cohen: Kriminelle Jugend. Reinbek b. Hamburg 1961
R. Döbert und *G. Nunner-Winkler*: Adoleszenzkrise und Identitätsbildung. Frankfurt/M. 1975.
H.P. Dreitzel: Die gesellschaftlichen Leiden und das Leiden an der Gesellschaft. Stuttgart 1972
E. Durkheim: Regeln der soziologischen Methode. Neuwied/Rh. 1961
S.N. Eisenstadt: Von Generation zu Generation. München 1966
E.H. Erikson: Identität und Lebenszyklus. Frankfurt/M. 1966
E.H. Erikson: Jugend und Krise. Stuttgart 1970
Sh. und *E. Glueck*: Unraveling juvenile delinquency. New York 1950
Sh. und *E. Glueck*: Family environment and delinquency. New York und London 1962
E. Goffman: Asyle. Frankfurt/M. 1972
E. Goffman: Stigma. Über Techniken der Bewältigung beschädigter Identität. Frankfurt/M. 1967
J. Habermas: Kultur und Kritik. Frankfurt/M. 1973
H. Haferkamp: Kriminelle Karrieren. Handlungstheorie, teilnehmende Beobachtung und Soziologie krimineller Prozesse. Reinbek b. Hamburg 1975
P. Heintz: Einleitung, In: *R. Blancpain* und *E. Häuselmann*: Zur Unrast der Jugend. Frauenfeld 1974
A.B. Hollingshead: Elmtown's youth. New York 1949
L. R. Jansyn: Solidaritiy and delinquency in a street corner group. In: American sociological review, 31. 1966
G. Kaiser: Jugendrecht und Jugendkriminalität. Weinheim 1973
K. Keniston: Young radicals. New York 1968
L. Kohlberg: Stage and sequence: The cognitive-developmental approach to socialization. In: *D.A. Goslin* (Hrsg.): Handbook of socialization theory and research. Chicago 1969
L. Krappmann: Soziologische Dimension der Identität. Stuttgart 1971
H. Kreutz: Soziale Bindungen der Sozialisation Jugendlicher in industriellen Gesellschaften. In: *K. Hurrelmann* (Hrsg.): Sozialisation und Lebenslauf. Reinbek b. Hamburg 1976
H. Kreutz: Soziologie der Jugend. München 1974
A. Kreuzer: Rocker-Gruppen-Kriminalität. In: Monatsschr. f. Kriminologie u. Strafrechtsreform, 8, 1970
H. Lessing und *M. Liebel*: Jugend in der Klassengesellschaft. München 1974
G.H. Mead: Geist, Identität und Gesellschaft. Frankfurt/M. 1968
W.B. Miller: Die Kultur der Unterschicht als Entstehungsmilieu für Bandenlinquenz. In: *F. Sack* und *R. König* (Hrsg.): Kriminalsoziologie. Frankfurt/M. 1968
T. Moser: Jugendkriminalität und Gesellschaftsstruktur. Frankfurt/M. 1972
F. Neidhardt u.a.: Jugend im Spektrum der Wissenschaften. 2. Aufl. München 1972
F. Sack: Zur Definition der Gewalt – am Beispiel der Jugend. In: *F. Neidhardt* u.a.: Agressivität und Gewalt in unserer Gesellschaft. München 1973
G. Schmidt und *V. Sigusch*: Arbeiter-Sexualität. Neuwied/Rh. 1971

C. R. Shaw und *H. D. McKay*: Juvenile delinquency and urban areas. Chicago, rev. ed. 1969
J. F. Short und *F. L. Strodtbeck*: Group process and gang delinquency. Chicago 1965
V. Sigusch und *G. Schmidt*: Jugendsexualität. Stuttgart 1973
E.H. Sutherland: White – collar Kriminalität. In: *F. Sack* und *R. König* (Hrsg.): Kriminalsoziologie. Frankfurt/M. 1968
G.M. Sykes und *D. Matza*: Techniken der Neutralisierung. In: *F. Sack* und *R. König* (Hrsg.): Kriminalsoziologie. Frankfurt/M. 1968
F. Tenbruck: Jugend und Gesellschaft. Freiburg/Brsg. 1962
L. von Friedeburg (Hrsg.): Jugend in der modernen Gesellschaft. Köln 1965
Ch. von Wolffersdorff-Ehlert: Beratung in der Erziehungshilfe und Resozialisierung. In: Funkkolleg Beratung in der Erziehung. Studienbegleitbrief 8. Weinheim und Basel 1976
M. Weber: Wirtschaft und Gesellschaft. Köln 1964
W. F. Whyte: Street corner society. Chicago 1943

Literatur zum 5. Kapitel

Abels, H./Keller, B: Obdachlose – zur gesellschaftlichen Definition und Lage einer sozialen Randgruppe, Opladen 1974
Albrecht, G.: Soziologie der Obdachlosigkeit: Konsequenzen für die Praxis der Sozialarbeit, in: Neue Praxis, 4 (1973), S. 267–288
Allport, G. W.: Die Natur des Vorurteils, Köln 1971
Ansay, T./Gessner, V. (Hrsg.): Gastarbeiter in Gesellschaft und Recht, München 1974
Arbeitsgruppe Bielefelder Soziologen (Hrsg.): Alltagswissen, Interaktion und gesellschaftliche Wirklichkeit, Reinbek 1973
Arbeitskreis Junger Kriminologen (Hrsg.): Randgruppenarbeit – Analysen und Projekte aus der Arbeit mit Obdachlosen, München 1973
Bahrdt, H.P.: Die Zusammensetzung der Quartierbevölkerung, in: *Herlyn, U, (Hrsg.)*: Stadt- und Sozialstruktur, München 1974, S. 172–186
Barres, E.: Das Vorurteil in Theorie und Wirklichkeit, Opladen 1974
Begemann, E.: Die Erziehung der sozio-kulturell benachteiligten Schüler, Berlin/Darmstadt/Dortmund 1970
Bellebaum, A./Braun, H. (Hrsg.): Reader soziale Probleme, Frankfurt/New York 1974
Benn, D.J.: Meinungen, Einstellungen, Vorurteile, Zürich/Köln 1975
Bingemer, K. u.a.: Leben als Gastarbeiter, Geglückte und mißglückte Integration, Köln/Opladen 1970
Borreli, M./Spremberg, B./Spremberg, W.: Minderheiten in der Bundesrepublik: Das Beispiel „Gastarbeiter“, Stuttgart 1973
Borris, M.: Ausländische Arbeiter in einer Großstadt. Eine empirische Untersuchung am Beispiel Frankfurt, Frankfurt/Main 1973
Braun, R.: Sozio-kulturelle Probleme der Eingliederung italienischer Arbeitskräfte in der Schweiz, Erlenbach/Zürich 1970
Brusten, M./Hurrelmann, K.: Abweichendes Verhalten in der Schule, München 1973

Brusten, M./Hohmeier, J. (Hrsg.): Stigmatisierung. Zur Produktion gesellschaftlicher Randgruppen. Bd. I und II, Neuwied/Darmstadt 1975
Castles, S./Kosack, G.: Immigrant workers and Class Strukture in Western Europe, London/New York/Toronto 1973
Cristiansen, M.: Obdachlos, weil arm. Gesellschaftliche Reaktion auf die Armut, Gießen 1973
Clyne, P.: The disadvantaged adult. Educational and social needs of minority groups, London 1972
Delgado, J.M.: Die „Gastarbeiter" in der Presse, Opladen 1972
Domke, H.: Lehrer und abweichendes Schülerverhalten, Donauwörth 1973
Feidel-Mertz, H./Grossmann, W. (Hrsg.): Ghettos in unseren Schulen? Frankfurt/Main 1974
Fend, H. u.a.: Sozialisationseffekte der Schule, Weinheim/Basel 1976
Fietkau, W.: Sogenannte Gastarbeiter, Wuppertal 1972
Fürstenberg, F.: Randgruppen in der modernen Gesellschaft, in: Soziale Welt, 16 (1965), S. 236–245
Geiselberger, S. (Hrsg.): Schwarzbuch Ausländische Arbeiter, Frankfurt/Main 1972
Gerstenmaier, J./Hamburger, F.: Bildungswünsche ausländischer Arbeiterkinder, in : Soziale Welt 25 (1974), S. 278–293
Goffman, E.: Stigma. Über Techniken der Bewältigung beschädigter Identität, Frankfurt/Main 1967
Gumperz, J.J.: Sprache, lokale Kultur und soziale Identität, Düsseldorf 1975
Haag, F.: Wohnungslose Familien in Notunterkünften, München 1971
Hansen, J. G.: Der Unterricht für Gastarbeiterkinder in Schleswig-Holstein, Kiel 1974
Harbach, H.: Internationale Schichtung und Arbeitsmigration, Reinbek, 1976
Heintz, P.: Soziale Vorurteile, Köln 1957
Herlyn, U. (Hrsg.): Stadt- und Sozialstruktur, München 1974
Hess, H./Mechler, A.: Ghetto ohne Mauern. Ein Bericht aus der Unterschicht, Frankfurt 1973
Höhmann, P.: Wie Obdachlosigkeit gemacht wird, Neuwied/Darmstadt 1976
Höhn, E.: Der schlechte Schüler, München 1967
Hoffmann-Nowotny, H.H.: Soziologie des Fremdarbeiterproblems. Eine theoretische und empirische Analyse am Beispiel der Schweiz, Stuttgart 1973
Hohmann, M. (Hrsg.): Unterricht mit ausländischen Kindern, Düsseldorf 1976
Hollstein, W./Meinhold, M. (Hrsg.): Sozialarbeit unter kapitalistischen Produktionsbedingungen, Frankfurt/Main 1973
Homfeldt, H.G.: Stigma und Schule, Düsseldorf 1974
Iben, G.: Kinder am Rande der Gesellschaft, 2. Auflage München 1970
Iben, G.: Randgruppen der Gesellschaft, 2. Auflage München 1972
Jensen, A.R.: Educational Differences, London 1973
Keckeisen, W.: Die gesellschaftliche Definition abweichenden Verhaltens, München 1974
Kemmler, L.: Erfolg und Versagen in der Grundschule, Göttingen 1970
Klee, E. (Hrsg.): Gastarbeiter, Analysen und Berichte, Frankfurt/Main 1972
Kluge, K.J. u.a.: .... Sie kamen zu uns, und wir nahmen sie nicht an. Gastarbeiter – Schulkinder im Schnittpunkt zweier Kulturen, Rheinstetten 1976

Koch, H.R.: Gastarbeiterkinder in deutschen Schulen, Königswinter 1970

Kunert, K.: Die Vernachlässigten unserer Schulen, Bad Heilbrunn, 1976

Lempp, R.: Lernerfolg und Schulversagen – Eine Kinder- und Jugendpsychiatrie, München 1973

Leudesdorff, R./Zillessen, H. (Hrsg.): Gastarbeiter = Mitbürger, Gelnhausen 1971

Lohrmann, R./Manfrass, K. (Hrsg.): Ausländerbeschäftigung und internationale Politik, München/Wien 1974

Maler, G.: Zweitsprache Deutsch. Die Schulbildung der Kinder ausländischer Arbeitnehmer, Donauwörth 1974

Malinowski, P./Münch, U.: Soziale Kontrolle. Soziologische Theoriebildung und ihr Bezug zur Praxis der sozialen Arbeit, Neuwied/Darmstadt 1975

Matza, D.: Abweichendes Verhalten. Untersuchungen zur Genese abweichender Identität. Heidelberg 1973

McNeal, J./Rogers, M. (Hrsg.): The Multi-Racial School. A Professional Perspective, 2. Auflage Harmondsworth 1972

Mehrländer, U.: Soziale Aspekte der Ausländerbeschäftigung, Bonn 1974

Mollenhauer, K.: Theorien zum Erziehungsprozeß, München 1972

Müller, H. (Hrsg.): Ausländerkinder in deutschen Schulen, Stuttgart 1974

Müller, H.: Ausländische Arbeiter in unserer Gesellschaft, München 1975

Nikolinakos, M.: Politische Ökonomie der Gastarbeiterfrage, Reinbek 1973

Otto, H.-U./Schneider, S. (Hrsg.): Gesellschaftliche Perspektiven der Sozialarbeit, Bd. I und II, Neuwied 1973

Reimann, H./Reimann, H. (Hrsg.): Gastarbeiter, München 1976

Rose, A.M.: Minderheiten, in: *Bernsdorf, W. (Hrsg.)*: Wörterbuch der Soziologie Band 2, Frankfurt 1972, S. 547–550

Runciman, W.G.: Relative Deprivation and Social Justice, Harmondsworth 1972

Savvidis, G.: Zum Problem der Gastarbeiterkinder in der Bundesrepublik Deutschland, Wien/München 1975

Schnorr, J.H.: Probleme der Beobachtung von Lernstörungen bei ausländischen Kindern, Düsseldorf 1976

Schrader, A./Nikles, B.W./Griese, H.M.: Die zweite Generation. Sozialisation und Akkulturation ausländischer Kinder in der Bundesrepublik, Kronberg 1976

Schulz, H.J.: Der Außenseiter in der Volksschule, München 1976

Schur, E.M.: Abweichendes Verhalten und soziale Kontrolle, Frankfurt/Main 1974

Seywald, A.: Physische Abweichung und soziale Stigmatisierung, Rheinstetten 1976

Sigrell, B.: Problemkinder in der Schule, Weinheim/Basel 1973

Spiegel-Redaktion (Hrsg.): Unterprivilegiert. Eine Studie über benachteiligte Gruppen in der Bundesrepublik Deutschland, Neuwied/Berlin 1973

Stirn, H.: Ausländische Arbeitnehmer in der Bundesrepublik, Opladen 1974

Stonequist, E.V.: Randseiter (marginal man), in: *Berndorf, W. (Hrsg.)*: Wörterbuch der Soziologie, Bd. 3, Frankfurt 1972, S. 653–655

Uhlig, O.: Die ungeliebten Gäste. Ausländische Arbeitnehmer in Deutschland, München 1974

Ulich, D./Mertens, W.: Urteile über Schüler, Weinheim 1973

Vaskovics, A.: Segregierte Armut. Randgruppenbildung in Notunterkünften. Frankfurt/New York 1976
Witzel, J.: Der Außenseiter im Sozialisationsprozeß der Schule, Stuttgart 1969
Witty, P.A. (Hrsg.): The Educationally Retarded and Disadvantaged – The Sixty-Sixth Yearbook of the National Society of the Study of Education, Chicago 1967
Zapf, K.: Rückständige Viertel. Eine soziologische Analyse der städtebaulichen Sanierung in der Bundesrepublik, Frankfurt/Main 1969
Zieris, E.: Wohnverhältnisse von Familien ausländischer Arbeitnehmer in Nordrhein-Westfalen, Düsseldorf 1971
Zöllner, W.: Obdachlos durch Wohnungsnot, Reinbek 1973

Literatur zum 6. Kapitel

Badura, B. (Hrsg.): Seminar: Angewandte Sozialforschung, Frankfurt a. Main 1976
Beck, J.: Zur ideologischen Funktion der Pädagogik, in: *Kippert, K. (Hrsg.)*: Einführung in die Soziologie der Erziehung, Freiburg/Basel/Wien 1970, S. 93–114
Benner, D.: Hauptströmungen der Erziehungswissenschaft, München 1973
Berg, C. u.a.: Einführung in die Erziehungswissenschaft, Köln 1976
Berger, P.L./Luckmann, T.: Die gesellschaftliche Konstruktion der Wirklichkeit. Eine Theorie der Wissenssoziologie, Frankfurt a. Main, 1970
Bernstein, B.: Beiträge zu einer Theorie des pädagogischen Prozesses, Frankfurt a. Main 1977
Brezinka, W.: Von der Pädagogik zur Erziehungswissenschaft, Weinheim/Berlin/Basel 1971
Cube, F.v.: Ausbildung zwischen Automation und Kommunikation, Bochum 1976
Feuerstein, T.: Emanzipation und Rationalität einer kritischen Erziehungswissenschaft, München 1973
Gamm, H.-J.: Das Elend der spätbürgerlichen Pädagogik, München 1972
Giesecke, H.: Bildungsreform und Emanzipation, München 1973
Goldschmidt, D. u.a.: Erziehungswissenschaft als Gesellschaftswissenschaft, Heidelberg 1969
Gurkenbiehl, L.: Erziehung als Gegenstand der Sozialwissenschaften, Kronberg 1976
Habermas, J.: Erkenntnis und Interesse. Mit einem neuen Nachwort, Frankfurt a. Main 1973
Hoffmann, D./Tütken, H. (Hrsg.): Realistische Erziehungswissenschaft. Festschrift für Heinrich Roth, Hannover 1972
Huisken, F.: Zur Kritik bürgerlicher Didaktik und Bildungsökonomie, München 1972
Issing, L.J./Knigge-Illner (Hrsg.): Unterrichtstechnologie und Mediendidaktik, Weinheim/Basel 1976
Klafki, W.: Erziehungswissenschaft als kritisch-konstruktive Theorie: Hermeneutik-Empirie-Ideologiekritik, in: Zeitschrift für Pädagogik 17 (1971), S. 351–385

König, E.: Theorie der Erziehungswissenschaft, Band 1: Wissenschaftstheoretische Richtungen der Pädagogik, München 1975

Laing, R. D.: Mystifikation, Konfusion und Konflikt, in: *Boszormenyi-Nagy, J./Framo, J. L. (Hrsg.)*: Familientherapie – Theorie und Praxis, Band 2, Reinbek 1975, S. 110–129

Mollenhauer, K.: Theorien zum Erziehungsprozeß, München 1972

Mollenhauer, K.: Erziehung und Emanzipation, 6. Aufl. München 1973

Peters, O.: Was leistet das Konzept der Unterrichtstechnologie? in: *Issing/Knigge-Illner*, a.a.O., S. 39–52

Röhrs, H.: Allgemeine Erziehungswissenschaft, 3. Aufl. Weinheim/Berlin/Basel 1973

Spranger, E.; Der geborene Erzieher, Heidelberg 1958

Ulich, D. (Hrsg.): Theorie und Methode der Erziehungswissenschaft, Weinheim/Basel 1972

Weingart, P. (Hsrg.): Wissenschaftssoziologie I: Wissenschaftliche Entwicklung als sozialer Prozeß, Frankfurt a. Main 1972

Weingart, P.: Wissensproduktion und soziale Struktur, Frankfurt a. Main 1976

Glossar

Abweichendes Verhalten: Verstoß gegen von anderen aufgestellte Regeln, Normen oder Wertvorstellungen, der häufig eine → Etikettierung des Abweichenden durch die anderen als Außenseiter zur Folge hat und seine → Stigmatisierung einleitet.

Akkulturation: Erwerb von Elementen einer fremden Kultur durch einzelne oder Gruppen einer anderen Kultur. Es können Techniken, Verhaltensweisen, Werte oder Institutionen übernommen werden; diese werden auch abgeändert und teilweise den eigenen Bedürfnissen angepaßt.

Allokationsfunktion: Zuweisung von Personen zu gesellschaftlichen Positionen auf der Grundlage von bestimmten Bildungsabschlüssen, die Berechtigungen zum Zugang zu bestimmten Berufen oder Laufbahnen vergeben.

Ambiguitätstoleranz: Fähigkeit, auch widersprüchliche oder mehrdeutige Erfahrungen und Umweltserwartungen wahrzunehmen und zu verarbeiten, ohne die → Identitätsbalance zu gefährden. A. stellt eine der → Grundqualifikationen des Rollenhandelns dar und drückt die psychische Voraussetzung für eine erfolgreiche → Interaktion in mehrdeutigen oder widersprüchlichen Situationen aus.

Anomia: Zustand einer Person, die sich in ihren sozialen Beziehungen nicht mehr zurechtfindet und an der Richtigkeit dieser sozialen Beziehungen zweifelt.

Aspirationsniveau: Das A. kennzeichnet den Schwierigkeitsgrad, den sich ein Mensch abverlangt.

Assimilation: Anpassung an eine fremde Kultur, wobei sich der Handelnde bei der Übernahme neuer Kulturelemente passiver als im Falle der Akkulturation verhält.

Attitüde: entspricht dem Terminus der → Einstellung

Code: Von *Bernstein* beschriebenes System von sprachlichen Zeichen und Mechanismen, das durch spezifische Umweltbedingungen erworben wird und die Typik des Sprachverhaltens beschreibt. Nach der Auffassung *Bernsteins* wird der C. von → sozialstrukturellen wie von situativen Faktoren beeinflußt.

Deprivation: Mangel an Mitteln, die menschlichen Grundbedürfnisse nach dem für eine Gesellschaft durchschnittlich gültigen Maßstab hinreichend befriedigen zu können. Bei relativer Deprivation nehmen die Betroffenen ihren Mangel und ihre Benachteiligung selbst im Vergleich zu anderen Gruppen wahr.

Devianz: Bezeichnung für → abweichendes Verhalten, vor allem unter dem Gesichtspunkt der Kriminalität. Während der Aspekt der „primären D." die Entstehungsbedingungen von D. im Zusammenhang mit der Soziallage, der Struktur und den Beziehungen der Familie sowie den in jugendlichen → Subkulturen gelernten → Einstellungen und → Rollen bezeichnet, verweist der Sachverhalt der „sekundären D." auf die Auswirkungen der Instanzen der → sozialen Kontrolle und die daraus resultierende Verfestigung devianten Verhaltens.

Differentielle Assoziation: Der von *Sutherland* geprägte Begriff bezeichnet den Sachverhalt, daß Lernprozesse durch unterschiedliche Teilnahme und → Interaktion in Gruppen verschiedenster Art organisiert werden. *Sutherland* betont damit, daß → deviantes Verhalten nach denselben Regeln gelernt wird wie konformes Verhalten.

Direktiv: Bezeichnung für einen Interaktionsstil, der durch ein hohes Ausmaß an Lenkung und Kontrolle des Interaktionspartners charakterisierbar ist.

Diskreditierung: Einer Person werden Eigenschaften zugesprochen, oder es werden an ihr Merkmale wahrgenommen, die von der gesellschaftlich definierten „Normalität" abweichen und die Person in ein schlechtes Licht setzen, sie in Verruf bringen oder zu einem negativen Urteil über die Person selbst führen.

Einstellung: ist ein → hypothetisches Konstrukt, das durch beobachtetes Verhalten erschlossen werden muß. E.en bezeichnen zeitlich überdauernde Erwartungshaltungen, die kognitive, affektive und verhaltensmäßige Komponenten enthalten. Sie beziehen sich auf Objekte bzw. Objektklassen (Personen, Institutionen, Sachverhalte), werden in konkreten Situationen aktualisiert und können dann verhaltenssteuernd wirken. E.en sind Ergebnisse von Lernprozessen und können – vor allem als Vorurteil – relativ starr sein.

Elaborierter Code: der von *Bernstein* vorwiegend der Mittelschicht zugeschriebene → Code, der sich durch komplexe grammatikalische und syntaktische Konstruktionen, häufigen Gebrauch von Präpositionen und diskriminierenden Adjektiven und Adverbien und die häufige Verwendung der unpersönlichen Pronomina „es" und „man" auszeichnet.

Empathie: Fähigkeit, sich in den anderen einzufühlen, seine Bedürfnisse und Interessen sowie seine Interpretationen der Interaktionssituationen wahrzunehmen.

Epigenese: Gleichzeitigkeit und → Interdependenz von sozialen Institutionen, kultureller Überlieferung und der Entwicklung der Persönlichkeit.

Erwartungseffekt: Verhaltenssteuernde Wirkung sozialer Erwartungen (→ self-fulfilling prophecy), wobei sich der einzelne an die Erwartungen, die ihm gegenüber gestellt werden, anpaßt.

Etikettierung: Zuschreibung von zumeist → diskreditierenden Eigenschaften, z.B. als Außenseiter, Psychopath, Krimineller. E.en können dabei im Sinne des → Erwartungseffekts verhaltenssteuernd wirken und Prozesse der → Stigmatisierung einleiten.

Evaluation: Bewertung von Lehrplänen und Unterrichtsprogrammen oder Messen der Auswirkungen geplanter Erziehungs- und Lehrprozesse.

Frustrationstoleranz: bezeichnet denselben Sachverhalt wie → Ambiguitätstoleranz.

Funktion: Objektive Leistungen und Konsequenzen, die sich aus einem Handeln oder einem sozialen Sachverhalt im Hinblick auf ein soziales System ergeben. Ist die Konsequenz seines Handelns einem Akteur bewußt, spricht man von der *manifesten* Funktion des Handelns; ist die Folge nicht bewußt oder beabsichtigt, spricht man von einer *latenten* Funktion des Handelns. Der *Funktionalismus* als wissenschaftliche Theorie versucht, soziale Sachverhalte, Strukturen und Prozesse vorwiegend unter diesem Gesichtspunkt zu erklären.

Gruppenkohäsion: oder Gruppenzusammenhalt bezeichnet das Ergebnis aller Kräfte und Einflußfaktoren, die den Verbleib der Mitglieder in der Gruppe bewirken, z.B. gemeinsame Ziele, Intensität der → Interaktionen, Motiviertheit, personengebundende Attraktivität, aber auch hoher Außendruck.

Gruppenstruktur: weitgehend stabile Merkmale der Gruppe, die die → Interaktionen der Mitglieder bestimmen.

Grundqualifikationen des Rollenhandelns: bezeichnen die psychischen Voraussetzungen der → Ich-Identität und werden vorwiegend im familialen Sozialisationsprozeß erworben. Nach *Habermas* sind das die → Frustrationstoleranz (oder Ambiguitätstoleranz), die Fähigkeit einer kontrollierten Selbstdarstellung durch ein angemessenes Verhältnis von → Rollenübernahme und → Rollenentwurf und die Fähigkeit der → Rollendistanz auch bei gut verinnerlichten Normen. Diese G. können zugleich als eine Abbildung des Ausmaßes an → Repressivität, → Rigidität und Verhaltenskontrolle der → Rollensysteme auf der Ebene der Persönlichkeitsstruktur bezeichnet werden. Neben diesen drei G. wird häufig noch die Fähigkeit des einzelnen zur → Empathie erwähnt.

I: bezeichnet nach der Analyse von *Mead* neben dem → Me den zweiten Aspekt der Person als die Fähigkeit, über sich selbst als Person nachdenken und reflektieren zu können, um sich auch von vorgefundenen Rollen distanzieren und eigene → Rollenentwürfe vornehmen zu können.

Identität: a) nach der Auffassung von *Mead* der Wechsel von Rollenspiel durch die Übernahme der Erwartungen anderer und dem Entwurf eigener Rollen, der in der kognitiven Struktur innerlich repräsentiert wird als die Ausbildung des → Me und des → I, die in Abhängigkeit von gesellschaftlichen Prozessen gesehen wird. b) nach der Auffassung von *Erikson* die geglückte Integration auch widersprüchlicher und krisenhafter Umwelterfahrungen in das Selbstbild auf dem Hintergrund der lebenszyklischen Erfahrungen in der Biographie. c) für *Goffman* die Balance zwischen personaler und sozialer Identität (Ich-Identität, Identitätsbalance), wobei die personale I. die Ereignisse der individuellen Biographie und die soziale I. die zu einem bestimmten Zeitpunkt aktualisierbaren Rollen (Rollenidentität) bezeichnen. Nach *Goffman* muß die I. (Identitätsbalance) in jeder Interaktionssitutation neu konstituiert werden.

Identitätsbalance: (oder Ich-Identität) bezeichnet den Begriff der → Identität bei *Goffman*.

Identitätsverwirrung: wird von *Erikson* als Gegenpol zur → Identität bezeichnet; I. tritt insbesondere in der Adoleszenz auf und kann unter günstigen Interaktionsbedingungen zur Ausbildung der → Identität führen, ein Prozeß, den *Erikson* als Ichstärkung durch Krisenbewältigung bezeichnet.

I. tritt vor allem dann auf, wenn das Selbstbild des einzelnen durch widersprüchliche Rollenanforderungen geändert bzw. konkurrierende Selbstbilder aufgelöst werden müssen.

Institution: Relativ beständige, in einer Gruppe oder der Gesamtgesellschaft als gültig anerkannte Regel oder Form des Verhaltens. Diese Regel enthält komplexe Verhaltensmuster und integriert diese in einem übergeordneten Sinnzusammenhang. Im Falle der *Institutionalisierung* verfestigen sich soziale Regelmäßigkeiten, die noch nicht den Geltungsbereich von Institutionen erreicht haben.

Integrationsfunktion: nach *Fend* die Aufgabe der Schule, systemstabilisierende Normen und Werte und politische Orientierungen an die nächste Generation weiterzugeben, um die Legitimität des politischen Systems sicherzustellen. Die I. wird vor allem durch die im Rahmen des Schullebens und der Art der Schüler-Lehrer-Interaktionen verinnerlichten Alltagstheorien und Deutungsmuster realisiert. Die I. stellt neben der → Selektionsfunktion und der → Qualifikationsfunktion die Reproduktion der Gesellschaft in der nächsten Generation sicher.

Interaktion: bezeichnet die Wechselbeziehung zwischen mindestens zwei Objekten. I.en können stattfinden zwischen Personen untereinander, zwischen Personen und Institutionen oder zwischen Institutionen untereinander. I. wird auch als die Wechselwirkung zwischen Variablen und Merkmalen bezeichnet, z.B die I. zwischen Umweltfaktoren, Anlage und Persönlichkeitsmerkmalen. Der sozialpsychologische I.s-Begriff ist zumeist auf die I. von Personen bezogen; dabei läßt sich in *asymmetrische* oder → komplementäre I.en, die vereinseitigte und relativ starre I.-Strukturen mit hoher Verhaltenskontrolle bezeichnen, und in *symmetrische I.en* unterteilen. Eine besondere Bedeutung hat dieser Begriff im Zusammenhang mit der soziologischen Theorie der → symbolischen Interaktion bekommen.

Interdependenz: wechselseitiger, zumeist enger Zusammenhang zwischen zwei Objekten oder Objektklassen.

Intergenerationenmobilität: drückt die Veränderung des → subkulturellen Milieus (Beruf, Arbeitsplatz, Wohngegend etc.) im Laufe der Generationen aus, zumeist der letzten drei Generationen. Bei *Oevermann* wurde das Ausmaß an I. als Maß für die Konsistenz der subkulturellen Tradition verwendet.

Internalisierung: Verinnerlichung der Normen, Werte und Einstellungen der Bezugsgruppe bzw. der signifikanten anderen.

Interrollenkonflikt: Konflikt zwischen zwei verschiedenen Rollen, die bei einem Rollenträger oder einer Klasse von Rollenträgern gleichzeitig aktualisiert werden und deren Inhalte miteinander unvereinbar sind.

Intrarollenkonflikt: in ein und derselben Rolle befinden sich Rollenerwartungen, die miteinander in einem konfliktuösen Verhältnis stehen; widersprüchliche Rollensegmente, die nicht gleichzeitig angemessen realisierbar sind.

Kaste: eine streng abgeschlossene Gesellschaftsschicht, deren Mitglieder diese nicht oder nur mit großen Schwierigkeiten verlassen können. Die Zugehörigkeit wird durch Geburt erworben und ist häufig durch äußerliche Merkmale wie Hautfarbe, Kleidung oder Zugehörigkeit zu einer bestimmten Ethnie erkennbar.

Kategorisierung: Zuordnung von einzelnen Personen zu Personengruppen oder Persönlichkeitstypen auf Grund wahrgenommener Merkmale der Personen und nach den in einer Gesellschaft üblichen Regeln der sozialen Zuordnung.

Kathektisch: kommt aus der psychoanalytischen Schule und bezeichnet die Konzentration psychischer Energie auf eine bestimmte Person, Sache oder Idee. *Parsons* verwendet diesen Begriff zur Beschreibung der → Pattern Variable Spezifität und drückt damit die zielgerichtete Objektorientierung aus. Kathexis wird von *Freud* auch als „Besetzung" ausgedrückt, als die Besetzung eines Objektes mit psychischer Energie.

Kausalattribuierung: bezeichnet die Zuschreibung von Ursachen und Handlungsresultaten; dabei wird zwischen einer internalen K., bei der die Handlungsresultate sich selbst, und einer externalen K., bei der die Handlungsresultate anderen Faktoren (der Situation, Glück oder Pech etc.) zugeschrieben werden, unterschieden.

Kernfamilie: stellt die Einheit von Mutter, Vater und Kindern dar; dabei muß der Vater nicht notwendigerweise zugleich der biologische, sondern kann auch der soziologische Vater sein.

Kognitives Schema: Bezugssysteme, die die Wahrnehmung von Objekten steuern und strukturieren; die Entwicklung solcher Strukturen scheint mit den Sozialisationserfahrungen in einem engen Zusammenhang zu stehen.

Kommunikation: Mitteilung von Informationen, wobei diese auf verbale wie auch auf nonverbale Art, beabsichtigt oder unbeabsichtigt vollzogen werden kann; K. kann insofern kaum von → Interaktion unterschieden werden, da jede Interaktion auch eine Information enthält, selbst wenn sie ausbleibt.

Komplementär: sich ergänzend; k.e Rollenerwartungen beruhen auf der Unterschiedlichkeit von Beziehungen, z.B. stellen Herrschaftsbeziehungen k.e Rollen dar, etwa zwischen Lehrer und Schüler, wobei die Interaktionen der Schüler auf den Lehrer hin organisiert sind.

Konformität: Bezeichnung für ein sich an den Erwartungen und Normen der Bezugsgruppe orientierendes, angepaßtes Verhalten.

Konsensus: Übereinstimmung hinsichtlich bedeutungsvoller Objekte (Ziele, Strategien, Status etc.) innerhalb einer Gruppe; K. kann durch verschiedenste Weise erzeugt werden, so durch Argumentation oder durch Gruppendruck.

Konstrukt: bezeichnet eine gedankliche Hilfskonstruktion, die Dinge bezeichnet, die der direkten sinnlichen Wahrnehmung nicht zugänglich sind und auf theoretischem Weg erschlossen werden müssen, z.B. → Einstellungen, → kognitive Schemata, → Leistungsmotiv.

Kontextkompetenz: Fähigkeit, den eigenen Sprachstil oder → Code auf veränderte Situationen einzustellen, sich situationsadäquat auszudrücken.

Leistungsmotiv: relativ überdauernde Verhaltensbereitschaft oder Verhaltensdisposition, die in leistungsthematischen Situationen aktualisiert wird und in Leistungsverhalten mündet; Bestreben, die eigene Tüchtigkeit in den Bereichen zu steigern, für die individuelle Gütemaßstäbe als verbindlich existieren und zugleich mißlingen können; *Heckhausen* schreibt dem L. die beiden Motivtendenzen Hoffnung auf Erfolg und Furcht vor Mißerfolg zu.

Makrostrukturell: Gesichtspunkt der gesamtgesellschaftlichen Determination und Gliederung.

Me: neben dem → I der entscheidende Aspekt der Person, den *Mead* als den Teil des Ichs beschreibt, in dem die Erfahrungen mit der Bezugsgruppe, ihre Erwartungen, Rollen und Beziehungen repräsentiert werden.

Metakommunikation: Verständigung von Kommunikationspartnern über ihre eigene Kommunikationssituation, wobei die Interaktionsformen und Beziehungsmuster zum Thema der → Kommunikation gemacht werden; nach Auffassung vieler Autoren die einzige Möglichkeit, aus einer Beziehungsfalle (Double bind-Situation) herauszukommen.

Milieusterilität: tritt ein, wenn Gruppen (z. B. die Kleinfamilie) sich nach außen hin abdichten und äußere Einflüsse und Informationen abwehren, um die Exklusivität ihrer → Interaktionen zu bewahren.

Mobilität: Bewegung („Platzwechsel") von Personen aus einer Position in eine andere im Rahmen gesellschaftlichen Geschehens. *Regionale* Mobilität bezeichnet einen Wohnortwechsel. *Soziale* Mobilität bezeichnet einen Wechsel in der Statushierarchie einer Gesellschaft. *Berufliche* Mobilität bezeichnet eine Änderung in der Erwerbstätigkeit. *Inter-Generationen-Mobilität* beinhaltet einen Wechsel im Beruf oder in der Statushierarchie, den die Kindergeneration im Verhältnis zu ihrer Elterngeneration vollzogen hat. *Mobilitätsbarrieren* sind diejenigen sozialen Sachverhalte, die der Bewegung in einer der angegebenen Dimension im Wege stehen.

Modellernen: (auch: Lernen durch Imitation, Beobachtungslernen) Erwerb neuer Verhaltensweisen, die an einem Vorbild beobachtet werden; da die Imitation eines Modells wahrscheinlicher ist, wenn dieses auch (stellvertretend für den Lernenden) belohnt wird, sind die Konsequenzen des Verhaltens der Modellperson bedeutsam für den Lernprozeß des Beobachters. Bedeutsam sind zudem a) die Rolle der Modellperson (hohe Intelligenz, hoher Sozialstatus, besondere Fähigkeiten), b) die Persönlichkeitsmerkmale des Beobachters (Ängstlichkeit, Selbstwertgefühl, Abhängigkeitsbedürfnis) und c) die Beziehung zwischen Modell und Beobachter (z. B. positive emotionale Beziehung, Abhängigkeit des Beobachters vom Modell).

Operationalisierung: Angabe von Forschungsoperationen oder *Indikatoren*, mit deren Hilfe man entscheiden kann, ob ein bestimmtes, begrifflich fixiertes Phänomen auch vorliegt; Begriffe werden durch die Auswahl von Indikatoren (z. B. Ausbildungsgrad des Vaters für den Begriff der

Sozialschicht) einer empirischen Überprüfung zugänglich gemacht, wobei als Indikatoren vornehmlich äußere, d.h. beobachtbare oder erfragbare Kriterien verwendet werden. Da der Indikator mit dem Begriff zumeist nicht deckungsgleich ist, sondern nur einen Teil des dahinterliegenden Phänomens bezeichnet, stellen O.en häufig Reduktionen dar. Verallgemeinerungen sind in der empirischen Sozialforschung vorwiegend Verallgemeinerungen der zugrunde liegenden O.en.

Organisation: Dauerhafter Zusammenschluß von Handlungen und Rollen, die in der Regel zu einer zweckgebundenen Ordnung zusammengefaßt sind.

Paradigma: Musterbeispiel in der Form einer besonderen Forschungsmethode, einer methodischen Regel, eines bestimmten Theorietyps oder einer hervorragenden Entdeckung, das als Grundlage oder Modell für weitere Forschungen im Wissenschaftsbetrieb dient.

Parias: Eine sozial verachtete, unterprivilegierte, in der Regel relativ rechtlose Bevölkerungsgruppe, die oft gesellschaftlich notwendige, aber ebenfalls verachtete Arbeiten verrichtet.

Pattern variables: Von dem amerikanischen Soziologen *Parsons* konstruierte Handlungsorientierungen, die zur Analyse der strukturellen Unterschiede von Familie und Schule verwendet werden. *Parsons* entwarf fünf alternative Typen: Affektivität gegenüber Affektneutralität, Selbstorientierung gegenüber Kollektivorientierung, Partikularismus gegenüber Universalismus, Zuschreibung gegenüber Leistung und Diffusität gegenüber Spezifität. Mit zunehmender Sozialisation und Ablösung aus der Familie in Richtung Beruf wird nach *Parsons* die → Interaktion auch zunehmend affektneutraler, gruppenorientiert, auf allgemein definierte Maßstäbe und auf Leistung zentriert und gleichzeitig zunehmend zielgerichteter.

Peer group: die Gruppe der (Alters-, Status-) Gleichen, zumeist begriffsgleich mit der altershomogenen Gruppe, der Jugendgruppe.

Permissiv: Gegenbegriff zu → direktiv; bezeichnet einen durch Nachgiebigkeit und Unterstützung charakterisierbaren Interaktionsstil.

Personorientierung: Form der familialen → Interaktion, die sich an den individuellen Unterschieden der Mitglieder und weniger an der Rolle oder dem → Status orientiert und hohe individuelle Flexibilität aufweist; wird gleichzeitig von einer Reihe von Autoren vorwiegend der Mittelschicht zugeschrieben und im Zusammenhang mit offenen familialen → Rollensystemen gesehen.

Perspektivendifferenzierung: nach *Mead* die Fähigkeit, sich in die Perspektive, die Sichtweise des anderen hinein zu versetzen, die Rolle des Interaktionspartners zu antizipieren; bildet die kognitive Voraussetzung für die Fähigkeit zur → Rollenübernahme.

Plazierung: Vgl. Allokation

Position: Relative Stellung einer Person im Rahmen einer bestimmten Struktur, sei es der Gesellschaft, einer Institution oder einer Organisation.

Postkonventionelles Stadium: bezeichnet die dritte Stufe der moralischen Entwicklung nach *Kohlberg; Kohlberg* formuliert drei aufeinanderfolgende Stufen der Gewissensbildung, denen er jeweils zwei Typen zuordnet: Stufe I vormoralische Stufe (1. Orientierung an Strafe und Gehorsam, 2. naiver instrumenteller Hedonismus), Stufe II konventionelle Moral (3. Moral des „braven" Kindes, 4. Respekt vor Autorität), Stufe III postkonventionelles Stadium, Moral der akzeptierten Prinzipien (5. Moral des Vertrages und des demokratisch akzeptierten Gesetzes, 6. Moral der individuellen Gewissensgrundsätze).

Qualifikationsfunktion: nach *Fend* eine der drei Reproduktionsfunktionen der Schule, wobei durch Lehre und Unterricht allgemeine und berufliche Qualifikationen vermittelt werden, die die Voraussetzung für die Teilnahme am Berufs- und Beschäftigungssystem bilden.

Rationalisierung: Meist im Sinne der Vereinfachung, Effektivierung und klareren Strukturierung von Prozessen und Handlungsabläufen gebraucht. Als Mechanismus der individuellen Verarbeitung von Wahrnehmungen und Erfahrungen ist Rationalisierung die Interpretation von Wahrnehmungen im Sinne der eigenen Interessen und Bedürfnisse, wobei andere Personen diese Interpretation für unangemessen halten.

Repressivität: Zustand hohen gesellschaftlichen Zwangs und Verhaltenskontrolle, die auf die Sicherung konformen Verhaltens zielt; nach *Habermas* die Voraussetzung für die Einhaltung → komplementärer Rollen, da individuelle Bedürfnisse und institutionalisierte Rollen empirisch nicht deckungsgleich sind.

Rigidität: Starrheit, fixiertes Festhalten an eingeschliffenen Verhaltensgewohnheiten und Rollen, wobei andere und neue Interpretationen ausgeschlossen werden.

Ritual: Vollzug von weitgehend starren Verhaltensmustern ohne Reflexion der in diesen enthaltenen Handlungsvollzügen. R.e symbolisieren zum einen das institutionelle System, in dem sie vollzogen werden (Leistung, Solidarität, Mitgliedschaft) und betonen gleichzeitig die soziale Differenzierung des gesellschaftlichen Oben und Unten.

Rolle: soziologischer Begriff, der aus der Welt des Theaters entlehnt wurde und institutionalisierte, normativ abgesicherte Verhaltensmuster bezeichnet. Im Gegensatz zum sozialpsychologischen Begriff der R. ist für den soziologischen R.n-Begriff im allgemeinen der Begriff der Sanktion konstitutiv, also die Tatsache, daß eine Abweichung nicht folgenlos bleibt, wenn sie entdeckt wird.

Rollenambiguität: Tatbestand, daß Rollen interpretierbar sind durch ihre Mehrdeutigkeit in verschiedenen Situationen.

Rollendistanz: psychische Entsprechung der → Rollenambiguität; reflektierte Anwendung sozialer Rollen, die den Versuch beschreibt, in einem Interaktionssystem zu handeln, ohne die in anderen Systemen gemachten Erfahrungen völlig zu ignorieren. Wird als Voraussetzung der → Identitätsbalance gesehen.

Rollenentwurf: nach *Turner* die Fähigkeit, in → Interaktionen neue Interpretationen des sozialen Verhaltens einbringen (role making), sich selbst repräsentieren zu können.

Rollensystem: Bündel aufeinander bezogener Rollen, z.B. Lehrer- und Schülerrolle; R.e unterscheiden sich nach ihrem Ausmaß an Offenheit'bzw. Geschlossenheit, nach dem Spielraum, den er einzelne zum Entwurf neuer Rollen hat.

Rollenübernahme: entspricht dem von *Mead* formulierten role taking und setzt die Fähigkeit des einzelnen, sich in den anderen hineinzuversetzen (antizipatorische soziale Kognition) und in eigenes, zielgerichtetes Handeln umzusetzen, voraus; Untersuchungsbefunde weisen darauf hin, daß R. besonders im Zusammenhang mit elterlicher Fürsorge und offenen → personorientierten Familienbeziehungen entwickelt wird. R. ist in enger Verbindung mit der kognitiven Entwicklung zu sehen.

Schichtenspezifische Sozialisation: drückt den Tatbestand der Reproduktion sozialer → Ungleichheit in der nächsten Generation aus; durch schichttypische Erziehungspraktiken in Familie und Schule werden Persönlichkeitsmerkmale (Intelligenz, Leistungsmotiv, Aspirationsniveau) begünstigt, die bei den Kindern einen ähnlichen Status nahelegen wie den der Herkunftsfamilie.

Segregation: Absonderung von Personen oder Gruppen von anderen Personen oder Gruppen. Wie bei Mobilität sind Prozesse der regionalen, sozialen Segregation möglich, wobei oft beide Prozesse zusammenfallen. Segregation kann temporär oder auf Dauer stattfinden; sie kann als selbstgewählte oder -bestimmte der Segregierten oder als fremdbestimmte, erzwungene stattfinden.

Selektionsfunktion: der Schule wird von *Fend* als die in der Schule durch Prüfungen und Berechtigungen vorgenommene Differenzierung bezeichnet, die mit Hilfe unterschiedlicher Schulabschlüsse zur Reproduktion der Sozialstuktur beiträgt.

Signifikanter Anderer: Personen, die in der Phase der primären Sozialisation aufgrund ihrer emotionalen Besetzung, ihrer dauernden Anwesenheit und ihres Einflusses gegenüber dem Kind nachhaltigen Einfluß auf dessen Persönlichkeitsentwicklung ausüben.

Soziale Kontrolle: bezeichnet die Mechanismen, die im Zusammenhang mit der Konformitätssicherung wirksam werden; in entwickelten industriellen Gesellschaften wird die s.K. vorwiegend durch spezielle Institutionen monopolisiert (Gerichte, Polizei, Erziehungs- und Resozialisierungsinstanzen).

Sozialprestige: Ansehen, das mit einem gesellschaftlichem Rang, einem Beruf oder einem bestimmten Bildungsabschluß verbunden ist und nach den für eine bestimmte Gesellschaft typischen Regeln der Vergabe von Ansehen zustande kommt. Diese Regeln ergeben sich aus den für eine bestimmte Gesellschaft dominanten Werten.

Sozialstatus: Der gesellschaftliche Rang, den eine Person innerhalb der Sozialstruktur, die in der Regel hierarchisch geordnet ist, aufgrund bestimmter Merkmale einnimmt. Die verbreitetsten *Statusmerkmale* sind Bildungsgrad, Berufsposition, Einkommen und Autonomie der Arbeit.

Statusorientierung: bezeichnet im Gegensatz zu → Personorientierung Familiensysteme, in denen das Verhalten soweit standardisiert ist, daß Gehorsam gegenüber den aufgestellten Regeln die dominante Form der → Interaktion darstellt; Machtbeziehungen innerhalb der Familie und Konformität spielen eine wichtige Rolle.

Stigma: Eigenschaft von Personen, die aufgrund eines körperlichen, psychischen oder sozialen Merkmals als nicht der Normalität entsprechend angesehen wird und zur Herabsetzung der Person oder zum Ausschluß der Person aus sozialen Interaktionen führt.

Strukturflexibilität: nach der Analyse *Neidhardts* eine wichtige Voraussetzung für die Sozialisationskapazität von Familien in Richtung der Entwicklung der Fähigkeit problemlösenden Verhaltens bei Kindern; bezeichnet das Ausmaß an Korrigierbarkeit von Autoritätsverteilungen, Rollendefinitionen und Rolleninterpretationen innerhalb der Familie.

Subkultur: bezeichnet ganz allgemein Gruppen, die sich in wenigsten einem zentralen Merkmal von anderen gesellschaftlichen Gruppen unterscheiden. Jugendliche S.en sind dabei Gruppen, die einen Konsensus, eine gemeinsame Definition ihrer eigenen Situation entwickeln und die als Konsequenz vorausgegangener sozialer Erfahrungen angesehen wird.

Symbolischer Interaktionismus: bezeichnet eine im Anschluß an *Mead* entwickelte sozialpsychologische Schule, in der individuelles Verhalten und Bewußtsein aus den Interaktionsprozessen heraus erklärt wird; die einzelnen Interaktionen repräsentieren symbolisch die Handlungssysteme, in denen sie sich vollziehen. Im Interaktionsprozeß werden dem Individuum die Muster aufeinander bezogenen Handelns vermittelt, indem die Interaktionen des Partners antizipiert und als Kontrolle eigenen Verhaltens wirksam werden.

Systemtransparenz: neben → Strukturflexibilität und Umweltoffenheit die entscheidende Sozialisationsvariable der Familie; *Neidhardt* versteht darunter eine Offenheit nach innen, die eine Artikulation auch divergenter Bedürfnisse ebenso erlaubt wie die Klärung von Zielen und Frustrationen. S. wird vor allem durch Formen der → Metakommunikation realisiert.

Totale Institution: nach *Goffman* Institutionen mit annähernd totaler, d. h. in fast alle Bereiche individuellen Verhaltens reichende → sozialer Kontrolle. Merkmal von t.r.I. ist die Unterwerfung unter eine Autorität, die nach bürokratischen Regeln alle Aktivitäten, Arbeit wie Freizeit, normiert und kontrolliert und dem Insassen einen Objektstatus zuweist.

Ungleichheit: drückt als gesellschaftliche U. den Tatbestand unterschiedlicher Verfügungsgewalt über die zentralen Ressourcen menschlichen Daseins aus: Status, Macht, Einkommen, Produktionsmittel. Häufig wird soziale U. nach produktiver U. (Verfügung über Produktionsmittel) und distributiver U. (U. hinsichtlich des Einkommens und Vermögens) unterschieden. Systeme gesellschaftlicher U. sind vor allem soziale Klassen und Schichten, die sich durch ihren unterschiedlichen Zugang zu machtrelevanten Positionen unterscheiden.

Unterrichtstechnologie: Bezeichnung für das Insgesamt aller Prozesse und Produkte von nach wissenschaftlichen Methoden, zweckrational und teilweise in apersonalen Medien organisierten Lehrobjektivierungen.

Variable: Beobachtbares Merkmal, das bei Personen oder Gruppen oder Objekten unterschiedlich ausgeprägt sein kann.

Vorurteil: Nicht überprüfte Urteile über einzelnen Kategorien von Personen; diese Urteile sind im allgemeinen negative Einstellungen, die in ihrem Wahrheitsgehalt widerlegbar, nicht durch systematische Untersuchungen überprüft, für eine ganze Gruppe von Menschen generalisierend sind, die häufig den sterotypen Charakter eines Klischees haben und emotional tiefsitzender als bloße Meinungen sind.

Verallgemeinerter Anderer: nach *Mead* die kognitive Instanz, in der sich die Interaktionsbeziehungen, die für den einzelnen bedeutsam sind, im Laufe der Sozialisation innerlich etabliert haben. Im v.A. repräsentiert sich der Zusammenhang von Sozialbeziehungen, die von bedeutungsvollen („signifikanten") anderen – Eltern, Lehrer und anderen Bezugspersonen – als Rollen übernommen wurden, und bezeichnet die kognitive Entsprechung der → Rollenübernahme.

Wertprävalenz: besondere Empfindlichkeit und Sensibilität gengenüber bedeutsamen Wertvorstellungen und gegenüber Korruption und Verletzung der verinnerlichten Werte im Alltagshandeln.

Namenverzeichnis

A

Abrahams 86
Achtenhagen 105
Adorno 215
Allerbeck 149
Amendt 116
Ausubel 119, 122

B

Baacke 120
Baethge 41, 110
Bahrdt 161, 162
Bateson 78
Becker 135, 136, 146
Berger 95, 208
Bergmann 11
Bernstein 87, 88, 231, 232
Bertram 86, 89
Bloom 15
Brandt 69
Bronfenbrenner 16
Brohpy 50
Brusten 140
Bungardt 24

C

Child 14
Christiansen 157
Claessens 77, 79, 175
Cloward 142, 143, 144, 145, 148
Cohen 142
Combe 57
Cube, von 213

D

Daheim 20
Dahrendorf 11, 99, 110
Döbert 150
Dreitzel 38, 39, 135
Durkheim 11, 12, 134

E

Eisenstadt 117, 118
Elliott 173
Erikson 127, 128, 130, 131, 134, 151, 233
Erlanger 89

F

Feldhoff 28
Fend 63, 92, 93, 94, 97, 234, 238, 239
Flavell 16
Floud 99, 100
Frech 61, 62
Freud 130, 235
Frey 93
Friedeburg, von 116
Fröhlich 15
Fürstenau 44, 81

G

Gerth 36
Geulen 14
Glueck 138
Goffman 131, 132, 135, 139, 140, 141, 233, 240
Good 50
Goslin 14
Graumann 87
Griese 177, 182

H

Habermas 15, 18, 79, 81, 132, 138, 215, 233, 238
Händle 57
Hänsel 65, 66
Haferkamp 146
Heckhausen 15, 83, 236
Heintz 125
Höhn 49, 190

Hofer 51
Hollingshead 124
Homfeldt 196
Hopf 60
Horkheimer 215
Hurrelmann 17

I

Iben 153, 173, 180, 191
Irle 58

J

Jacobson 50
Jansyn 139
Jencks 99, 100
Jensen 180

K

Kaiser 145
Keller 15
Keniston 150
Kleining 94
Kob 42, 92
Koch 63, 64
König 142, 143
Kohlberg 148, 238
Krappmann 132
Kreutz 112, 125, 127, 133, 149
Kreuzer 146
Kunert 173, 180

L

Laing 212
Lemberg 24
Lessing 126
Liebel 126
Linton 12
Luckmann 95, 205
Luhmann 53

M

Marshall 99, 100
Marx 11, 13
Matza 143
Mayntz 30
Mayer 99, 100, 101, 103
McKay 142
McKinley 88, 89
Mead 129, 130, 233, 236, 237, 239, 240, 241
Menne 77, 79
Merton 12, 14, 118, 166
Miller 125
Mills 36, 94
Mollenhauer 215
Moser 139
Müller 99, 100, 101, 103
Murdock 12, 18

N

Neidhardt 70, 77, 79, 80, 113, 114, 115, 125, 240
Nikles 177, 182
Nunner-Winkler 150
Nyssen 41

O

Oerter 76
Oevermann 85, 90, 99, 100, 234
Offe 99
Ohlin 142, 143, 144, 145, 148
Ort 88

P

Park 154
Parsons 11, 12, 13, 20, 70, 71, 80, 99, 100, 117, 132, 235, 237
Passow 173
Peters 213
Piaget 14
Plake 70
Popitz 39

R

Richter 78, 80
Rogers 43

Rose 153
Rosenthal 50
Rousseau 11, 13, 111

S

Sack 142, 143, 145
Sarason 82
Schelsky 26, 93, 99, 100
Schmidt 119
Schrader 177, 182
Shaw 142
Short 138
Sigusch 119
Silbereisen 16
Simons 91
Sommerkorn 86
Spranger 210
Stein, von 11
Stonequist 154
Strodtbeck 138
Susteck 63
Sutherland 142, 143, 232
Sykes 143

T

Tausch 54
Tenbruck 112, 115
Titze 19
Triandis 58
Turner 133, 239

V

Vascovics 155, 188

W

Weber 20
Weinert 15
Wellek 15
Wellendorf 44, 55
Whyte 121, 122, 144
Wolffersdorff-Ehlert 137

Z

Zebergs 15
Zigler 14

Sachverzeichnis

A

Abweichendes Verhalten 134 ff., 166, 231
Affektkanalisierung 38
Aggression 172 f., 203 f.
Akkulturation 176 f., 231
Allgemeinbildung 107 ff.
Allokation 19
Allokationsfunktion 231
Ambiguitätstoleranz 231
Anomia 166, 231
Anspruchsniveau (Aspirationsniveau) 166 f., 172, 231
Ausländer 160 ff.
– kinder 152 ff.
– recht 168
Außenseiter 135, 194

B

Berechtigungswesen 105 f.
Berufsausbildung 105 ff.
– organisationen 24, 26 f.
– wahl 120 f.

C

Code 87, 231

D

Deklassierung 186 ff., 194, 206
deklassierte Wohnviertel 155
Deprivation 231
relative – 165
Differentielle Assoziation 142, 232
Diskreditierung 164, 200, 232
Diskriminierung 153 f., 167
Double-bind-Situation 78

E

Eltern-Schule-Interaktion 184 ff.
Empathie 134, 232
Einstellung (Attitüden) 58 ff., 231, 232
Entwicklung 76
Erwartungen, Generalisierung von 34
Erziehung 18 ff.
Strukturwandel der – 19
Erziehungsfunktion 23
– verhalten 16, 88 f., 170 ff.
– vorstellungen 175
– wissenschaft 209
– ziele 33, 176 f.
Etikettierung 164, 232

F

Familie 12, 235
ausländische – 174
Sozialisation in der – 75 ff., 89 ff.
Familienkommunikation 76 ff.
– struktur 71 ff., 159
Familie – Schule – Beziehung 69 ff., 179 ff.

G

Ghetto, Ghettoisierung 156, 161 f.
Grundpersönlichkeit 175, 177
Gruppenkohäsion 122, 233
Gymnasiallehrer 24 f.

H

Heimlicher Lehrplan 55 f.
Herrschaft 15, 21, 45 f., 56, 215

I

Ich-Identität 15 f., 44, 130 ff.
Identifizierung 38

Identität 205, 233
Identitätskrisen 127 ff.
industrielle Reservearmee 160
Institution 234
totale – 140 f., 240
Institutionalisierung 23
Integrationsfunktion 94 f., 234
– problem 13
Interaktionssituation 39 f., 45 f.
Isolation, soziale 165, 179

J

Jugend 111 ff.
Jugendgruppen, Homogenität von 124
Jugendkriminalität 125 f., 134 ff.

K

Kategorisierung 163, 200, 235
Kommunikatives Handeln 215 f.
Konformität 65 f., 122 f.
Kontextkompetenz 88, 236
Korrektur 202 f.
Kritischer Rationalismus 209, 212
Kritische Theorie 209, 215

L

Legitimation 208 f., 215
Lehrer 20 ff.
– beruf 23 ff.
– position 29 f., 32 f.
– rolle 27 ff., 30, 35 ff., 187, 209 ff.
– verhalten 187 f., 192
–, Einstellung 191
–, Gesellschaftsbild 57 ff.
–, Rollenselbstbild 36 ff., 60 f.
–, Selbstverständnis 187
–, Sozialgeschichte 23 ff.
Lehrer – Schüler – Beziehung 30, 34 f., 45 ff., 72 ff., 187, 201, 212 f., 217
Lehrer – Schüler – Konflikt 53 ff.
Leistungsmotiv (-motivation) 83 f., 172, 178 ff., 191, 236
Lernen 185, 236
Lernversagen 195, 197

M

Macht 45 f.
Minderheiten 152 ff.
Mischkultur 175
Mobilität 100 ff., 152, 159, 160, 234, 236
Mystifikation 210, 212

N

Neudefinition des Normalen 203
Notengebung 47 ff.

O

Obdachlosigkeit 152 ff., 156 ff.

P

Pädagogik 208
Geisteswissenschaftliche – 210 ff.
Parias 169, 237
Pattern variables 70, 237
Peer group 113, 118, 121 ff., 237
Perspektivendifferenzierung 16, 237
– wechsel 129, 150
Plazierung 206
Position 192, 237
Positivismus 212
Postkonventionelles Stadium 148, 238
Professionalisierung 20 ff.
Pygmalion-Effekt 50

Q

Qualifikation 19
Qualifikationsfunktion 93, 238

R

Randgruppen 153
Randseiter (marginal man) 154
Rationalisierung 166, 238
Rauschgiftsubkultur 144
Repressivität 79, 238
Rocker 143 ff.
Rolle 17, 18, 35, 238
–, Mitgliedsrolle 34
–, Interrollenkonflikt 41, 234
–, Intrarollenkonflikt 42, 234
Rollenambiguität 134, 238
– differenzierung 28
– distanz 79, 238
– erwartungen 12, 20
– lernen 38 f.
– system 40, 201, 239
– übernahme 129, 239
Rückzugsverhalten 203, 204

S

Säkularisierung 19
Schüler, der schlechte 49 f., 188 ff.
Schülerrolle 52 ff., 195
Schule als Institution 195, 217
– als bürokratische Organisation 29 f.
– als soziale Organisation 27 ff.
– und Beruf 98 ff.
–, Dienstleistungsmodell 31 f.
–, Kommunikationsstruktur 80 f.
Schulabschlüsse 104 f.
– angst 81 ff.
– erfolg 89 ff., 185, 193
– klasse 194
Segregation 155, 163, 166, 239
Selbstbewußtsein 193
Selbstbild 49 f., 82 f., 174
berufliches – 58
Selbstwertgefühl 43, 194
Selektion 19, 157
Selektionsfunktion 93 f., 239
Self-fullfilling prophecy 50, 191, 204
Sexualität 118 ff.
Signifikanter Anderer 73, 129, 239
Sonderschule 197
Soziale Kontrolle 21, 37, 56, 66, 239
Sozialisation 11 ff., 68 f.
berufliche – 57 ff., 61 ff.
schichtspezifische – 84 ff., 239
Sozialisationseffekte 14
Sozialwerdung 11 f.
Soziometrischer Status 49, 192
Sprachverhalten 86 ff., 180 ff.
Status 240
Statushierarchie 192
Stigma 200, 240
Stigmatisierung 139 f., 200 ff.
Stigma-Theorien 200, 206 f.
Strukturflexibilität 79, 240
Subkultur 115 f., 142 ff., 154, 166, 240
Symbolischer Interaktionismus 17, 44, 215, 240
Systemtransparenz 79 f., 240

T

Typisierung 164

U

Ungleichheit 11 ff., 207, 240
Unterrichtstechnologie 213, 215, 241
Unterschichtung 168

V

Volksschullehrer 25 f.
Vorbereitungsklassen 198
Vorschulerziehung 179 f.
Vorurteil 165, 167 f., 191, 193, 194, 201, 241

W

Wertprävalenz 127, 241
Wissenssoziologie 208

Z

Zuschreibung 163, 164, 170